한 주에 하나씩,
이번주
어느 산에 갈까?
# 전국 52명산 지도첩

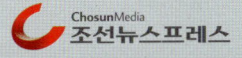

## JANUARY
**01** 덕유산
**02** 토함산
**03** 두타산
**04** 천성산
**05** 모악산

## FEBRUARY
**06** 태백산
**07** 치악산
**08** 함백산
**09** 선자령

## MARCH
**10** 한라산
**11** 사량도 지리산
**12** 영취산
**13** 점봉산

## APRIL
**14** 팔공산
**15** 고려산
**16** 백운산

## MAY
**17** 계룡산
**18** 황매산
**19** 천관산
**20** 천마산

## JUNE
**21** 북한산
**22** 금산
**23** 소백산
**24** 월악산
**25** 성인봉

## JULY
**26** 월출산
**27** 방태산
**28** 응봉산
**29** 내연산
**30** 유명산

## AUGUST
**31** 지리산
**32** 용문산
**33** 민주지산
**34** 가리왕산

## SEPTEMBER
**35** 가야산
**36** 속리산
**37** 명성산
**38** 화악산

## OCTOBER
**39** 설악산
**40** 오대산
**41** 청량산
**42** 강천산

## NOVEMBER
**43** 내장산
**44** 주왕산
**45** 금정산
**46** 대둔산
**47** 민둥산

## DECEMBER
**48** 무등산
**49** 변산
**50** 선운산
**51** 서산 가야산
**52** 두륜산

월간 山 社告

## 한국 산의 모든 것! · 숲 향기 나는 순수한 즐거움!
## 아웃도어의 트렌드! · 매달 기다려지는 행복 배송!

1969년 탄생한 월간〈山〉은 한국 최초의 등산전문지입니다. 반세기(50년) 넘는 역사를 자랑하는 월간〈山〉은 한국 산악 역사를 지켜왔습니다. 월간〈山〉은 한국 산악인, 등산동호인들과 애환을 같이 해왔습니다. 한국 최초의 백두대간 지도집을 내고 안전한 등산기술 및 문화 보급에 앞장서온 월간〈山〉 오늘날 등산인구 1,560만 명이라는 등산 붐을 이끌어낸 주역입니다. 미혹되지 않는 시선과 가장 오랜 아웃도어 전문지다운 노련함으로 여러분께 한층 더 가까이 다가서겠습니다.

**월간〈山〉 정기구독 문의 · 신청 02-724-6875**

# 01 덕유산 德裕山

**최고의 눈꽃산행지**

| | |
|---|---|
| 높이 | 1,614m |
| 주봉 | 향적봉 |
| 위치 | 전북 무주·장수군, 경남 거창·함양군 |

## 향림·풍광도 압권… 남사고는 무풍 땅을 복지福地라 불러

남사고南師古(1509~1571)는 덕유산 아래 무풍 땅을 복지福地라고 했다. 동네 바깥쪽은 기름진 밭이라 부촌이 많으며 속리산 이북의 산마을과는 비교할 바가 아니라고 했다. 〈정감록〉의 감결에 따르면 십승지 중 여덟 번째로 무주 덕유산 아래 북쪽 동방銅傍 상동相洞을 꼽고 있으며, 〈징비록〉에도 '북쪽 방은동方隱洞 덕유산 내맥에는 피난처 아닌 곳이 없다'고 했다.

덕유산은 크고 높은 산이다. 크고 높음에도 불구하고 어느 한 곳 딱 꼬집기 어려울 만큼 거친 데 없이 부드러운 산이 덕유산이다.

덕유산의 지명 유래에 관하여 '임진왜란 당시 수많은 사람이 전화를 피해 이곳에 들어왔는데, 신기하게도 왜병들이 이곳을 지날 때마다 짙은 안개가 드리워 산속에 숨었던 사람들을 보지 못하고 그냥 지나쳤다'는 설과 이성계가 고려 장수 시절 이 산에서 수도할 때 우글거리는 맹수들이 해害를 입히지 않았다고 해서 '덕이 풍부한 산'이란 뜻에서 붙인 이름이라는 설이 전한다. 사람 살리는 신령스런 산으로 얼마나 존숭했는지 짐작케 한다. 이런 연유로 덕유산에 예로부터 많은 사람들이 은거했고, 덕유산 지역은 전란이 미치지 않는 십승지十勝地의 하

# 01 덕유산

월별 가볼 만한 명산 52

나로 꼽혔다.

덕유산은 백두대간의 산줄기 계통에서 위로는 삼도봉과 아래로는 백운산을 거쳐 지리산과 연결해 주는 중요한 위치에 있다. 남한에서는 한라, 지리, 설악에 이어서 네 번째로 높은 해발 1,614m의 향적봉을 주봉으로 삼고 있다. 일찍이 미수 허목許穆(1595-1682)은 덕유산기德裕山記에 '남쪽 지방의 명산은 절정을 이루는데 덕유산이 가장 기이하다南方名山絶頂, 德裕最奇'고 찬탄하기도 했다.

눈꽃이나 상고대를 즐기는 산꾼들은 겨울을 기다렸다가 1월에 제대로 눈이 펑펑 내렸을 때 산을 찾는다. 1월에 어느 산에 가장 많은 눈이 내릴까? 혹은 어느 산을 가장 많이 찾을까?

눈꽃산행지로 태백산, 소백산, 덕유산 등이 널리 알려져 있다. 태백산은 특히 눈꽃축제까지 개최한다. 하지만 1월 등산객은 국립공원공단 자료에 따르면, 2017년 기준 25만6,979명. 소백산은 2016년 기준 9만7,229명. 덕유산은 27만 7,221명. 덕유산이 단연 1위다. 물론 등산객들이 항상 많이 찾는 산인 북한산은 38만2,832명, 무등산은 34만 1,877명이다. 덕유산보다 조금 많지만 연중 탐방객 대비 월 탐방객은 덕유산이 압도적으로 높다. 전문가들은 덕유산이 호남과 영남을 가르는 산세 지형적 때문에 겨울에는 눈이 많고, 여름에는 폭풍우가 특히 심하다고 말한다.

허목은 그의 〈기언집〉에 덕유산을 '남쪽 명산 가운데 가장 가이하니 구천뢰 구천동이 있고, 칠봉 위에 향적봉이 있다. 지리산 천왕봉과 정상이 나란히 우뚝하며, 이어진 산봉우리에 연하가 300여 리나 서려 있다'고 했다. 지리산 못지않은 경관에 운무가 일품이라는 얘기다. 임훈도 〈등향적봉기〉에서 덕유산의 일출과 일몰, 향림의 경치를 만끽했다고 밝히고 있다.

눈꽃과 상고대에 어울린 일출과 일몰, 운무를 상상해 보면 1월에 왜 덕유산을 찾는지 이해가 되지 싶다.

덕유산자연휴양림

국내에서 드문 독일가문비나무숲이 있으며 숲 사이로 1.4km의 산책로가 있다. 산소탱크라고 해도 좋을 정도로 풍부한 수림을 자랑하며 2010년 아름다운숲 전국대회에서 어울림상을 수상했다. 또한 야생식물과학원과 산림문화 체험 프로그램이 있어 아이들을 위한 자연교육의 장소로도 훌륭하다.

**무주 구천동계곡** 한여름에도 차갑고 맑은 물이 흐르는 계곡이다. 백련사 부근에서 발원해 삼공리 구천동탐방센터를 지나 37번국도를 따라 나제통문까지 이어지는 27km의 긴 계곡이다. 암벽에 구멍을 내어 길을 만든 나제통문을 비롯해 은구암, 와룡담, 학소대, 수심대, 구천폭포 등 33경의 명소가 계곡을 따라 이어진다.

### 맛집·별미·특산물

**무주 머루와인** 무주는 해발고도가 높아 연평균 일교차가 12℃로 커서 머루의 당도가 높다. 평균 강수량은 적고 일조 시간이 길어 과실 성숙률이 높고 색깔이 선명하며 향이 진하여 맛이 좋다. 머루와인은 적상면, 안성면, 설천면, 무풍면 일대에서 재배한 머루를 이용한 와인으로 깊고 그윽한 풍미뿐만 아니라 폴리페놀 함량이 풍부해 심혈관 질환 예방과 항암 효과가 있다.

**산채비빔밥** 무주리조트 입구의 예촌본가(063-322-5665)는 산악회들이 즐겨 찾는 덕유산 맛집. 산채비빔밥(1만 원)은 6가지 기본 반찬과 우렁된장국이 곁들여 나온다.

### 주변 관광지

**덕유산자연휴양림** 야영장에 들어서면 양팔을 벌려도 다 안을 수 없는 거대한 잣나무숲에 압도당한다. 상쾌한 숲내음과 한낮에도 땡볕이 들지 않는 시원함은 휴식 같은 시간을 선사한다.

### 교통 정보

통영대전고속도로 무주나들목 혹은 덕유산나들목을 통해 덕유산으로 접근한다. 서울에서 4시간, 부산에서 3시간, 광주에서 2시간 30분가량 소요.

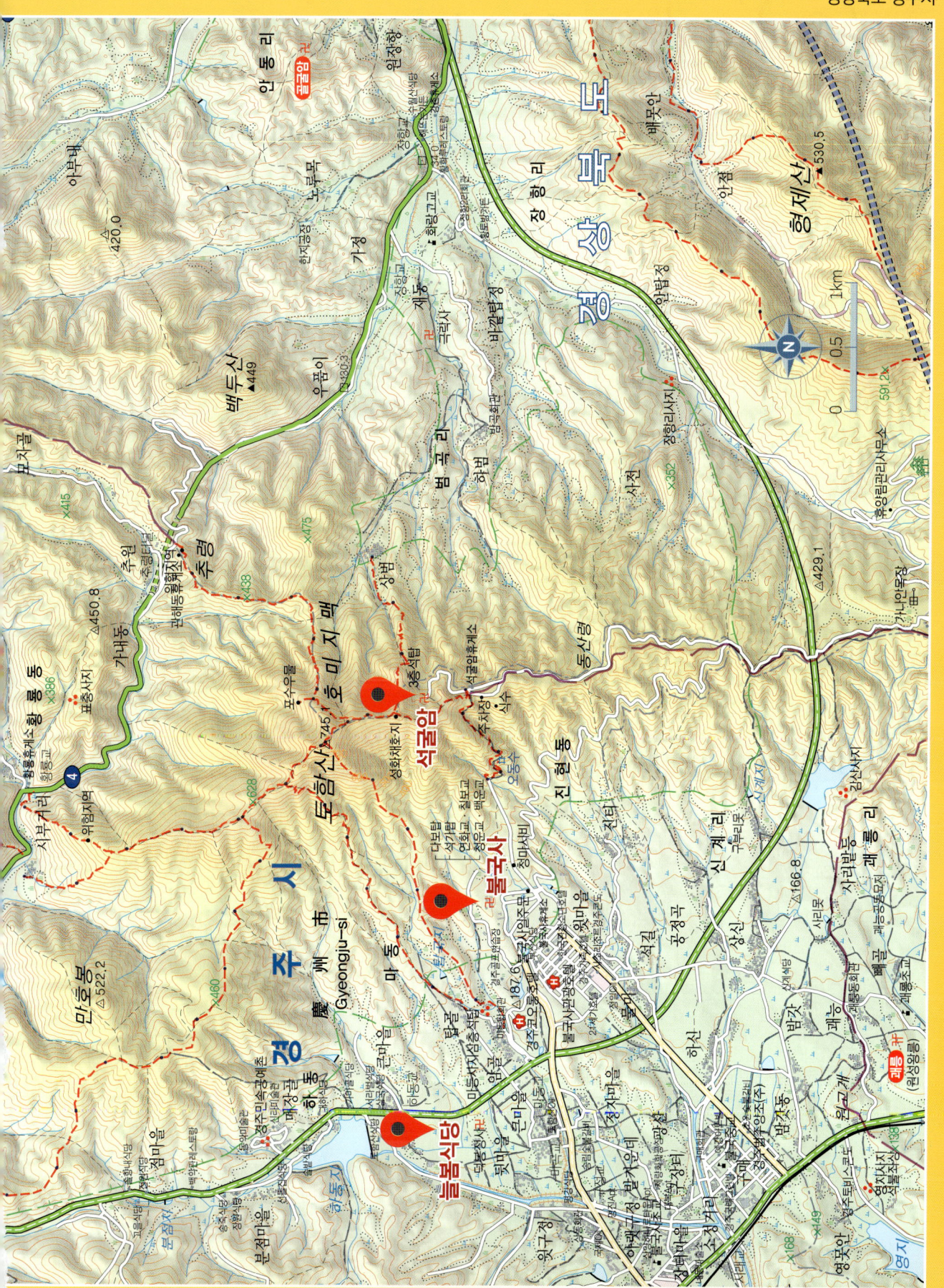

# 02 토함산 吐含山

한반도에서 일출이 가장 빠른 '동악의 산'

| | |
|---|---|
| 높이 | 745m |
| 주봉 | 토함산 |
| 위치 | 경북 경주시 |

지명유래는 석탈해·경관·부처님 관련說… 매년 새해 초 3,000여 명 일출 보러 찾아

1월 신년 일출은 누구나 기다린다. 전국의 명산 어디를 가더라도 일출을 보기 위한 등산객들로 붐빈다. 신년 일출 때 산에 모인 인파에 두 번 놀란다. 우리나라 사람들이 이렇게 부지런한가에 놀라고, 신년 일출이 뭐기에 이렇게 많은 사람들이 일출에 목을 맬까에 놀란다. 정말 신년 일출이 뭘까?

일출은 '동東'과 통한다. 동쪽에서 해가 뜨기 때문이다. '東'을 파자하면 나무 '木'과 날 '日'의 합성어라는 사실을 알 수 있다. 나무 사이로 해가 뜨는 형국이다. 동쪽에서 해가 뜨는 산이 동악東嶽이다. 동악의 의미는 만물이 잠에서 깨어나는 생명의 탄생과 관련 있고, 만물이 나오는 곳을 나타낸다. 동쪽은 하루 중에서 아침을 가리키며, 계절로는 봄, 일생으로 보면 성장기에 해당한다. 우주의 원리를 담았다는 주역과 음양오행에서 東은 만물의 시초·생명의 탄생과 직결된다. 따라서 한자의 東과 우주의 원리가 맞아떨어지는 동악이 되는 것이다.

한국의 동악은 토함산吐含山이다. 중국의 동악 태산도 다른 중국의 산과 비교하면 그리 높지 않다. 토함산도 745.7m로 높은 편이 아니다. 하지만 둘 다 동악이다. 매우 상징적이고 의미심장하다. 특히 토함산 정상 바로 아래 석굴암 불상 이마의 보

# 02 토함산

월별 가볼 만한 명산 52

석이 동해의 일출을 받아 반짝인다는 사실은 널리 알려져 있다. 석굴암 불상이 일출을 받아 만물이 평안한 세상을 영위할 수 있도록 가호한다는 의미인 것이다. 동악의 토함산과 석굴암 불상의 일출이 일맥상통하는 점도 의미 있게 다가온다. 토함산이 1월의 명산으로 선정된 이유이기도 하다.

그런데 토함산이란 지명은 어디서 유래했을까? 몇 가지 설이 있다. 글자 뜻으로 보면 머금고 토한다는 뜻이다. 우선, 석탈해에서 유래했다는 설이다. 〈삼국유사〉에 '탈해는 토해吐解라고도 한다'는 기록이 나온다. 석탈해의 다른 이름인 토해가 토함과 비슷한 음으로 발음돼, 토함산이 됐다는 설이다. 두 번째로, 운무와 풍월을 머금었다 토해 내는 경관을 지녔다고 해서 명명됐다는 설이다. 실제로 토함산은 늘 안개와 구름이 삼키고 토하는 듯 변화 무쌍한 기상을 보인다. 세 번째로, 부처님의 진리를 간직하고 있다가 드러낸다는 의미로 유래했다는 설이다.

하지만 석탈해 유래설은 시기적으로 맞지 않다. 〈삼국사기〉 내용에 따르면, 서기 14년에 이미 토함산이란 지명을 사용한 기록이 나온다. 석탈해는 재위 기간이 57~80년까지로 사용한 지명보다 이후에 해당하므로 설득력이 떨어진다. 그런 면에서 보자면 두 번째와 세 번째 설이 더 유력해 보인다.

토함산에서도 새해 일출을 보기 위해 엄청난 인파가 몰린다. 불국사에서 석굴암까지 등산로는 3.6km가량 된다. 새해 일출 인파는 매년 3,000여 명 된다고 한다. 사람들이 등산로에 줄줄이 있다고 보면 된다. 안전사고 방지를 위해 불국사주차장에서부터 인원을 통제한다. 매년 새해 일출 예정시각은 7시25분쯤.

새해 동악 토함산의 일출을 보면서 일출과 동악의 의미를 되새겨보는 것도 한 해가 좀 더 새롭게 다가오지 않을까 싶다.

석굴암

### 주변 관광지

**석굴암** 석굴암은 불교 세계의 이상향과 과학기술, 세련된 조각 솜씨가 어우러진 세계 최고의 걸작으로 평가받고 있는 석굴사원이다. 1995년 유네스코 세계문화유산 목록에 등록됐지만 습도조절 장치 때문에 유리창 밖에서만 불상을 볼 수 있다. 국보 24호로 지정되었으며 경주시 진현동의 토함산 중턱에 있다. 석굴암 본존불은 한국 불교미술사의 석불에 있어서 가장 뛰어난 작품으로 평가된다. 입장료 5,000원.

**불국사** 우리나라를 대표하는 전통 건축물이자 사찰. 불국정토를 속세에 짓겠다는 통일신라의 꿈이 담긴 사찰로 치밀한 구성의 완성도와 아름다움으로 이름 높다. 경주 진현동 토함산 기슭에 위치하고 있으며 석굴암과 함께 유네스코 세계문화유산으로 지정되었다.

경내의 석가탑은 완벽한 비례와 기하학적 직선미의 정수를 보여주며, 다보탑은 화려하면서도 층 구조를 버린 자유롭고 독특한 형식이다. 두 탑의 강렬한 대비는 절묘한 구성의 진수로 손꼽힌다.

**토함산 자연휴양림** 토함산 남쪽 기슭의 삼림휴양시설이다. 이곳을 베이스캠프 삼아 석굴암을 비롯한 불국사·문무대왕수중릉 등 수많은 신라 문화유적지를 둘러볼 수 있다. 통나무집과 야영데크를 비롯해 산책로, 산림욕장 등이 잘 조성되어 있다.

### 맛집 · 별미 · 특산물

늘봄 떡갈비쌈밥

**경주 쌈밥** 경주는 한상 가득 차려내는 쌈밥집이 많다. 경주시내의 대릉원 근처에 쌈밥집이 밀집되어 있으나 토함산 부근에도 몇 곳 있다. 늘봄(054-744-3715)은 우렁쌈밥 돌솥정식(1만8,000원), 소불고기 우렁쌈밥(1만5,000원), 제육볶음 우렁쌈밥(1만3,000원) 등 다양한 쌈밥 메뉴가 있다.

### 교통 정보

경부고속도로 경주나들목 혹은 동해고속도로 남경주나들목으로 접근한다. 서울에서 5시간, 부산에서 2시간, 광주에서 4시간 가량 소요.

# 03 두타산 頭陀山

천혜의 비경 '무릉계곡'을 품은 산

| | |
|---|---|
| 높이 | 1,357m |
| 주봉 | 두타산 |
| 위치 | 강원 동해시·삼척시 |

## 동해 일출 명산… 여름에도 많이 찾아

두타산頭陀山(1,352.7m) 정상은 조망명소다. 삼척과 동해의 경계를 이룬 백두대간이 지나가는 굵은 산줄기가 남쪽 함백산으로 뻗어나갈 뿐만 아니라 가리왕산 등 강원 내륙의 고산준령에 이어 동쪽으로는 망망대해 동해까지 보인다. 이러한 지형적 특성 때문에 일출 명소로 산꾼들이 많이 찾는다. 동쪽 무릉계곡은 한국을 대표하는 계곡으로 여름 피서지로도 유명하다.

두타산은 고산 식물의 보고로 평가되는 곳이다. 태백 일대에서 해발 1,500m대를 기록한 백두대간이 잠시 숨을 고른 후 다시 두타산 구간에서 1,300~1,400m대의 고도를 유지하며 높아진다. 이렇게 높아진 고도는 고적대를 기점으로 다시 낮아져서, 고루포기산(1,238m)에 이를 때까지 한참 동안이나 1,000m대 고도를 유지한다.

이런 고산지대는 식물상에 그대로 반영되어, 고도가 높은 태백산 근처에서 볼 수 있었던 분비나무, 털진달래, 만병초, 꽃개회나무, 털쥐손이, 두루미꽃, 산마늘 같은 북방계 고산식물들을 관찰할 수 있다. 이밖에도 희귀식물로 꼽는 미치광이풀, 도깨비부채, 등칡, 수정난풀, 왜우산풀, 털댕강나무, 청괴불나무, 게박쥐나물, 연령초 등이 분포함으로써

# 03 두타산

월별
가볼 만한
명산 52

대간 · 정맥
지맥
등산로
비지정등산로
임도(MTB코스)
고속국도 (번호) (공사중)
(국도번호) (지방도번호)
국도 · 지방도 (4차선) (2차선)
간선도로 (4차선) (2차선)
기타차도
우마차로
소로
고속철도
철도
지하철
특별시 · 광역시 · 도계
시 · 군 · 구계
읍 · 면계
국립공원계
지류계
삼각점
수준점
논 · 밭
특별시·광역시·도청
시청
군청
구청
읍사무소
면사무소
대학교
초 · 중 · 고교
병원
공항
명승고적
사찰
능묘
해수욕장
온천
모텔 · 펜션
민박 · 식당

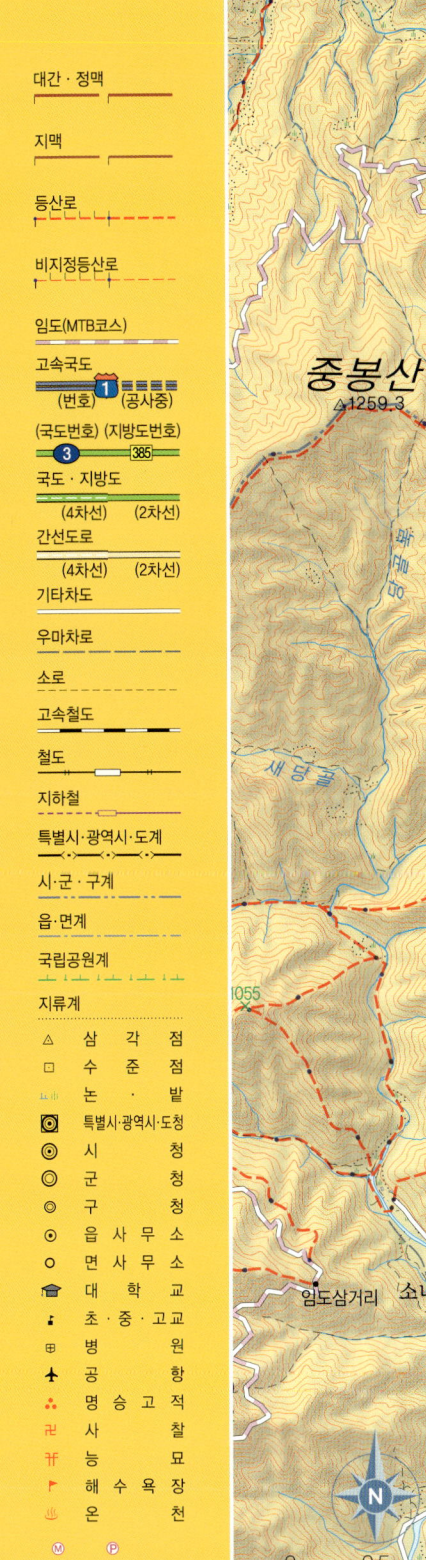

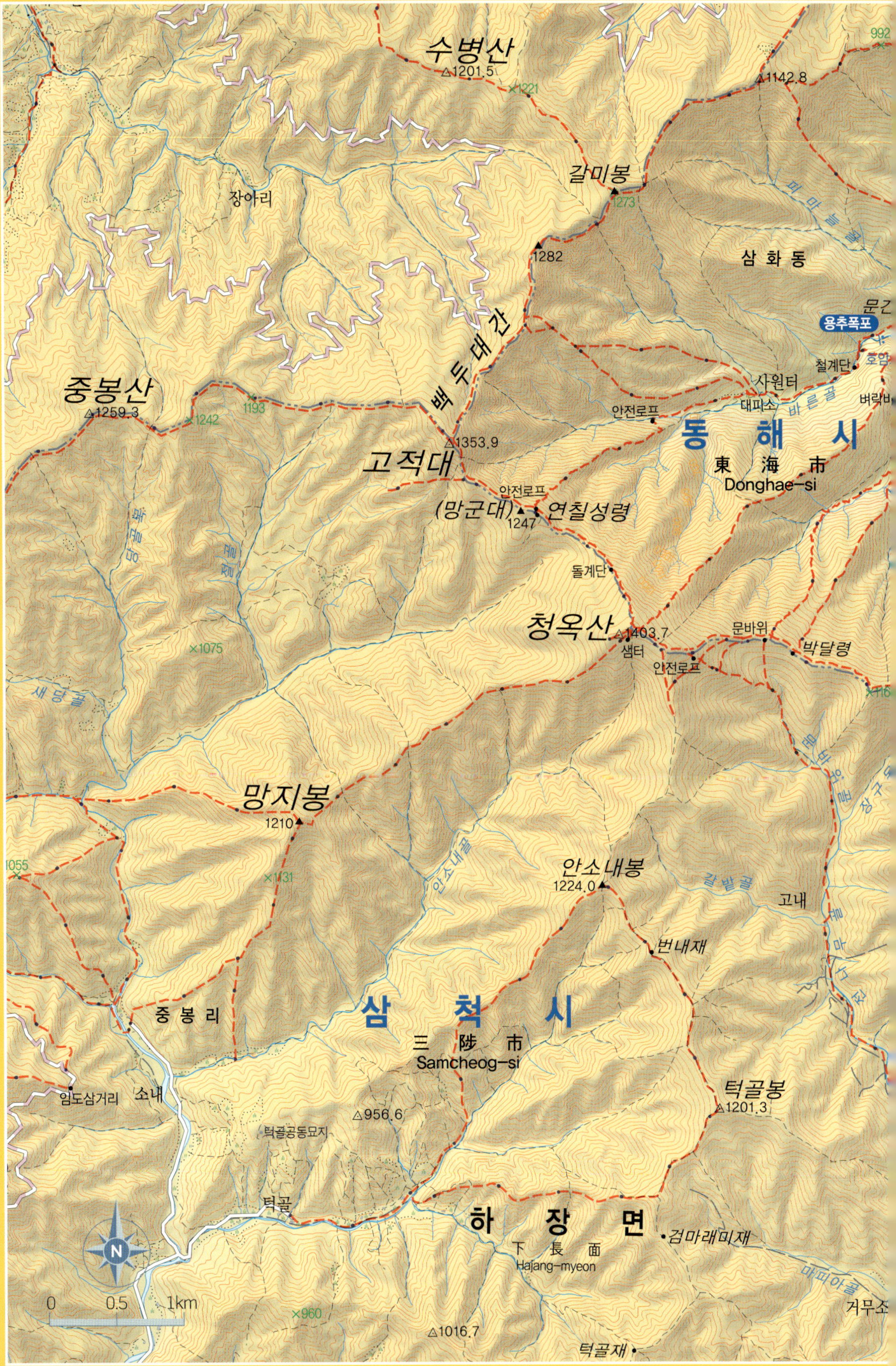

식물학적인 관심을 모으기에 충분한 조건을 이룬다. 설악산과 금강산 일대에 가장 많이 자라는 금강초롱꽃도 이곳에 나타나는데, 두타산은 이 식물 분포의 남쪽 경계선으로 추정되어 의의가 크다.

두타산은 삼화사 기점 산행이 정석이다. 어느 코스를 택하든 깊고 자연미 넘치는 무릉계곡을 타고 산행을 시작해 조망이 뛰어난 산릉으로 올라설 수 있기 때문이다. 가벼운 무릉계 탐승산행이 목표라면 무릉계 초입의 삼화사를 지나 첫 번째 갈림목에서 오른쪽 길을 따라 관음암에 올라섰다가 산성12폭 일원의 경치를 즐기며 무릉계로 내려선 다음 쌍폭과 용추폭을 탐승한 다음 다시 삼화사로 내려서는 하늘문길이 적당하다(약 2시간30분).

그러나 두타산이든 청옥산이든 정상에 오르려면 들머리에 위치한 매표소(해발 180m)에서 1,200m 안팎의 고도를 올려쳐야 하기 때문에 고된 산행이 될 수밖에 없다. 더욱이 5km가량 떨어져 있는 두타산 정상과 청옥산 정상을 이으려면 표고차가 200m 안팎 나는 박달령까지 내려섰다 다시 올라야 하기 때문에 체력적으로 더욱 무리가 오는 것은 당연한 일이다.

무릉계를 기점으로 하는 여러 코스 중 가장 인기 있는 코스는 무릉계~산성~두타산~박달령~박달골~무릉계~삼화사 원점회귀 코스(7시간 소요)다. 준족들은 박달골에서 청옥산을 거쳐 연칠성령에서 바른골과 문간재를 거쳐 다시 무릉계로 내려서거나(9시간), 연칠성령에서 계속 대간을 타고 고적대까지 뽑은 다음 사원터~바른골~문간재를 거쳐 무릉계로 돌아오기도 한다(9시간).

부드러운 산행을 원한다면, 백두대간 서쪽인 삼척시 하장면 번천리 기점 코스가 좋다. 해발 700m대에서 시작해 650m 정도 오르면 두타산 정상에 닿고 또한 산길이 유순한 데다 정상을 1시간30분 안팎 남겨놓은 계곡 상류에서 식수를 구할 수 있다는 점에서 비박이나 야영산행 코스로 적합하다.

무릉계곡 반석암

용추폭포에 이르는 약 4km 구간을 말한다. 백미로 손꼽히는 무릉반석에는 선현들의 온갖 시구가 빼곡하다. 조선의 명필 양사언은 '신선이 놀던 무릉도원 / 너른 암반 샘솟는 바위 / 번뇌조차 사라진 골짜기'라 극찬했다.

**추암** 동해 추암은 기암괴석을 배경으로 떠오르는 일출이 아름다운 명소다. 한국관광공사가 '한국의 가 볼 만한 곳 10선'으로 선정한 해돋이 명소이며, 애국가 첫 소절의 배경화면으로 등장하기도 했다. 추암의 '추錐'는 송곳을 의미하는데 석회암 풍화층이 파도에 씻겨 노출된 기둥 모양의 송곳 같은 바위가 해안선을 따라 이어진다. 추암근린공원과 추암조각공원으로 조성되었으며 '추암촛대바위'가 일출 명소다. 추암해수욕장을 끼고 있다.

### 맛집·별미·특산물

**곰치국** 곰치는 얕은 바다의 암초에 서식하며 경상도 남부에선 물메기라 부른다. 잔가시가 많고 흉측하게 생겼지만, 시원한 국물 맛이 좋아 인기 있다. 삼척 별미로 꼽히는 곰치국은 비린 맛이 없으며 육질이 담백하고 연해 입에서 살살 녹아내리는 맛이 일품이다. 특히 술 먹은 다음날 해장국으로 더없이 좋다. 삼척항에는 곰치국 전문식당이 밀집해 있다. 동아식당(033-574-5870), 만남의식당(574-1645), 바다횟집(574-3543), 항구식당(573-0616) 등이 유명하다.

### 교통 정보

동해고속도로 동해나들목으로 접근한다. 서울에서 4시간, 부산에서 5시간, 광주에서 6시간가량 소요.

### 주변 관광지

**무릉계곡** 두타산 동쪽 기슭의 무릉계곡은 맑은 계류를 따라 펼쳐진 널따란 반석과 기암괴석이 아름다운, 한국을 대표하는 계곡 중 하나로 꼽힌다. 호암소부터 무릉반석·삼화사·학소대·옥류동·선녀탕 등을 지나 쌍폭과

# 04 천성산 千聖山

원효의 氣 서린, 내륙에서 일출 빠른 산

| 높이 | 920.2m |
| 주봉 | 원효봉 |
| 위치 | 경남 양산시 |

봄 철쭉, 여름 계곡, 가을 억새도 압권… 골산 험준함·육산 부드러움 고루 갖춰

천성산千聖山(920.2m)은 내륙에서 일출이 가장 빠른 산에 속한다. 특히 영남알프스라 불리는 울산·양산 지방에서 신년 일출을 보기 위한 인파는 가히 상상을 초월하는 수준이다. 남한 내륙에서 일출이 빠른 산은 부산 금정산, 경주 토함산, 양산 천성산 등이다.

사실 우리나라 산들이 계절마다 즐겨 찾는 산으로 구분하기란 쉽지 않다. 왜냐하면 사시사철 아름답거나 숲이 우거지거나 계곡이 깊어 물이 넘쳐흐르는 공통성을 지니기 때문이다. 천성산도 봄 철쭉, 여름 계곡, 가을 억새로 여느 산 못지않게 유명세를 뽐낸다. 하지만 신년 일출로 더욱 유명하기 때문에 1월의 산으로 꼽았다.

천성산은 영남알프스의 한 봉우리로서 골산의 험준함과 육산의 부드러움을 동시에 지니고 있다. 천성 공룡능선으로 대표되는 바위산 줄기가 겹겹이 늘어서 있고, 능선 사이로는 암반 깔린 계곡에 옥구슬처럼 맑은 물이 흘러내린다. 그래서 예로부터 빼어난 풍광으로 소금강산이라 불리기도 했다. 〈신증동국여지승람〉에 '산세가 높고 험준하며 맑고 빼어나게 아름다워 천 가지 연꽃 같다山勢率青秀千朶芙蓉'고 기록하고 있다. 정상 부근 팔부능선에

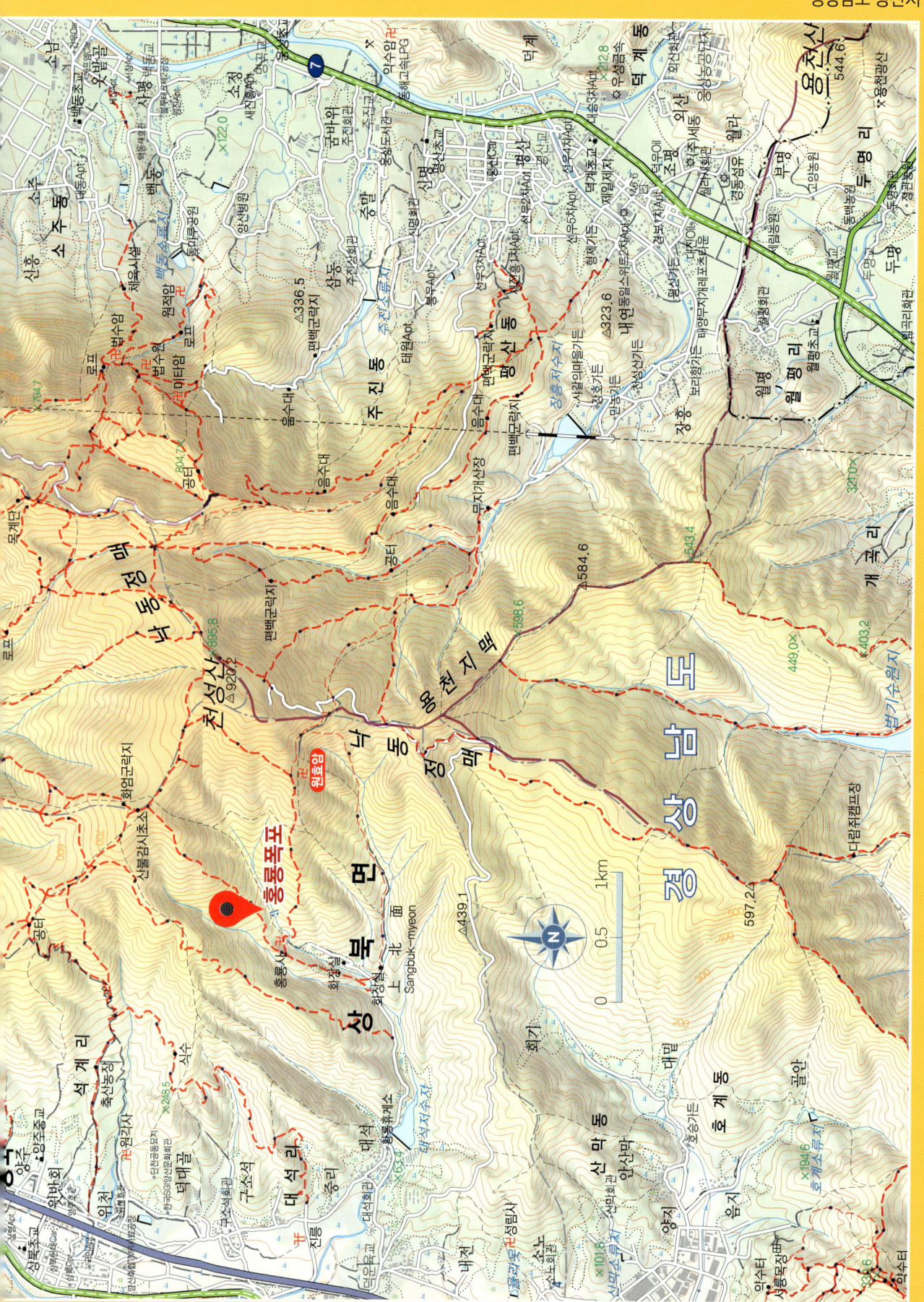

# 04 천성산

월별 가볼 만한 명산 52

대간 · 정맥

지맥

등산로

비지정등산로

임도(MTB코스)

고속국도 (번호) (공사중)

(국도번호) (지방도번호)

국도 · 지방도 (4차선) (2차선)

간선도로 (4차선) (2차선)

기타차도

우마차로

소로

고속철도

철도

지하철

특별시·광역시·도계

시·군·구계

읍·면계

국립공원계

지류계

- 삼각점
- 수준점
- 논·밭
- 특별시·광역시·도청
- 시청
- 군청
- 구청
- 읍사무소
- 면사무소
- 대학교
- 초·중·고교
- 병원
- 공항
- 명승고적
- 사찰
- 능묘
- 해수욕장
- 온천

모텔 · 펜션

민박 · 식당

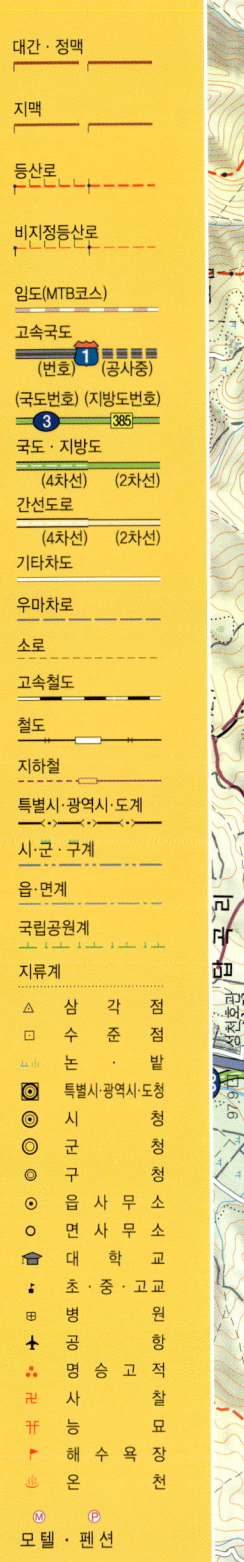

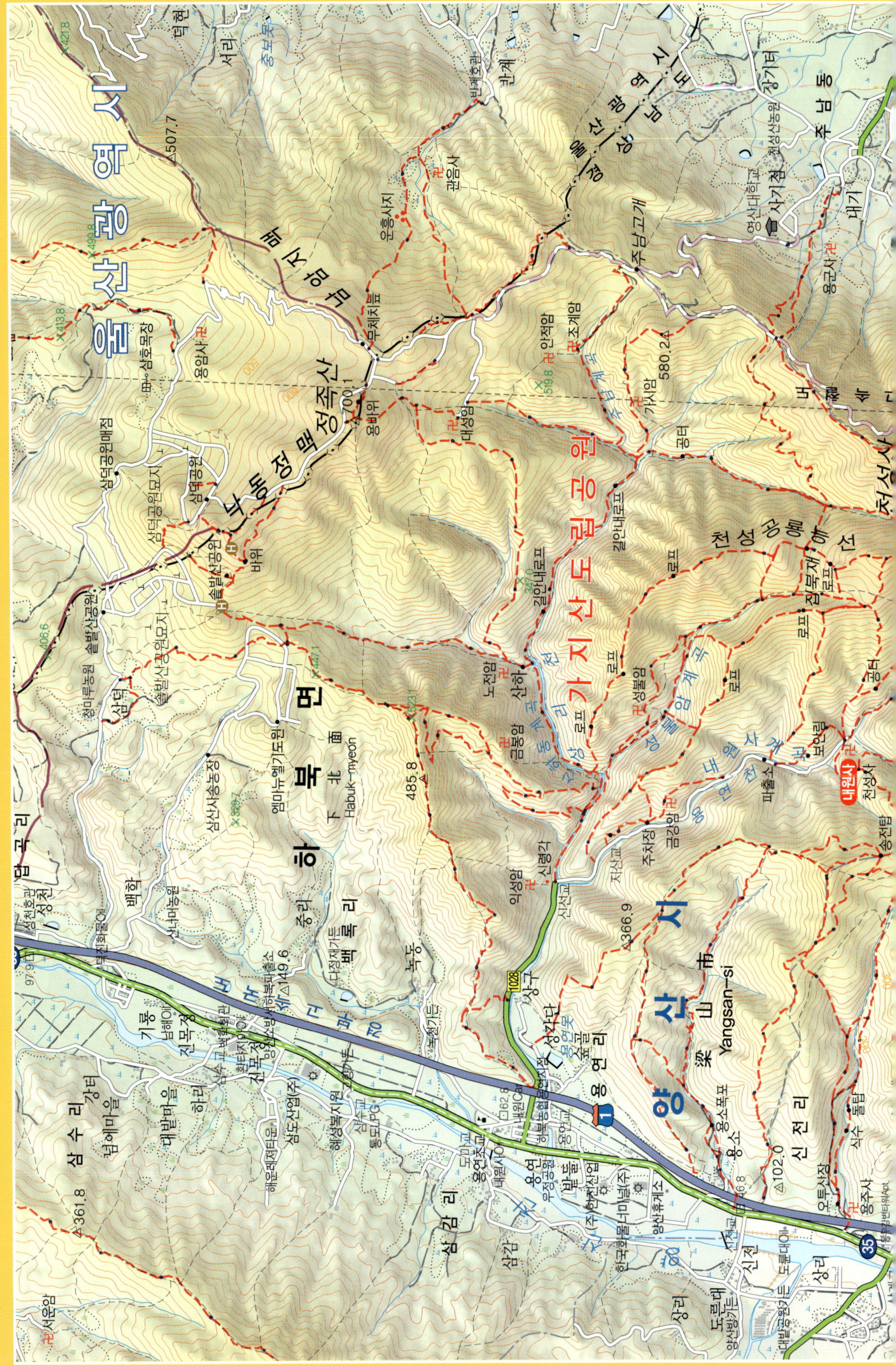

천성산의 명소인 원효암이 있다. 646년(선덕여왕 15년)에 원효대사가 창건한 사찰로 전하는 원효암은 전국에 산재한 10여 개의 원효암이라는 이름의 암자 가운데 으뜸으로 꼽힌다. 원효를 비롯한 많은 고승이 머물면서 수행했던 유서 깊은 사찰이다.

천성산은 과거에는 원적산圓寂山·元寂山이라 불렸다. 위험에 놓인 1,000여 명의 대중을 밥상을 던져 살려냈다는 원효의 척반구중擲盤求衆 설화가 전하는 신라 고찰 내연사를 품고 있다. 산 이름도 원효대사가 당나라 1,000여 명의 신도를 산사태 위험에서 구해, 이를 인연으로 중국 승려 1,000여 명이 원효대사의 제자가 되어 이곳에서 깨달음을 얻었다 하여 유래한다. 정상이 원효봉인 것도 원효대사와의 인연 때문으로 전한다.

천성산은 큰 도시인 양산시에 있어 사방에서 오르는 등산로가 얽혀 있다. 산행의 하이라이트인 화엄벌과 정상 원효봉은 홍룡사虹龍寺에서 가장 빨리 오를 수 있다. 신라 문무왕(661~681) 때 원효가 창건한 사찰로 전하는 홍룡사 일주문을 지나 원효가 1천 대중에게 화엄경을 설법했다는 화엄벌에 올라선다. 화엄벌에서 오른쪽으로 방향을 틀어 오르면 예전 군시설물이 들어서 있던 천성산 정상 원효봉에 올라선다. 정상 아래의 원효암까지 차도가 나 있으며 신도들을 위한 셔틀버스를 운행한다.

정상에서 능선을 따라 북으로 가면 천성산 제2봉에 닿는다. 하산은 집북재를 지나 성불암계곡이나 산하동계곡을 따라 호젓한 계곡산행으로 마무리할 수도 있다. 두 계곡 사이의 천성공룡릉은 아기자기한 바위능선으로 암릉산행의 짜릿함과 조망을 동시에 즐길 수 있다. 하산 코스보다는 성불암계곡 초입에서 천성공룡릉을 타고 올라오는 코스로 알맞다.

천성산 화엄늪
홍룡폭포

### 주변 관광지

**내원사계곡** 천성산 기슭에 위치한 내원사 아래의 계곡. 예부터 소금강이라 불릴 정도로 자연경관이 빼어나고 사시사철 맑고 깨끗한 물이 흘러 신비한 계곡으로 불렸다. 계곡 곳곳에는 삼층바위가 첩첩이 서 있으며 절벽에 '소금강'이란 글자가 새겨져 있다. 바위가 길게 뻗은 병풍바위가 대표적인 명소이며, 최근에는 볼더링(짧은 암벽등반) 대상지로도 인기를 얻고 있다.

**홍룡폭포** 천성산 서쪽 기슭의 폭포. 상·중·하 3단 구조로 되어 있어 물이 떨어지면서 생기는 물보라가 사방으로 퍼진다. 이때 물보라 사이로 무지개가 나타나는데 그 형상이 선녀가 춤을 추는 것 같고 황룡이 승천하는 것 같다고 하여, 무지개 '홍虹'자와 용 '용龍'자를 써서 홍룡폭포라 명명되었다. 경상남도 양산시 상북면 대석리 1번지 일원에 있다

**통도환타지아** 영축산 아래 양산시 하북면 순지리에 자리잡고 있는 테마파크. 1993년 개장했으며 국내 유일의 호수 위를 달리는 롤러코스터를 보유하고 있다. 30여 기종의 놀이시설과 대형 워터파크, 야외공연장, 골프장, 콘도 등을 갖추고 있다.

### 맛집·별미·특산물

**양산 원동 매실** 양산시 원동 지역의 대표적 과실인 매실은 온화한 기후와 충분한 일조량 등 매실 재배에 좋은 지역적 특성 때문에 매실 고유의 효능이 타 지역 매실보다 높아 70여 년 전부터 그 명성을 이어가고 있다. 특히 원동 매실은 토종으로 숙취 해소와 피부 미용 등에 좋고 농축액을 이용해 만든 매실차는 여름철 건강 음료로 좋다.

### 교통 정보

경부고속도로 양산나들목으로 접근한다. 서울에서 5시간, 부산에서 1시간, 광주에서 3시간가량 소요.

# 05 모악산 母岳山

'금산'이라 불린 한국의 대표적 미륵본산

높이 795.2m
주봉 모악산
위치 전북 김제시·완주군

## 조선 들어 모악산으로 바뀌어… 상학마을·중인동 기점이 인기

모악산母岳山(793.5m)은 지리산 못지않게 '어머니의 산' '영적인 산'이라 불리며 '한국 미륵신앙의 메카'로 알려져 있다. 또한 금산, 엄뫼, 큰뫼, 대모산, 모산, 모후산母后山, 부산婦山 등 다양한 별칭도 지니고 있다. 이런 모악산이 1월의 산에 선정된 이유도 어머니의 산과 무관치 않다.

호남에서 신년 일출을 보기 위해 가장 많이 오르는 산이 모악산이다. 어머니의 산에서 양기를 받기 위해서이다. 사람들은 무심코 올라가지만 이런 음양의 조화가 밑바탕에 깔려 있기 때문에 그 기운으로 많은 사람들의 발길을 자연스럽게 모은다.

그런데 모악산이 위대한 어머니의 산이자 영적인 산, 호남 최고의 미륵명산이라고 하지만 역사서에는 전혀 기록을 찾아볼 수 없다. 〈삼국사기〉와 〈삼국유사〉에도 모악산이란 지명은 없다. 단지 〈삼국유사〉권이 후백제 견훤조에 금산사가 나오면서 '금산金山'이라는 기록이 처음 나온다. 〈삼국사기〉에도 후백제 관련해서 '금산'이 한 차례 언급될 뿐이다. 〈고려사절요高麗史節要〉제1권에는 '을미년(왕건 18년) 봄 3월에 아들 신검이 그 아버지를 금산의 불사에 가두고, 그 아우 금강을 죽였다. 견훤은 아들 10명이 있었는데… (후략)'으로 기술돼 있다. 따

전라북도 김제시·완주군

# 05 모악산

월별 가볼 만한 명산 52

라서 모악산은 고려까지 금산이라 불렸던 사실을 알 수 있다.

조선시대에 들어 드디어 모악산이란 지명이 등장한다. 〈동국여지승람〉 제34권 전주부편에 '모악산은 전주부 서남쪽 20리에 있으며, 금구현에서도 보인다'고 기록돼 있다. 또 태인현편에도 '모악산은 태인현에서 동쪽으로 30리에 있다', 또 금구현편에서도 '모악산은 금구현에서 동쪽으로 25리에 있고, 역시 태인에서 보인다'고 기록돼 있다. 이로 볼 때 고려시대까지 금산으로 불리다가 조선시대 들어서 모악산으로 변한 사실을 확실히 알 수 있다.

김제 금산사의 〈금산사지〉에는 다음과 같이 기록하고 있다.

'모악이라 하는 것이든 금산이라 하는 것이든 간에 옛날에는 모두 이 사찰이 의지한 산명이었던 것이다. 이 산의 외산명外山名을 조선 고어로 '엄뫼'라고도 불렀고 큰뫼라고도 칭했다. 엄뫼나 큰뫼라는 이름은 다 제일 수위에 참열한 태산이란 의미로서 조선 고대의 산악숭배로부터 시작된 이름이다. 이것을 한자 전래 이후에 이르러 한자로 전사할 때에 엄뫼는 모악이라 의역하고, 큰뫼는 큼을 음역하여 금으로 하고, 뫼는 의역하여 산으로 했다.'

지금 김제 부근에 남아 있는 금구, 금평, 금화 등의 지명은 금산과 그 유래를 같이 한다.

모악산 등산로는 매우 많다. 이 중 등산인들이 가장 많이 찾는 산행 기점은 구이면 원기리 관광단지, 중인동 기점 코스, 금산사 등이다. 세 방면 중 원기리 상학마을과 중인동이 금산사 방면보다 인기다. 599년 백제 법왕의 자복사찰로 창건되었고, 통일신라 경덕왕 때 진표율사에 의해 중창되었다고 전하는 금산사에는 국보 제62호 미륵전과 보물 10점이 있다. 임진왜란 때는 승병 1,000여 명의 훈련장으로 활용되기도 했다.

금산사 미륵전

모악산과 금산사

### 주변 관광지

**금산사** 후백제의 견훤이 유폐되었던 절로 알려져 있으며, 백제시대에 지어지고 신라의 통일 이후 혜공왕 때 진표율사에 의해 중창되면서 절의 기틀이 갖추어졌다. 신라 법상종의 중심 사찰로 석가모니불을 모신 대웅전이 없는 대신 미륵불을 모신 미륵전이 절의 중심이다. 견훤은 후백제를 세우면서 스스로 세상을 구원할 미륵이라 자칭하며 민중들의 민심을 얻고자 하지만 끝내는 그의 아들들에 의하여 미륵신앙의 요람인 이곳 금산사에 유폐되었다. 건물의 수는 많지 않지만 큰 건물들이 우람하게 서 있다. 경내에는 국보62호로 지정된 미륵전을 비롯해 노주, 석련대, 혜덕왕사탑비, 오층석탑, 당간지주 등 보물이 여럿 있다.

**전주 남부시장** 조선 초기부터 '남문밖시장'이라 불리며 명맥을 이어온 시장. 근래의 전통 시장이 그러하듯 빈 점포가 즐비했으나 시장6동 2층에 청년들의 매장인 청년몰이 입주하고, 시장 내 한옥마을에서 먹거리와 예술품이 가득한 야시장이 열리면서 다시 인기를 얻고 있다. 야시장은 매주 금요일과 토요일에 열린다. 주소: 전주시 완산구 풍남문2길 63

### 맛집·별미·특산물

**피순대**
조점례남문피순대(063-232-5006)는 전주 남부시장의 맛집이자, 전주를 대표하는 새로운 먹거리로 떠오르고 있다. 돼지 창자에 선지, 고기, 야채 등의 재료를 넣고 삶아낸 피순대(소 10,000원)가 대표 메뉴. 일반 순대보다 부드러운 식감과 진한 맛이 특징이다. 내장과 순대를 넣고 얼큰하게 끓인 순대국밥(7,000원)도 인기 있다.

### 교통 정보

호남고속도로 금산사나들목 혹은 순천완주고속도로 상관나들목으로 접근한다. 서울에서 3시간 30분, 부산에서 4시간, 대전에서 1시간 30분가량 소요.

# 06 태백산 太白山

한민족 시조 · 단군신화의 산과는 同名異山

높이 1,566.7m
주봉 장군봉
위치 강원 태백시

눈꽃산행은 덕유산 못지않아… 통일 신라 오악 중 북악으로 지정

태백산은 한민족 시조의 산이자 단군신화의 산이다. 〈삼국유사〉제1권 기이조에 '환웅은 삼천 명의 무리를 이끌고 태백산太伯山 꼭대기에 신단수 아래로 내려와 그곳을 신시神市라고 불렀다. 이 분을 바로 환웅천왕이라고 한다. 환웅천왕은 풍백風伯·우사雨師·운사雲師를 거느리고, 곡식·생명·질병·형벌·선악 등 인간 세상의 360여 가지 일을 주관하여 인간세상을 다스리고 교화시켰다. (중략) 단군은 장당경藏唐京으로 옮겼다가 후에 아사달로 돌아와 숨어서 산신山神이 되었으니, 나이가 1908세였다'고 나온다.

가장 오래된 역사서에 처음 등장하는 태백산이다. 이 태백산이 지금의 태백산과는 조금 다른 듯하다. 〈삼국유사〉 저자 일연은 단군이 내려온 태백산을 묘향산이라 주장했고, 아사달은 구월산 또는 평양으로 추정된다고 역사학자들은 말한다.

〈삼국사기〉에도 태백산이 몇 군데 등장한다. 신라 일성이사금조에 '일성이사금 5년(138) 겨울 10월에 북쪽으로 순행하여 몸소 태백산太白山에 제사 지냈다'고 나오고, 제사지 중사조에 '오악은 동쪽 토함산, 남쪽 지리산, 서쪽 계룡산, 북쪽 태백산, 중앙은 부악 또는 공산이라고도 한다'고 기록돼 있

# 06 태백산



대간 · 정맥

지맥

등산로

비지정등산로

임도(MTB코스)

고속국도 (번호) (공사중)

(국도번호) (지방도번호)

국도 · 지방도 (4차선) (2차선)

간선도로 (4차선) (2차선)

기타차도

우마차로

소로

고속철도

철도

지하철

특별시·광역시·도계

시·군·구계

읍·면계

국립공원계

지류계

- △ 삼각점
- ⊡ 수준점
- 논 · 밭
- 특별시·광역시·도청
- 시청
- 군청
- 구청
- 읍사무소
- 면사무소
- 대학교
- 초·중·고교
- 병원
- 공항
- 명승고적
- 사찰
- 능묘
- 해수욕장
- 온천

모텔 · 펜션

민박 · 식당

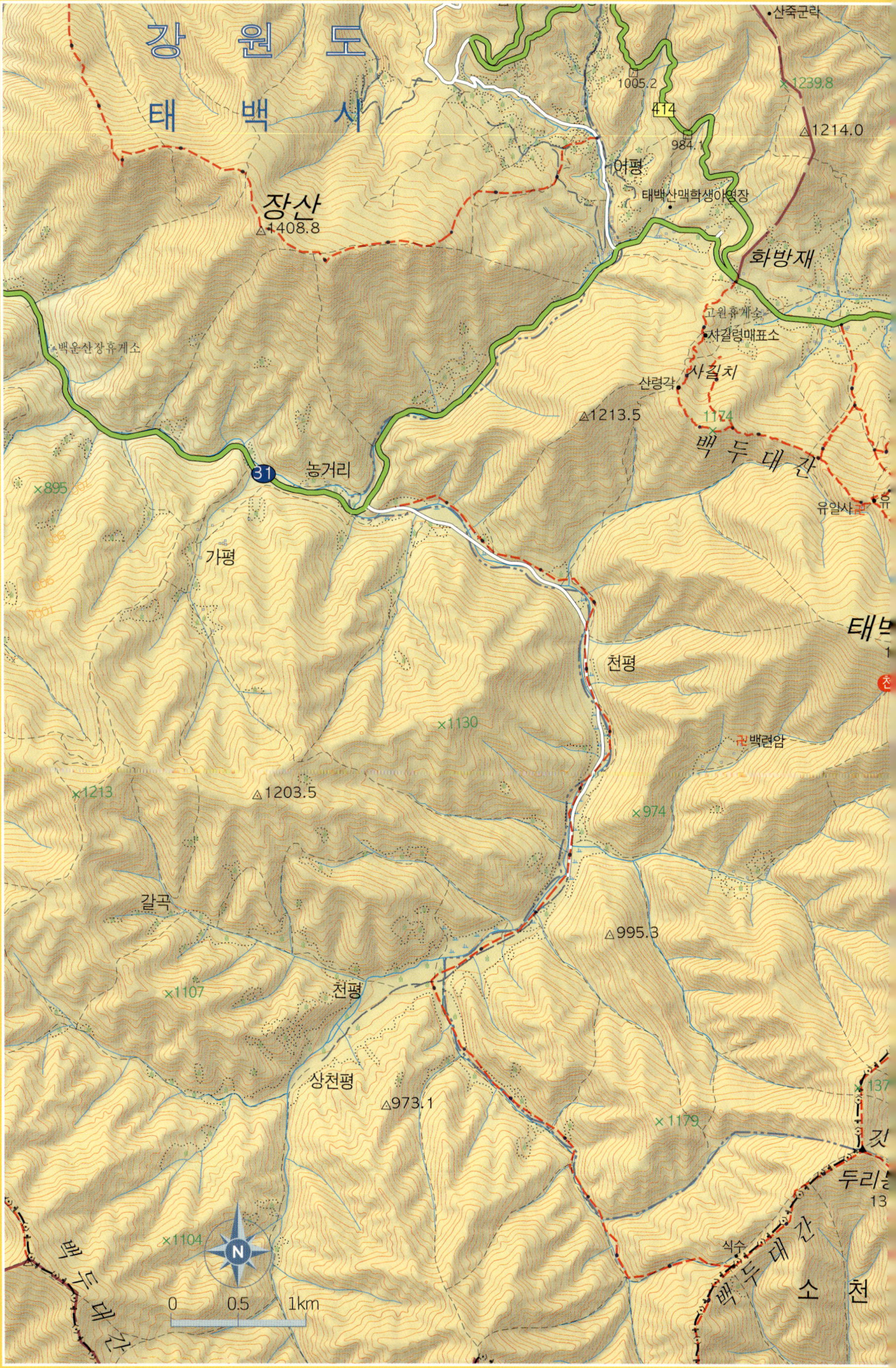

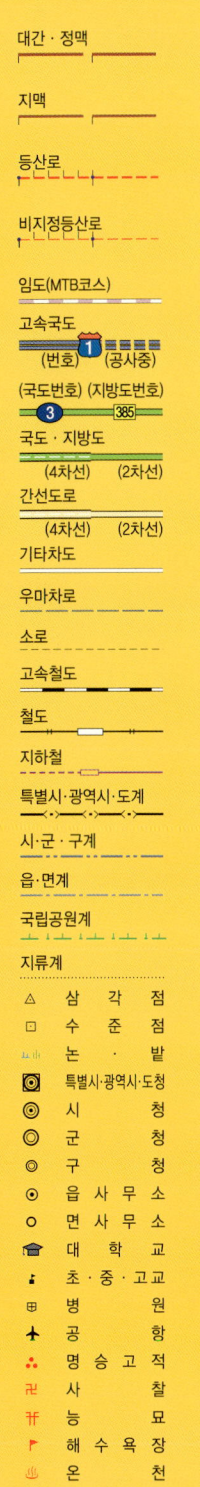

다. 여기서 언급하는 태백산은 현재의 태백산이다. 이후 역사서와 많은 문집에 태백산이 등장한다. 허목의 〈기언記言〉 제28권에는 현재 태백산의 지명 유래에 대해서 설명하고 있다. '문수산 정상은 모두 흰 자갈이어서 멀리서 바라보면 눈이 쌓인 것 같으니, 태백이란 명칭이 있게 된 것은 이 때문'이라고 기재돼 있다.

단군 시조와 함께했고, 역사 기록에 가장 먼저 등장한 태백산은 〈삼국유사〉에 나오는 태백산과 북악 태백산과는 한자가 다르다. 환웅의 태백산과 〈삼국유사〉의 태백산은 '太伯山'이지만 북악 태백산은 '太白山'이다. 북악 태백산이 지금 태백산인 것이다.

눈이 많이 쌓인 것 같은 산이라 해서 태백산이란 지명이 유래했다고 한다. 실제 눈이 많이 내린다. 1월의 산 덕유산 못지않게 많은 눈이 내린다. 그래서 아예 지자체에서 태백산 눈꽃축제를 항상 1월과 2월에 걸쳐 개최한다. 따라서 연중 탐방객이 1월에 이어 2월에 가장 많다.

태백산은 천연기념물 주목 군락지가 있고, 무속인들이 하늘의 기운을 받고 천제를 지내는 천제단이 있다. 무속인들이 천제단으로 향하는 길이 바로 소도蘇塗다. 그 소도란 지명이 태백산 아래 자락에 아직 남아 있다. 지명은 수백, 수천 년 검증을 거쳐 생겨난다. 태백산은 비록 단군신화의 산은 아니더라도 그 기운이 살아 있는 명산인 것이다.

대표적인 눈꽃 명산 태백산이면서 동시에 철쭉산으로도 유명하다. 특히 장군봉 일대의 철쭉은 고산철쭉의 진수로 손꼽힌다. '살아 천년 죽어 천년'이라는 아름드리 주목 고사목과 어우러진 철쭉꽃은 특히 아침 해가 뜰 때 바라보면 몽환적인 분위기까지 자아낸다. 게다가 태백산 특유의 시원한 조망까지 더해 눈꽃 못지않은 비경으로 등산인들의 감탄을 끌어낸다.

태백산 철쭉은 남녘의 철쭉꽃처럼 화려하지 않다. 꽃은 크지만 빛깔이 연해 수더분한 강원도 산골 여인의 넉넉한 웃음처럼 마음을 편케 해준다. 철쭉은 5월 말부터 6월 초까지 절정을 이룬다.

용연동굴

태백산 천제단

학술적 가치가 높은 생물 38종이 살고 있다. 동굴 깊은 곳에 '임진왜란 때 피란했다'는 내용의 붓글씨가 있었으며, 국가 변란 시 피란처로도 이용됐다고 한다.

동굴 안은 총 4개의 광장으로 구성돼 있으며 동굴산호, 유석, 종유석, 석순, 석주 등은 기묘한 형태를 이루고 있어 탄성을 자아낸다. 관람 소요시간은 1시간이며 매표소에서 동굴 입구까지 1.1㎞ 길은 무궤도열차인 트램카(용연열차)를 타고 오를 수 있다.

**태백 석탄박물관** 태백산 산행 들머리인 당골에 자리하고 있다. 우리나라 석탄산업의 변천사를 한눈에 볼 수 있게 한 박물관. 열악한 작업환경 속에서도 산업역군으로 석탄생산에 종사한 광산근로자들의 실상을 갱도체험관을 통해 느낄 수 있다. 1997년 개장하였으며 8개의 전시실과 야외전시장을 갖추었다. 주소: 태백시 천제단길 195

### 맛집·별미·특산물

**물 닭갈비** 태백에 가면 꼭 먹어봐야 할 음식은 바로 '물 닭갈비', 즉 국물 있는 닭갈비다. 흔히 물 닭갈비가 광부들에 의해 만들어졌다는 설이 있는데 실은 황지동의 한 작은 포장마차 주인이 닭갈비에 국물을 부어 끓이면서 널리 퍼지게 되었다. 국물 많은 닭볶음탕 같으면서 우동 사리를 넣어 국물을 졸이면 어죽 맛도 난다. 마지막에는 밥을 볶아 먹어야 제대로 먹은 것. 태백닭갈비(033-553-8119)를 비롯해 엄마손태백물닭갈비(033-572-7676), 김서방네 닭갈비(033-553-6378) 등.

### 주변 관광지

**용연동굴** 태백팔경의 하나인 용연동굴은 금대봉 기슭 해발 920m에 있다. 국내에서 가장 오래된 건식 자연석회동굴이며

### 교통 정보

중앙고속도로 제천나들목 혹은 영주나들목으로 접근한다. 서울에서 4시간, 부산에서 4시간, 광주에서 5시간가량 소요.

# 07 치악산 雉嶽山

단풍 보다는 상고대·눈꽃 일품

| 높이 | 1,288m |
| 주봉 | 비로봉 |
| 위치 | 강원 원주·횡성 |

## 꿩의 전설보다 치악산 지명이 먼저 등장… 61%가 경사도 30도 이상

치악산雉嶽山(1,288m)은 원래 단풍이 좋아 적악산赤岳山이었다고 한다. 하지만 꿩의 전설이 알려지면서 이름이 치악산으로 바뀌었다고 전한다. 치악산 단풍이 좋기는 하지만 설악산·내장산·강천산과 같이 단풍 명산으로 유명한 다른 산에 비하면 그리 감탄할 만한 수준은 아니다. 오히려 겨울 설경이 더 뛰어나다. 실제 높이는 높지 않지만 상고대·설화와 같은 겨울 산의 풍치가 매우 매력적이다.

적악산에서 치악산으로 바뀌게 했다는 꿩의 전설은 지금도 유명하다. 그 옛날 과거 보러 가던 선비가 구렁이에 잡아먹힐 위기에 처한 꿩을 살려주자, 그 꿩이 다시 선비를 살리는 보은을 했다는 내용이다.

그런데 사실은 꿩의 전설보다 치악산이란 지명이 훨씬 먼저 등장한다. 고려시대 과거가 시행되기 전의 문헌에서다. 〈삼국사기〉권5 열전 '궁예'편에 벌써 치악산이 나온다.

'드디어 궁예에게 병사를 나누어 동쪽으로 땅을 공략하도록 했다. 이에 치악산 석남사에 나가 머물면서 주천, 나성, 울오, 어진 등의 현을 돌아다니면서 습격하여 모두 그곳들을 항복시켰다.'

이로 미뤄보면 꿩의 전설보다 치악산이란 지명이

# 07 치악산

월별 가볼 만한 명산 52

더 오래됐고, 꿩으로 인해 치악산으로 변경된 것이 아니라 치악산이란 지명이 꿩의 전설을 낳았다고 볼 수 있다.

치악산이란 지명은 이후 〈고려사〉권56 지리편에 '원주는 본래 고구려 평원군으로, 신라의 문무왕 때 북원소경을 두었다. (중략) 공민왕 2년(1352)에 원주의 치악산에 왕의 태胎를 안치하고 원주목으로 복구했다'고 나온다.

조선시대에도 치악산이란 지명은 그대로 유지되었고 국가에서 오악으로 지정하면서 더욱 명산으로 숭배된다. 〈태종실록〉28권 예조 산천편에는 '치악산을 감악산·계룡산·소백산·주흘산 등과 함께 소사小祀로 삼았다'고 기록했다. 이어 〈세종실록〉에는 '치악산은 중악 백악산, 남악 관악산, 북악 감악산, 서악 송악산과 더불어 동악으로 국가제사를 지내기도 했던 산'으로 숭배됐다.

조선 선비들의 유산록에는 가끔 치악이란 한자가 '雉岳'이 아닌 '峙岳'으로 등장한다. 산에 가보면 '峙岳'이 더 맞겠다는 생각이 든다. 치악산 등산을 해본 사람은 알겠지만 정상 비로봉이 1,288m로 별로 높지도 않은 산이 매우 가파르고 힘들다. 산높이는 남한 산 중에서 18위에 불과하다. 그러나 힘들기로 따지면 한 손에 꼽을 정도다. 다 이유가 있다.

치악산은 표고 1,000m 이상이 전체 3%, 500~600m가 전체 45%를 차지한다. 최저표고가 300m로 비교적 높은 산악지대에 속한다. 등산할 때 경사가 힘들게 느낄 정도인 경사 30도 이상이 61%로 가장 많은 지역을 이루고, 경사 10% 미만은 0.1%에 불과하다. 표고분석과 경사도 분석에서 알 수 있듯 치악산의 산세는 매우 험준하다. 마치 태산같이 평지에 우뚝 솟은 산세다. 따라서 높지는 않지만 등산하기엔 어느 산보다 힘든 것이다.

주봉 비로봉을 중심으로 남쪽으로 향로봉(1,042m)·남대봉(1,180m), 북쪽으로 매화산(1,083m)·삼봉(1,073m) 등 여러 봉우리들이 에워싼 형세의 조망도 뛰어나다.

구룡사 보광루

### 주변 관광지

**구룡사** 치악산을 대표하는 사찰인 구룡사는 668년(문무왕 8) 의상대사가 창건했다. 창건 이후 도선·자초·휴정 등이 거쳐가면서 영서지방 수찰 구실을 하기도 했다. 현존 당우는 대웅전·보광루·삼성각·심검당·설선당 등이 있다. 절 입구에 있는 황장금표는 '조선시대 이 일대에서 금강송 무단벌목을 금한다'는 내용의 역사적 자료다. 특히 사천왕문을 지나면 구룡폭포 물소리와 건강한 숲이 어우러져 사람들의 마음을 사로잡는다.

**박경리 문학공원** 원주시 단구동(토지길1)에 있는 박경리문학공원은 한국 문단의 기념비적인 대하소설인 〈토지〉를 집대성한 박경리(1926~2008) 선생이 살던 집 주변을 공원화한 것이다. 1995년 선생의 옛집이 택지개발지구에 포함돼 헐릴 위기에 놓였으나 한국토지공사가 공원 부지로 결정한 것에서 비롯됐다. 이곳엔 〈토지〉의 무대가 됐던 평사리의 모습을 축소해 놓았고, 생전에 글을 쓰던 집과 마당의 고추밭까지 그대로 남아 있다.

### 맛집·별미·특산물

**원주 옻칠공예** 국내 최대의 옻나무 주산지인 원주는 다른 지역의 옻에 비하여 우수한 것으로 오래전부터 널리 알려져 있다. 전통방식으로 제작해 7번 이상 옻칠을 도장한 공예품은 광택이 뛰어나고, 내구성이 강해 반영구적이며, 온도나 습도, 화공약품에 의해 변질되지 않는 특징이 있다. 또한, 살균력이 강하고 좀이나 곰팡이가 생길 염려가 없어 인체에도 해가 없다고 한다. 옻 품질이 뛰어나듯 옻칠 관련 기능 보유자들도 많아 무형문화재로 선정된 나전칠기장 이형만 선생을 비롯, 김상수, 박귀래, 이돈호, 김영복, 박원동 선생 등이 만든 예술에 가까운 나전칠기와 공예품을 만날 수 있다.

### 교통 정보

영동고속도로 새말나들목 혹은 원주나들목으로 접근한다. 서울에서 2시간, 부산에서 4시간, 광주에서 4시간가량 소요.

## 08 함백산 咸白山

한겨울 눈꽃산행지로 이름값

| | |
|---|---|
| 높이 | 1,572.9m |
| 주봉 | 함백산 |
| 위치 | 강원 정선군·태백시 |

FEBRUARY

### 야생화로도 유명… 1,330m 만항재까지 차로 올라

함백산咸白山(1,572.9m)은 남한에서 여섯 번째로 높은 정선과 태백 경계의 산이다. 〈산경표〉에는 대박산으로 기록되어 있으며, 〈정선총쇄록〉에는 '상함박, 중함박, 하함박' 등으로 적혀있다. 왜 함백으로 이름이 바뀌었는지에 대해서는 정확하게 알 수 없으나 태백太白, 대박大朴과 함백咸白이라는 말은 모두 크게 밝다는 뜻이라고 기록하고 있다. 〈삼국유사〉에서는 '함백산을 묘범산妙梵山으로 기록했는데, 묘범산은 묘고산妙高山과 같은 말로, 불교에서 말하는 수미산과 같은 뜻이다'고 전하고 있다.

겨울에 내린 눈이 봄까지 녹지 않아 5개월 가까이 눈이 쌓인 함백산은 한겨울 눈꽃산행지로도 유명하다. 적설량이 많아 1~2월 대부분 설경을 볼 수 있으며, 1,200m가 훌쩍 넘는 만항재까지 차로 오를 수 있다는 것이 이점이다. 우리나라에서 6번째로 높은 산이지만 고도 1,200m를 공짜로 올라 산행을 시작하는 것이다.

5대 적멸보궁 정암사와 야생화, 주목 군락이 함백산을 상징하는 명물이다. 남한에서 제일 높은 고갯길인 만항재(1,330m)는 개성의 고려 유신들이 이성계의 녹을 먹지 않겠다며 이곳 함백산 기슭 두문동에 은거, 두문불출 생을 보내며 여기에 올라

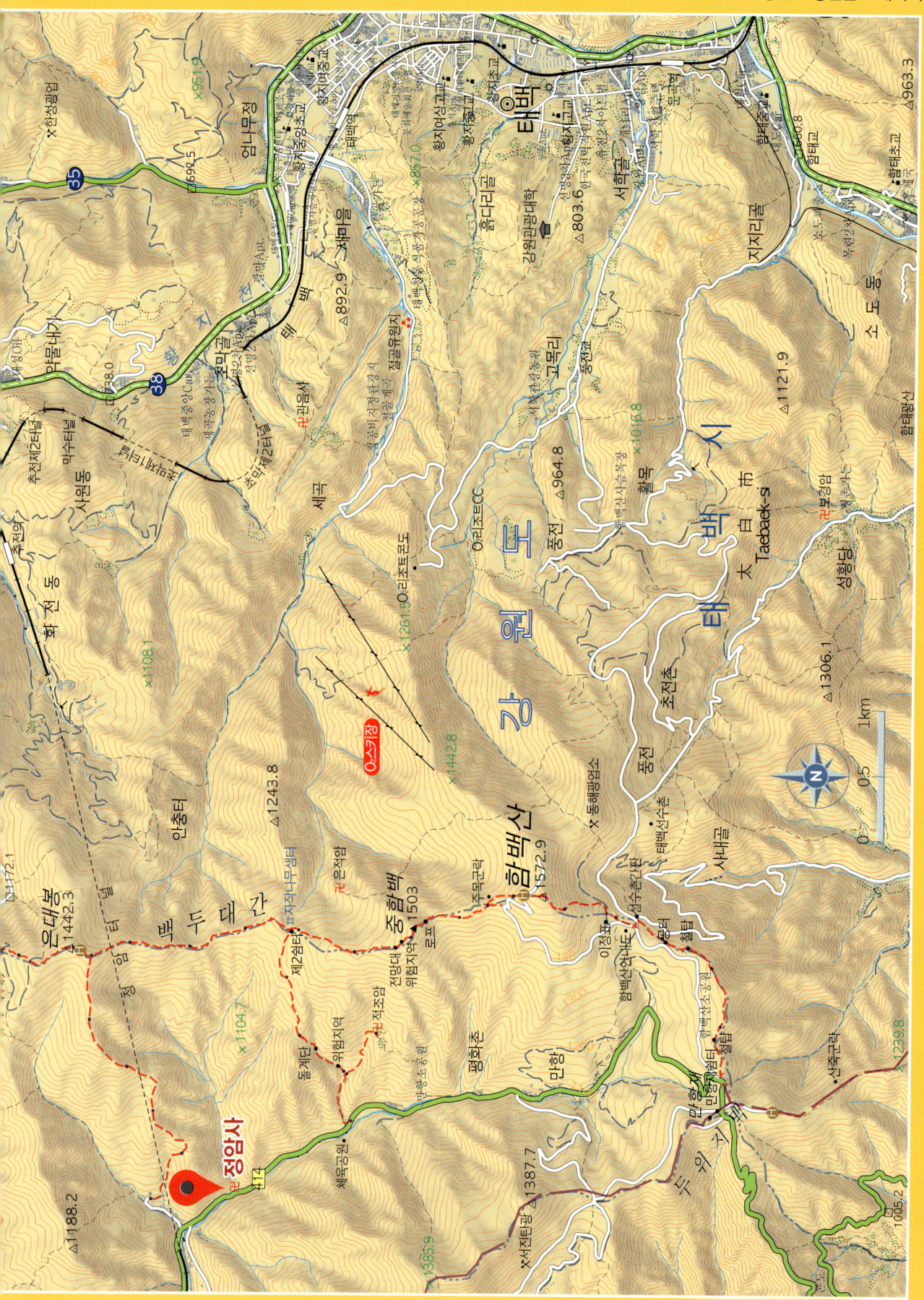

# 08 함백산

월별 가볼 만한 명산 52

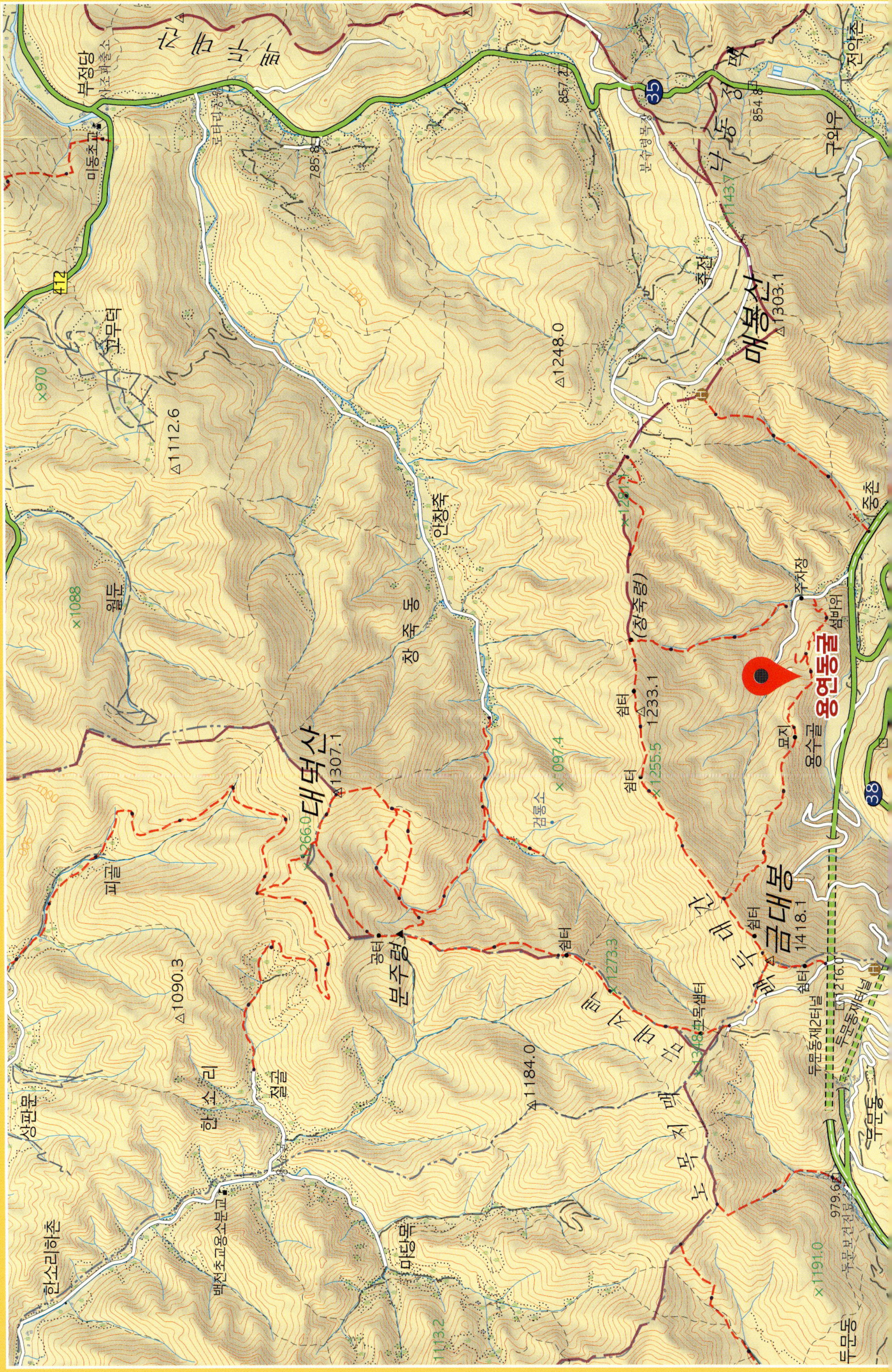

개경 쪽을 바라보며 망향제를 올렸다는 전설이 있다. 만항재라는 지명은 원래 능목재(늦은목이재)라고 불리던 이름을 한자말로 '晩項만항'이라고 붙인 데서 비롯됐다.

만항재에서는 한국 최대의 야생화 축제가 열린다. 만항재 일대에는 은방울꽃, 벌노랑이, 나도 잠자리난, 감자난, 은대난초 등 다양한 야생화들이 군락을 이루며 자라고 있다. 이 일대가 야생화 애호가들을 통해 유명해지자 야생화 서식지를 조성해서 보호하고 있다. 남한에서는 유일하게 함백산에서만 자생하는 꽃으로 분홍바늘꽃과 노랑투구꽃이 있다. 환경부 멸종위기식물 1급으로 지정된 털복주머니란은 백두산에 주로 자생하며 남한에서는 함백산에서만 볼 수 있다.

함백산을 대표하는 또 다른 명물은 서쪽 기슭에 자리한 고찰 정암사淨巖寺다. 636년(선덕여왕 5) 자장율사가 창건하고 석가의 진신사리를 모신 우리나라 5대 적멸보궁 중 한 곳이다. 선덕여왕이 자장율사에게 하사했다는 금란가사錦襴袈裟가 보관되어 있었다는 적멸보궁 뒤쪽 산마루에는 진신사리를 모셔놓은 전탑인 수마노탑(보물 제410호)이 서있다.

정상은 고래등처럼 부드럽고 평퍼짐하다. 키 큰 나무가 없어 달 표면처럼 둥글고 환하게 열려 있어 압도적인 경치를 즐길 수 있다. 남쪽의 태백산을 위시해 북쪽으로는 금대봉과 매봉산, 서쪽으로는 백운산, 두위봉, 장산 등 주변 산세가 거대하고 웅장하다.

산행은 만항재에서 함백산과 은대봉을 거쳐 두문동재까지 가는 종주코스와 중함백산을 넘어 정선 고한으로 하산하는 코스가 있다. 종주코스도 10km가 채 되지 않고 능선이 완만한 편이라 산행은 어렵지 않다. 다만 두문동재의 경우 고도가 높아 겨울 적설량이 많을 때에는 차량 통행이 어려울 수도 있다. 만항재에서 함백산과 은대봉을 거쳐 두문동재까지 종주할 경우 8.7km에 5시간 정도 걸린다.

하이원 워터월드

적멸보궁이 단아하게 서 있다. 적멸보궁은 자장율사가 석가모니불의 사리를 수마노탑에 봉안하고 이를 지키기 위해 건립한 것이다. 정암사가 얼마나 청정한 곳인지는 이곳이 열목어 서식지라는 데서 짐작할 수 있다. 열목어는 물이 맑고 찬 곳에서만 자라는 천연기념물이다.

**하이원 워터월드** 2018년 개장한 최신 워터파크로 정선군 사북읍 하이원리조트에 자리잡고 있다. 백운산 자락에 위치한 워터월드는 계곡수를 끌어와 인체에 이로운 연수로 치환시키는 등 수질오염으로부터 안전한 관리시스템으로 운영돼 자연친화적이다. 대형 야외 파도풀을 포함해 실내외 9종의 풀과 7종의 슬라이드 등 모두 16가지의 다양한 놀이시설, 스파시설 14개 등이 있다. 여름 시즌 내내 불꽃쇼와 공연, 전시, 다채로운 이벤트가 열리는 엔터테인먼트형 워터파크다.
주소: 정선군 사북읍 하이원길 175

### 맛집·별미·특산물

**곤드레밥** 태평소(033-591-3600)는 곤드레돌솥정식이 유명하다. 곤드레 영양밥은 인삼, 표고버섯, 대추, 잣, 은행, 해바라기씨 등 제철에 맞는 7가지 재료를 넣어 짓는다. 반찬은 기본으로 12가지가 나오고 구수하고 짭조름한 된장국이 곁들여 나온다. 미리 예약하면 나이대나 입맛에 따라서 찬을 바꿔서 내주기도 할 정도로 서비스에 신경 쓴다. 별다른 기교 없이 풍미를 살려낸 강원도 나물은 담백하고 풍성하다.
주소: 강원도 정선군 고한읍 고한7길 5-35

### 교통 정보

중앙고속도로 제천나들목 혹은 영주나들목으로 접근한다.
서울에서 3시간 30분, 부산에서 4시간, 광주에서 5시간가량 소요.

### 주변 관광지

**정암사** 신라의 큰스님이었던 자장율사가 선덕여왕 5년(636)에 함백산 기슭에 창건한 사찰. 석가의 정골사리를 모신 한국 5대 적멸보궁의 하나이다. 일주문을 들어서면 고색창연한

# 09 선자령 仙子嶺

'바람과 눈의 산'… 최고의 설경

| 높이 | 1,157m |
| 주봉 | 선자령 |
| 위치 | 강원 평창군·강릉시 |

## 소은백이산에서 지명유래설… 대부분 대관령휴게소에서 출발

일본의 '설국雪國'이 니가타にいかた현이라면 한국의 설국은 선자령仙子嶺(1,157m)이다. 겨울 평균 적설량이 2m가량 된다. 대관령 사람들이 '조상눈'이라 부르는 눈이 있다. 겨울에 첫눈이 내린 이후 층층이 눈이 쌓이면 맨 밑에 깔려 겨우내 녹지 않고 있다가 이듬해 봄이 온 뒤 제일 나중에 녹는다. 이렇게 6개월여 가는, 눈 중에 제일 오래된 눈을 조상 눈이라 한다. 대관령 같은 데서나 생길 수 있는 말이다.

한국에서 설경이 가장 아름다운 곳으로 단연 선자령을 꼽는다. 겨울산행의 진미를 맛볼 수 있다. 푸른 하늘과 세찬 바람, 그리고 순백의 눈과 양떼 목장이 있는 곳이다. 하늘의 산이고, 바람의 산이고, 눈의 산인 것이다. 선자령이 2월의 산으로 꼽힌 것은 지극히 당연한 선택으로 보인다.

그런데 그 지명유래를 알 수 없다. 김정호는 〈동국여지승람〉 등의 지리지에 따라 그의 〈대동여지도〉에 소은백이산所隱栢伊山을 고루포기산으로 기록하고 있다. 우리말 음과 훈으로 새겨 읽은 데서 유래했다고 한다. 하지만 소은백이산의 원래 의미는 '잣이 숨겨져 있는 산'이란 의미다. 그러다 후세 사람들이 그 이름을 음과 훈을 혼용해 달리 부르면서

# 09 선자령

월별 가볼 만한 명산 52

'소은잣산→손잣산→선잘산→선자산→선자령으로 지칭하게 된 것으로 보고 있다. 선자령 주변에 원래 잣이 많았기 때문에 유래됐다는 것이다.

이와는 전혀 다른 설이 선자령 주변 안내판에 적혀 있다. '선자령의 원래 이름은 대관산, 또는 보현산, 만월산 등으로 불렸다고 한다. 선자령으로 바뀐 이유는 알 수 없다. 선자령은 계곡이 아름다워 선녀들이 아들을 데리고 와서 목욕하고 놀다 하늘로 올라간 데서 유래했다고만 전한다.'

선자령 산행 출발지인 대관령大關嶺은 대략 16세기에 지명이 나온 것으로 옛 문헌에 전한다. 고려 시인 김극기는 12세기에 '대관大關'이라 처음 불렀다고 전한다. 대관령은 큰 고개를 뜻하며, 험한 요새의 관문이라는 뜻을 담고 있다. 큰 고개와 험한 요새는 영동과 영서를 가르는 고갯길인 동시에 백두대간의 동서를 가르는 출입구를 말한 것이다. 풍수가들도 대관령을 '자물쇠 형국'이라고 한다. 이것도 역시 관문으로서 대관령을 넘나드는 것이 쉽지 않았음을 나타내는 말이다.

선자령 산행 출발지는 대관령휴게소가 가장 일반적이다. GPS는 해발 814m를 가리킨다. 이미 웬만한 산 정상에 올라와 있는 것이다. 선자령 정상이 1,157m니 표고차가 불과 300여 m밖에 안 된다. 초보 산행객들도 쉽게 오를 수 있다. 인근 선자령 등산로 입구엔 커다란 안내판이 나온다. '선자령(순환등산로) 5.8㎞'라고 가리키고 있다. 어림잡아 원점회귀해도 11㎞ 남짓 되겠다.

선자령 정상은 평지다. 많은 사람들이 백두대간 선자령 비석 앞에서 정상 인증샷을 찍는다. 주변 조망이 워낙 좋아 한참을 둘러봐도 지루하지 않다.

백룡동굴

대관령 양떼목장

안전복과 안전모를 착용하고 최소한의 탐방로를 걷고 때로는 온몸으로 구멍을 기어 빠져나오기도 하는 등 국내 유일의 탐험형 동굴이다. 나루터에서 배를 타고 동굴 입구에 들어서면 본격적인 동굴탐험이 시작된다. 종유관과 종유석, 땅에서 솟아오른 석순, 종유석과 석순이 만난 석주 등 억겁의 세월 동안 만들어진 것들이 '삼라만상'을 이룬다. 입장료 어른 1만5,000원. 주소: 강원도 평창군 미탄면 문희길63

### 맛집·별미·특산물

**강릉 섭죽** 해산물이 많이 나는 강릉에서 꼭 맛봐야 할 음식이 섭죽(섭국)이다. 섭은 자연산 홍합을 말한다. 섭을 잘게 썰고 칼칼한 고추장을 풀어 부추, 미나리 등과 함께 쌀을 넣어 쑨 죽이 섭죽이다. 보양식은 물론, 해장국으로도 그만이다. 강릉 시내의 섭과 물망치(033-655-5259), 등명낙가사 근처의 바다마을횟집(033-644-5747)이 유명한 섭죽 식당이다.

### 교통 정보

영동고속도로 대관령나들목으로 접근한다. 서울에서 3시간, 부산에서 4시간 30분, 광주에서 4시간 30분가량 소요.

### 주변 관광지

**대관령 양떼목장** 드넓은 초원에 양과 소떼가 노니는 모습이 강원도의 목가적인 풍광을 잘 보여 준다. 겨울에는 가축을 방목하지 않지만 축사에서 먹이주기 체험을 통해 동심을 만끽할 수 있다. 대관령에는 대관령양떼목장 외에도 삼양목장, 대관령알프스목장, 대관령하늘목장, 대관령순수양떼목장 등이 있다. 각각 규모와 입장료가 다르다. 먹이주기 등의 체험거리는 비슷비슷하다. 입장료 어른 5,000원. 주소: 강원도 평창군 대관령면 대관령마루길 483-32

**백룡동굴** 평창군 미탄면 백운산(883m) 자락에 있는 백룡동굴은 지질학적 나이가 5억 년쯤 되는 석회암동굴로

# 10 한라산 漢拏山

### 은하 잡아당긴다는 '한라'

| | |
|---|---|
| 높이 | 1,947.27m |
| 주봉 | 백록담 |
| 위치 | 제주<br>제주시·서귀포시 |

## 고려 후기에 한라·제주 지명 등장… 산의 형체 본떠 두무악·원산 등으로도 불려

한라산漢拏山, 우리가 쉽게 자주 쓰는 말이지만 그 의미는 아리송하다. 〈신증동국여지승람〉 산천조에 그 설명이 자세하게 나온다.

'한라산은 주 남쪽 20리에 있는 진산鎭山이다. 한라漢拏라고 말하는 것은 운한(銀河의 의미)을 라인拏引(끌어당김)할 만하기 때문이다. 혹은 두무악이라 하니 봉우리마다 평평하기 때문이요, 혹은 원산이라고 하니 높고 둥글기 때문이다. 그 산꼭대기에 큰 못이 있는데 사람이 떠들면 구름과 안개가 일어나서 지척을 분별할 수 없다. 5월에도 눈이 있고 털옷을 입어야 한다.'

한라산은 은하수를 잡아당길 만한 높은 산이란 의미다. 해발 1,950m로 남한 최고봉이다. 예부터 부악釜嶽·원산圓山·진산鎭山·선산仙山·두무악頭無嶽·영주산瀛洲山·부라산浮羅山·혈망봉穴望峰·여장군女將軍 등 많은 이름으로 불려 왔다. 전설상 삼신산三神山의 하나이다. 두무악은 머리가 없는 산, 원산은 둥글게 생긴 산, 부악은 솥 같이 생긴 산이다. 모두 산의 형체를 본떠 명명한 것이다. 5월에도 눈이 있다고 할 정도니 천변만화하는 기상변화는 옛날부터 여전했던 듯하다.

고려 충렬왕 무렵 1275~1308년 즈음 육지에서

# 10 한라산

월별 가볼 만한 명산 52

제주로 들어와 여러 편의 시를 남긴 승려 혜일의 시에 '한라'란 명칭이 처음 등장한다. 그 이전에는 한라산이란 지명을 사용하지 않았던 것으로 추정된다.

제주란 지명도 고려 후기 처음 나타난다. 〈고려사〉에 나온 제주 지명의 첫 기록이다.

'고종 어느 해(1214~1224), 이때 탐라耽羅를 고쳐 제주濟州라 하고 부사 및 판관을 두었다. 이 지방 풍속이 옛날에 밭 경계가 없어 강폭한 무리들이 날로 잠식하여 백성들이 괴로워했다.'

한라산을 영주산으로 칭한 것은 한라나 제주보다 훨씬 이후의 일이다. 진시황이 불로초를 찾으러 서복을 보냈다는 삼신산 중 하나인 영주산을 한라산으로 명명한 것은 시기상으로 맞지 않다.

〈신증동국여지승람〉(1530년) 고적편에 '고기古記에 이르기를 (중략) 한라산 동북쪽에 영주산瀛洲山이 있으므로 세상에서 탐라를 일컬어 동영주東瀛洲라 한다. (후략)'라고 나온다. 한라산을 영주산이라 명기한 최초 기록이다. 조선 중·후기 들어 한라산이 유산록에 등장하면서 명산반열로 올라선 것으로 보인다. 〈탐라지〉 '김치의 유한라산기에 세상에서 말하는 영주산이 곧 한라산이다'라고 기록하고 있다. 이후 이중환의 〈택리지〉(1751년) 등에 잇달아 등장한다.

조선 전기 지도에서는 제주도나 한라산조차 존재하지 않는다. 조선 중기부터 한라산이란 이름으로 등장하다가 조선 후기 들어 〈여지도〉, 〈팔도총도〉, 〈지도서〉 등에 한라산 옆에 '영주'라고 조그맣게 병기돼 있다. 이로 볼 때 한라산이 삼신산 중의 하나인 영주산으로 불린 것은 불과 300여 년 전으로 추정된다.

한라산의 월별 방문객 추이를 볼 때 눈꽃과 상고대를 즐길 수 있는 겨울산의 성향을 뚜렷이 드러낸다. 2016년 기준 연중 탐방객은 1월이 12만6,000명으로 가장 많다. 그래도 덕유산에는 훨씬 못 미치지만, 3월까지 탐방객이 8만2,328명으로 여전히 많이 찾는다. 역시 한라산은 겨울산이다.

성산일출봉

분화구는 동서 450m, 남북 350m의 둥근 형태이며, 99개의 크고 작은 바위로 둘러싸여 있고, 깊이는 100m에 이른다. 분화구 안에는 풍란 등 희귀식물 150여 종이 분포하고 있다. '성산일출'은 영주10경 중 제1경으로 꼽힌다. 입장료 2,000원.

**비자림** 구좌읍 평대리의 천연기념물로 지정된 비자림榧子林은 45ha의 면적에 비자나무 2,870여 그루가 집단적으로 자생하는 숲이다. 수령은 500~800년으로 키 20~25m에 둘레 5~6m의 거목들이 위용을 자랑한다. 입장료 3,000원.

**협재해수욕장** 한림읍 협재리에 있는 해수욕장. 조개껍질이 많이 섞인 은모래가 펼쳐져 에메랄드빛 바다가 아름답다. 수심이 얕고 경사가 완만하여 가족 단위나 수영 초보자에게도 알맞은 해수욕장이다. 수평선에 걸린 비양도가 볼거리다.

**맛집·별미·특산물**

**옥돔구이** 옥돔은 제주의 대표적인 생선으로 제주사람들은 옥돔을 으뜸으로 여긴다. 옥돔구이는 11월에서 3월 사이에 잡힌 고기의 배를 갈라 내장을 제거하고, 찬 바람이 드는 그늘에서 꼬들꼬들하게 말린 다음 참기름을 발라서 석쇠에 구운 것으로 담백한 맛이다. 옥돔과 미역을 넣은 옥돔미역국도 진미인데, 비린 맛이 없어서 시원하고 담백하다. 신선한 옥돔살을 얇게 썰어 식초와 함께 양념한 옥돔물회도 별미로 꼽힌다. 제주시청 근처 한라식당(064-758-8301), 서귀포 삼보식당(762-3620), 네거리식당((762-5513) 등 옥돔 요리를 맛있게 하는 집이 많다.

**교통 정보**

비행기와 배를 타고 제주공항이나 제주항으로 접근한다. 제주공항에서 한라산 입구인 성판악으로 가는 급행버스가 운행한다.

**주변 관광지**

**성산일출봉** 성산읍 바닷가에 자리한 기생화산. 높이 182m, 넓이 129,774㎡의 분화구를 가진 일출봉은 거대한 왕관처럼 생겨 관광객에게 가장 인기 있는 명소로 꼽힌다.

# 11 사량도 지리산
池里山

한국의 대표 섬산… 출렁다리에 조망 일품

| | |
|---|---|
| 높이 | 398m |
| 주봉 | 지리산 |
| 위치 | 경남 통영시 |

## 봄기운 전하는 남녘의 섬… 수만 명 찾는 3월에 사고 잦아 구름다리 만들어

한국의 대표적인 섬산, 남녘의 봄바람을 가장 먼저 느낄 수 있는 섬산, 사람들이 가장 많이 찾는 섬산은 사량도 지리산池里山(398m)이다. 매년 수십 만 명이 찾는다. 봄에 남녘의 섬산을 찾는 이유는 중부지방과 다르게 찬바람 속에 따뜻한 기운을 느낄 수 있기 때문이다. 엄격한 기준을 정해 선정한 월간 〈산〉 '한국의 100대 명산' 중에 섬산으로서 남해 금산, 거제 계룡산과 더불어 뽑힌 산이기도 하다.

사량도蛇梁島 지리산은 흔히 한국 최대의 명산 지리산을 쳐다보는 산이라 해서 지리망산智異望山으로 널리 알려져 있다. 하지만 이는 잘못된 유래다. 사량도 원래 이름은 박도撲島였다. 파도가 원체 세게 부딪히는 섬이란 의미다. 〈신증동국여지승람〉에는 사량도 윗섬과 아랫섬을 상박도, 하박도로 기록하고 있으며, '상박도는 둘레가 24리이고, 하박도는 둘레가 50리이다. 현 남쪽 바다 한복판에 있다'고 기록하고 있다.

사량이라는 지명은 상박도와 하박도 사이에 있는 작은 해협이 마치 뱀처럼 생겼다고 해서 유래했다. 섬에 뱀이 많이 서식했다는 설, 섬의 형상이 뱀처럼 기다랗게 생긴 것에서 유래했다는 설 등도 있다. 해협을 사량이라 부른 이후 당시 수군지를 육

# 11 사량도 지리산

월별 가볼 만한 명산 52

지에서 이곳으로 옮겨 설치되면서 사량 지명을 따서 사량만호진이라 칭하게 됐다. 최영·이순신 장군 등이 왜군을 격퇴하는 전략적 기지로 활용되면서 원래 이름인 박도보다는 사량진 혹은 사량으로 널리 알려지고 바뀌게 된 이유다.

사량도 최고봉 지리산이란 이름은 섬에 있는 돈지리敦池里의 돈지마을과 내지內池마을의 경계를 이루고 있는 산이라 해서 명명했다는 설이 정설에 가깝다. 지리산이란 지명 이전에는 산 남쪽 바위 벼랑이 새드레(사닥다리)를 세운 듯한 층애를 형성하고 있는 것에서 유래해 새들산이라 일컫기도 했다.

상도(윗섬) 최고봉은 지리산이고, 하도(아랫섬) 최고봉은 칠현산(349m)이다. 상도와 하도를 연결하는 연도교는 이미 조성됐다. 하지만 하루 만에 상도와 하도의 산을 전부 등산할 수 없다. 윗섬 지리산에서 옥녀봉(304m)으로 이어지는 등산코스만 해도 4시간 걸린다. 아랫섬도 정상 칠현봉을 거쳐 가는 등산코스는 짧게는 3시간에서 길게는 5시간 가까이 소요된다. 섬이라고 절대 얕볼 수 없는 등산코스다. 온통 바위산이기 때문이다. 오죽하면 산 남쪽에 있는 벼랑으로 한때 새들산으로 불렸다. 몇 년 전 원체 험한 등산로에 사고가 잦자 아예 구름다리를 조성했다. 그 뒤로 사고가 확 줄었다. 섬산에서 출렁다리를 건너는 조망은 이보다 더 좋을 수 없을 정도다.

사량도에 가면 꼭 살펴봐야 할 유적지와 스토리가 있다. 바로 최영 장군 사당이 이곳에 있다. 한국 최고의 산신이라 불리는 최영 장군 사당이 왜 여기 있을까 의아할 수도 있지만 최영 장군이 남해 일대에서 왜군을 무찌른 공로가 원체 뛰어나서 민간에서 그를 신으로 추앙하고 있는 것이다. 당시 최영 장군에 대한 민간인들의 존경은 이성계를 훨씬 능가한다고 전한다.

한국의 대표적이고 가장 많은 사람들이 찾는 섬산 사량도 지리산을 등산하면서 남녘의 봄바람을 만끽한 뒤, 최영 장군 사당을 찾아 그를 떠올려 보는 것도 봄맞이 산행의 묘미일 수 있다. 사당 부근에 있는 사량도 최고의 맛집은 덤이다.

동피랑마을

### 주변 관광지

**동피랑마을** 과거에는 통영 하면 충렬사였으나 지금은 동피랑마을이 대표적인 명소로 꼽힌다. 통영 사투리로 '피랑'은 벼랑을 뜻한다. 동쪽 벼랑이 곧 동피랑이다. 동피랑은 가파른 비탈에 들어선 통영의 대표적인 달동네였다. 철거될 뻔했던 낡은 집과 오래된 골목에 예쁜 벽화가 그려지면서 관광객들이 구름처럼 몰려들며 유명 관광지가 되었다.

**충렬사** 충무공 이순신의 위패를 봉안한 사당이다. 충무공의 위패를 모신 사당을 비롯해 동서재, 경충제, 숭무당, 비각, 전시관, 강한루 등 22동의 건물로 이루어져 있다. 입장료 1,000원.

**상족암 군립공원** 고성군 하이면 공룡발자국 화석지 근처의 상족암은 기묘한 바위와 괴상하게 생긴 돌, 바닷물에 깎여 생긴 해식동굴 등 해안 경치가 뛰어나다. 바위가 밥상다리 모양을 하고 있다는 데서 그 이름이 유래되었고, 쌍족 또는 쌍발이라고도 한다. 암반에는 공룡발자국이 남아 있다.

### 맛집·별미·특산물

**졸복국** 통영의 복요리는 수입 냉동 복어가 아니라 서호시장에 나온 복을 당일에 요리해서 내놓는다. 졸복국은 복어 본래의 맛이 살아나도록 콩나물을 넣고 시원하게 끓인다. 담백하고 시원한 국물에 쫄깃쫄깃한 고깃살이 일품이다. 서호시장 입구에 복을 전문으로 하는 식당이 즐비하다. 어느 식당이든 맛은 비슷하다. 분소식당(055-644-0495)은 40년 전통의 복국 전문집. 만성복집(055-645-2140), 수정식당(055-644-0396) 등은 외지인들이 많이 찾는다.

### 교통 정보

통영대전고속도로 통영나들목으로 나와 통영여객터미널에서 배로 접근한다. 혹은 북통영나들목으로 나와 사량도여객선터미널(가오치)에서 배를 탄다.

# 12 영취산 靈鷲山

진달래의 바다

높이 510m
주봉 영취산
위치 전남 여수시

## 진달래축제장 있는 흥국사가 산행 기점… 지리정보원은 '진례산'으로 변경고시

여수 영취산靈鷲山(510m)은 4월이 되면 핑크빛 여왕이 된다. 군데군데 핀 진달래가 아니라, 산사면 전체가 한꺼번에 분홍색 꽃으로 가득 찬다. 진달래의 바다라 해도 좋을 이 화려한 경관이 510m 높이의 작은 산을 전국구 스타로 만들었다. 하지만 영취산을 스타로 만든 건 8할이 역경이었다.

영취산이 자리한 곳은 여수국가산업단지다. 끝없이 늘어선 공장들이 지독한 공해물질을 쉴 새 없이 내뿜는 자리에 있다. 역설의 꽃 진달래는 키 큰 나무들이 죽은 자리에 억척같은 생명력으로 버텨, 영취산의 주인이 되기에 이르렀다. 공해에 강한 진달래가 지금의 영취산 명성을 만든 것이다.

산 이름은 석가모니가 최후로 설법한 인도의 영취산과 유사하다고 해서 명명됐다고 전하지만 너무 허무맹랑했던지 2003년 국가지리정보원에서 지명을 영취산에서 '진례산'으로 변경고시 했다. 따라서 지도에는 영취산이 아닌 진례산으로 나와 있다. 하지만 산꾼들은 아직 관례적으로 영취산으로 부르고 있다. 지명은 사실 여부를 떠나 부르기 좋고 듣기 좋은 이름으로 결정되는 것 같다.

영취산은 코스를 길게 잡아도 3~4시간 정도면 산행을 마칠 수 있다. 과거에는 정상 동쪽 상암마

전라남도 여수시

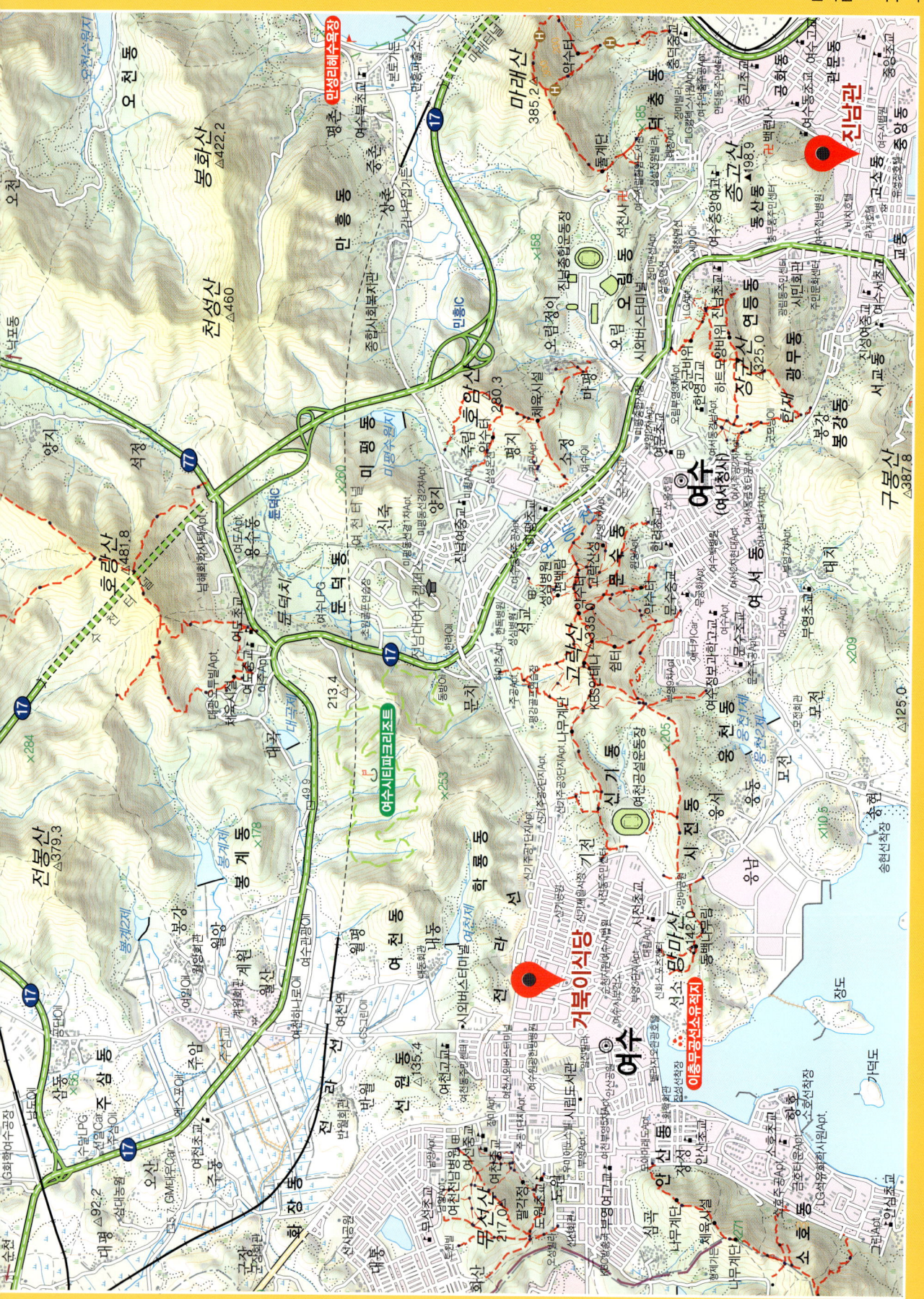

편집 월간산　지도제공 동아지도 * 복제불허 *

# 12 영취산

월별 가볼 만한 명산 52

을을 기점으로 산행을 많이 했으나, 최근에는 북쪽의 진달래축제장과 여수를 대표하는 천년고찰 흥국사가 주된 기점이다. 다만 흥국사는 문화재관람료를 내야 하기에 진달래축제장으로 올라 능선을 종주해 흥국사로 하산하는 것이 일반적이다.

진달래축제장은 공장산업단지 뒤 공터다. 축제가 없을 때는 이곳이 축제장인지 공터인지 가늠하기 어렵다. 시작은 임도. '영취산 정상 1.9km'라 적힌 이정표를 따른다. 임도의 경우 굽이굽이 횡으로 이어지는 데 반해, 직상으로 능선을 올려치는 성질 급한 임도다.

급경사 산길로 30분이면 주능선에 오른다. 여수와 광양 사이의 바다가 좁아 보일 정도로 많은 공장이 조망된다. 주능선부터는 진달래와 억새가 많아 시야가 트인다. 정상 전의 위성봉인 가마봉이 보인다. 진달래가 빼곡한 산등성이 사이로 데크계단이 나있다.

가마봉 정상에 닿자 시원한 경치가 동서남북으로 반긴다. 능선 너머에는 마침내 영취산 정상이 모습을 드러낸다.

가마봉부터는 화려한 바윗길의 연속이다. 편안한 흙길과 바윗길이 번갈아 나온다. 가마봉과 정상 사이에 암봉이 있다. 오르내림이 있는 코스지만 경치가 시원해 정상으로 이어진 오름길은 곳곳이 바위 전망대다. 여수시에서 친절하게 데크계단으로 모두 정비해 뒀다.

명산답게 정상은 1,000m대 산 꼭대기만큼 경치가 시원하고 너르다. 데크 헬기장과 통신탑, 정상 표지석, 등산안내도, 전망데크를 모두 수용하고도 공간이 남는다. 영취산 산행의 정점다운 경치가 드러난다. 멀리 동쪽 남해와 서쪽 순천까지 시야가 열린다.

정상 아래 도솔암을 보며 끝없이 가파른 계단으로 한 번에 고도를 내리면 드넓은 안부인 봉우재에 도착한다. 이곳이 진달래축제장이다. 4월이 되면 시장통처럼 등산객으로 붐비는 곳이다. 보통 여기서 흥국사로 하산하지만, 능선을 타고 계속 시루봉으로 산행을 이어갈 수 있다.

진남관

### 주변 관광지
**흥국사** 나라를 살린다는 흥국사興國寺는 여수의 정신사를 이끌어온 사찰이다. 임진왜란 당시 이순신 장군 휘하의 전라좌수영의 본영에서 활약하던 승군들은 이곳 주변 20여 암자에 머무르며 훈련도 하고 작전도 세웠다. 대웅전은 1624년(인조 2) 계특대사가 절을 고쳐 세울 때 다시 지은 건물로 석가삼존불을 모시고 있는 보물이다. 석가가 영취산에서 설법하는 내용을 담은 영산회상도는 17세기 후반기의 걸작으로 평가되는 보물이다.

**진남관** 국보 304호로 지정된 진남관은 이순신 장군의 숨결이 남은 곳이다. 여수 시내의 군자동에 자리 잡은 이곳이 전라좌수영이다. 600여 칸으로 구성된 78동의 건물이 있었다고 하지만 현재 남은 건물은 진남관밖에 없다. 정면 15칸, 측면 5칸에 이르는 웅장함, 바다가 통째로 내려다보이는 전망, 그리고 '남쪽의 왜구를 진압하여 나라를 평안하게 한다'는 현판이 눈길을 끈다.

### 맛집·별미·특산물

**여수 게장백반** 여수는 싱싱한 게장백반이 유명하다. 여수에서 게장백반정식을 주문하면 간장게장과 양념게장은 기본이고 10여 가지 반찬이 한 상 차려진다. 여수 시내의 거북이식당(061-681-4420), 두꺼비게장(643-1880), 황소식당(642-8037), 명동게장(010-3621-0593) 등이 유명하다. 게장백반 1만2,000원.

### 교통 정보
남해고속도로 동순천나들목 혹은 옥곡나들목으로 접근한다. 서울에서 4시간 30분, 부산에서 2시간 30분, 대전에서 3시간 정도 걸린다.

# 13 점봉산 點鳳山

둥근 봉황의 산… 야생화 명소

| | |
|---|---|
| 높이 | 1,426m |
| 주봉 | 점봉산 |
| 위치 | 강원 인제군·양양군 |

한계령 사이에 두고 설악산과 마주봐… 곰배령은 산림유전자원보호구역, 예약해야 입장

점봉산點鳳山(1,426m)은 야생화 천국이다. 한국에서 몇 안 되는 산림유전자원보호구역으로 어디 내놔도 손색이 없는 생태적 가치를 지니고 있다. 점봉산은 설악산국립공원 구역에 속해 있다. 한계령을 사이에 두고 설악산 대청봉과 마주하고 있다. 점봉산 자락에는 주전골, 12담계곡, 큰고래골 같은 수려한 골짜기와 만물상과 오색약수 같은 명소를 품고 있다.

점봉산 일대는 잘 보전된 원시림으로 전나무와 분비나무가 울창하고, 모데미풀 등 여러 희귀식물을 비롯해 참나물·곰취·곤드레·고비·참취 등 10여 가지 산나물이 자생한다. 특히 한반도 자생식물의 남북방한계선이 맞닿은 곳으로, 한반도 자생종의 20%에 해당하는 854종의 식물이 자라고 있어 유네스코 생물권 보존구역으로 지정하기도 했다. 때문에 점봉산은 산행이 통제되는 곳이 많아, 곰배령을 비롯한 일부 구간만 산행할 수 있다. 3월부터 꽃 피우는 야생화는 늦가을까지 온갖 형형색색의 꽃들로 등산객들을 유혹하고 발길을 멈추게 한다.

점봉산點鳳山의 원래 이름은 덤봉산으로 알려져 있다. 덤은 원래 둥글다는 뜻이다. 그렇다면 둥근

# 13 점봉산



대간 · 정맥

지맥

등산로

비지정등산로

임도(MTB코스)

고속국도 (번호) (공사중)

(국도번호) (지방도번호)

국도 · 지방도 (4차선) (2차선)

간선도로 (4차선) (2차선)

기타차도

우마차로

소로

고속철도

철도

지하철

특별시 · 광역시 · 도계

시 · 군 · 구계

읍 · 면계

국립공원계

지류계

- 삼각점
- 수준점
- 논 · 밭
- 특별시·광역시·도청
- 시청
- 군청
- 구청
- 읍사무소
- 면사무소
- 대학교
- 초 · 중 · 고교
- 병원
- 공항
- 명승고적
- 사찰
- 능묘
- 해수욕장
- 온천
- 모텔 · 펜션
- 민박 · 식당

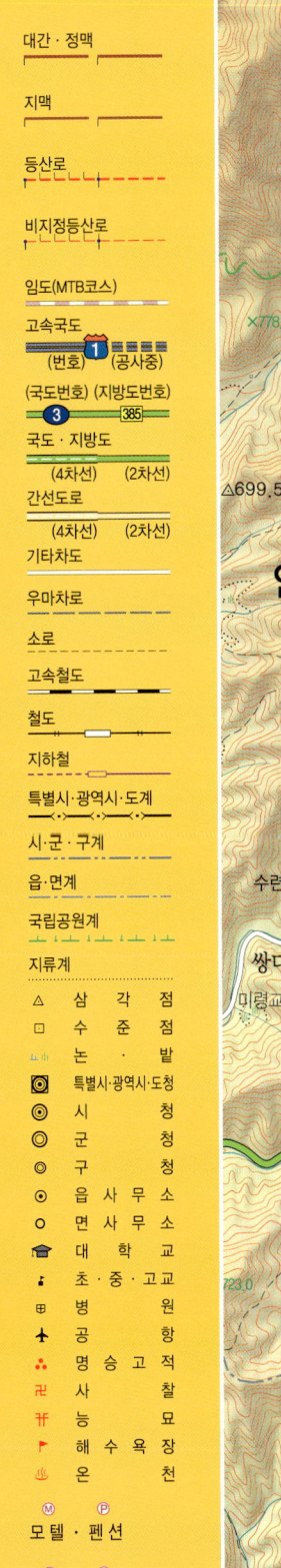

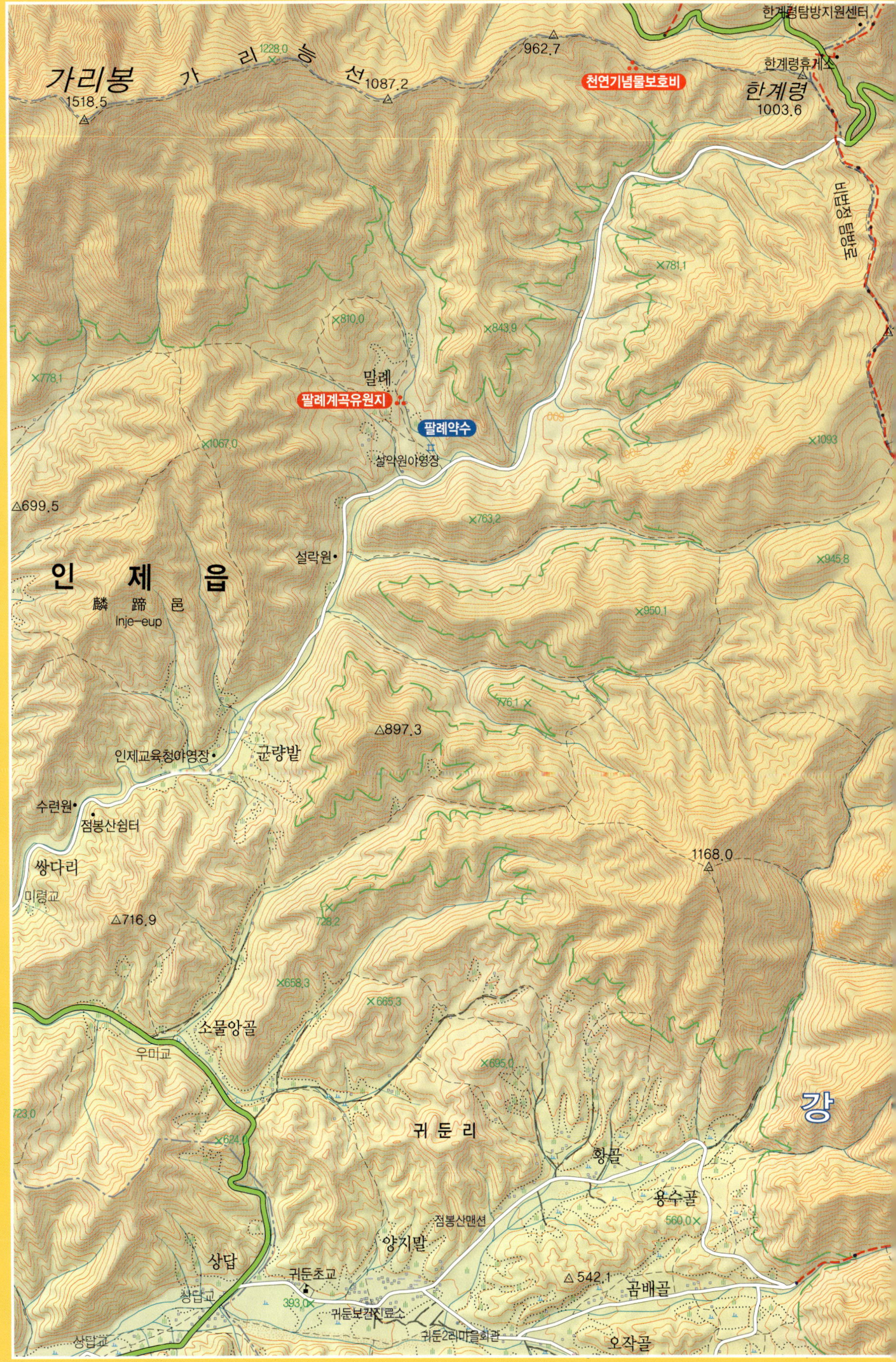

봉황의 형세이거나 봉황이 있었던 산이란 의미다. 인근 곰배령이 하늘에서 내려다본 지형이 곰의 배와 같아 유래했다고 전한다. 봉황과 곰이 나란히 있는 형국이면 정말 예사롭지 않은 땅이다.

곰배령은 점봉산 자락의 해발 1,164m 고지의 넓은 평원이다. 멀리서 보면 곰이 배를 하늘로 향하고 누워 있는 모습과 비슷해 곰배령이란 이름이 붙었다. 나무가 없는 고산 평원은 온전한 야생화 천국이다. 곰배령에 나무가 없는 까닭은 바람이 워낙 거센 탓이라고 한다.

야생화 천국으로 이름 높은 곰배령은 산이 깊은 탓에 다른 곳보다 꽃이 늦다. 겨울을 지나 봄이 시작되는 3월부터 복수초를 시작으로 얼레지, 한계령풀, 홀아비바람꽃, 동이나물, 노란제비꽃, 금괭이눈, 미나리아재비 등이 핀다.

곰배령은 산림유전자원보호구역으로 지정되어 사전 예약을 해야만 입산이 가능하다. 산행은 귀둔리로 오르는 코스와 진동리 강선마을로 오르는 코스가 있다. 귀둔리는 설악산국립공원에서 관리하며 국립공원 홈페이지에서 예약해야 한다.

국립공원 귀둔리 탐방센터에서 곰배령까지 3.7km 거리이며 2시간 정도 걸린다. 산불조심기간과 날씨에 따라 통제가 이뤄진다. 인터넷 예약만 가능하며 현장접수 불가하며, 월요일과 화요일은 휴무다. 매일 300명 입장 가능하며 1인 2매까지 예약 가능하다. 진동리 강선마을에서 곰배령까지 5.1km 거리다. 가장 많이 이용하는 코스는 강선마을 원점회귀다.

생태관리센터에서 시작해 곰배령에 올랐다가 주능선을 따라 남쪽으로 이동해 전망대에 올랐다가 곧장 5.4km의 하산길을 따라 생태관리센터로 원점회귀하는 것이 일반적이다. 총 10.5km 거리이며 4~5시간 정도 걸린다. 본격적인 산행을 원한다면 곰배령에서 능선을 따라 북진하여 정상을 거쳐 단목령으로 내려서는 16km의 긴 산행 코스가 있다.

### 주변 관광지

**설피마을** '하늘아래 첫동네'라고 불릴 정도로 점봉산 깊은 산골짜기에 위치한 산촌마을. 인제군 기린면 진동2리에 있으며 겨울이면 눈이 많이 내려 설피(스노 슈즈)를 신지 않으면 다닐 수 없어 설피마을이라고도 불린다. 유네스코 지정 생물권

낙산사 의상대

보호지역으로 자연 생태계가 잘 보존된 원시림을 보유하고 있으며 계곡은 1급수에만 서식하는 천연기념물 열목어 보호지역이다.

**낙산사** 2005년 산불로 전소되었으나 8년에 걸친 공사 끝에 2013년 새롭게 복원되었다. 관세음보살이 머무른다는 사찰로, 671년(신라 문무왕 11) 의상이 창건하였다. 낙산사 복원에는 문화재청과 국립문화재연구소의 전문가가 참여했다. 복원에는 양양에서 자란 소나무를 사용하는 등 법당다운 안정감과 장엄한 기운을 심어 주기 위해 노력한 결과물이다. 해수관음상에서 의상대를 지나 홍련암에 이르는 구간은 사찰과 자연이 빚어내는 조화에 걸음을 멈추게 된다. 주소: 양양군 강현면 낙산사로 100

### 맛집 · 별미 · 특산물

**뚜거리탕** 뚜거리는 동해로 흐르는 하천에 사는 망둥어과의 민물고기로 정식 명칭은 '꾹저구'다. 양양의 여름 별미인 뚜거리탕은 남대천에서 잡은 뚜거리를 맑은 물에 담가 모래를 완전히 토해내게 한 다음 푹 삶는다. 그리고 체에 곱게 갈아서 막장을 풀고 우거지, 파, 마늘, 고추 등을 넣고 걸쭉하게 끓여낸다. 남대천을 따라 이어진 양양 읍내에서 59번 지방도변에 뚜거리탕(8,000원) 전문 식당이 있다. 천선식당(033-672-5566)이 가장 유명하다.

### 교통 정보

서울양양고속도로 서양양나들목 혹은 인제나들목으로 접근한다.

# 14 팔공산 八公山

### 신라 수도가 될 뻔했던 '오악의 산'

| | |
|---|---|
| 높이 | 1,192.3m |
| 주봉 | 비로봉 |
| 위치 | 대구시, 경북 경산시·군위군·칠곡군 |

## 부악·중악·동수산으로도 불려… 봄꽃 만발, 행락객 많이 찾아

남부의 산 중에 지리산을 제외하고 팔공산八公山(1,192.3m)만큼 다양한 역사와 문화, 지리적 특징을 가진 산도 없다. 신라 원효의 수도처로서, 김유신의 훈련장으로서, 견훤과 전투에서 패한 왕건의 도망지로서, 설악산 봉정암에 버금가는 한국 최고의 갓바위 기도처로서 팔공산은 고대부터 지금까지 명산 반열을 유지하고 있다.

원효의 전설이 있는 곳은 오도암. 팔공산의 명당으로 꼽힌다. 이곳에서 원효가 수행정진 끝에 득도한 것으로 전한다. 〈삼국사기〉, 〈삼국유사〉에 소개된 김유신의 흔적이 서린 곳은 중암암中巖庵. 이곳이 김유신의 수도처이자 훈련장이다. 지금도 김유신 석굴이 있다. 일명 극락굴이라고도 한다. 김유신이 17세 되던 해인 611년 중암암에서 삼국통일의 웅지를 품고 수련하면서 산신 '난승'을 만났다고 전한다. 왕건은 개국공신 신숭겸의 도움으로 공산산성에서 겨우 목숨을 건졌다. 그래서 지금까지 평산 신씨가 존경받는 이유다.

이와 같이 팔공산은 여러 왕조를 거치면서 다양한 역사적 사건과 전설을 간직할 뿐만 아니라 한반도 오악 중의 중악으로 지정된 명산이었다. 〈삼국사기〉권32 잡지 제사조에 '3산·5악 이하 전국의

# 14 팔공산

월별 가볼 만한 명산 52

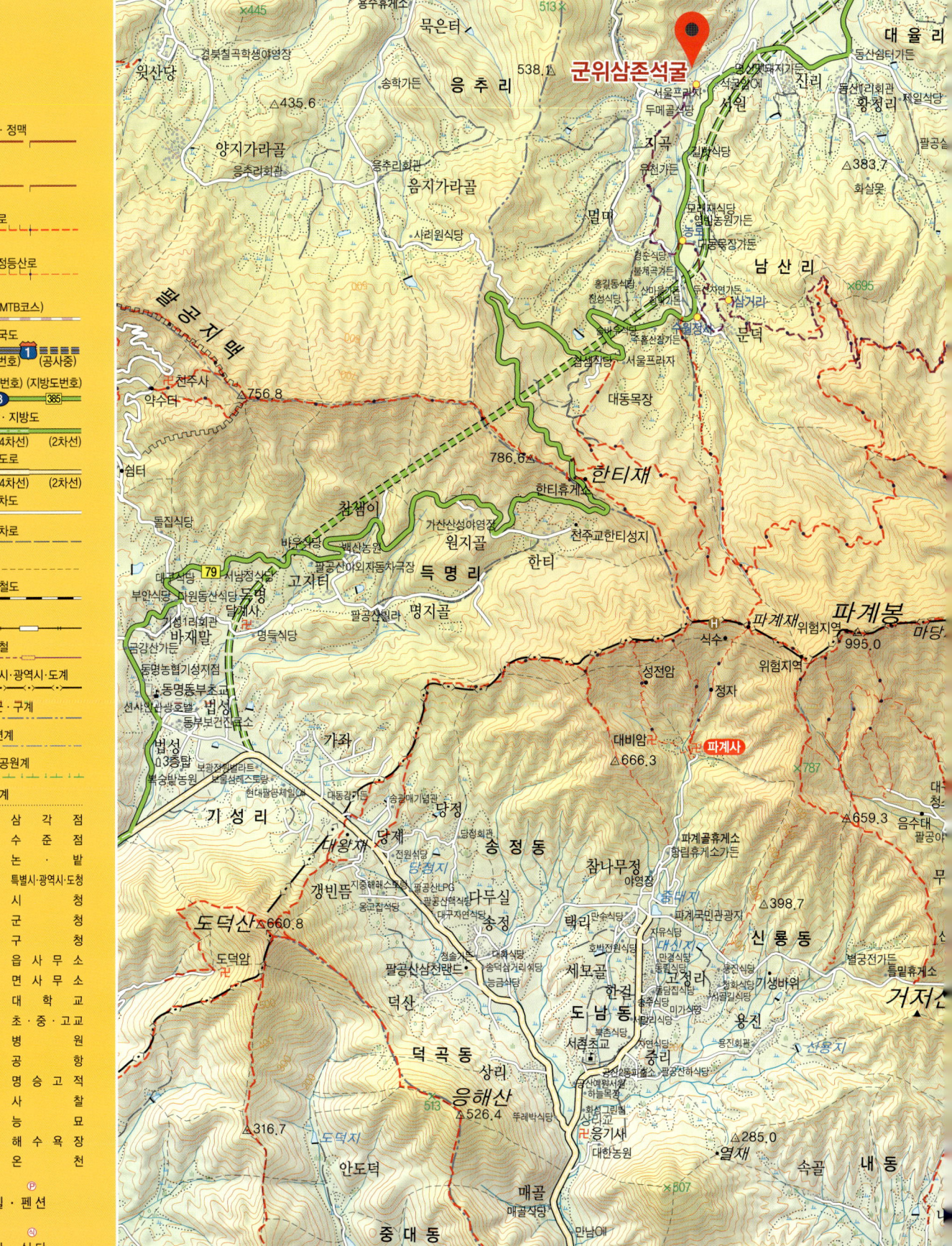

명산·대천을 나눠 대사大祀·중사中祀·소사小祀로 한다'는 기록이 나온다. 중사 오악 중에 중악이 바로 팔공산이다. 당시에는 부악父岳으로 불렸으며, 공산公山을 병행해서 사용했다. 중국의 경우, 중악은 고대 수도인 낙양과 시안西安, 소림사가 있는 숭산이며, 일명 황제의 산으로 불린다. 중국의 제도를 그대로 모방한 신라가 팔공산을 중악으로 지정한 동시에 부악이라고 한 까닭이 예사롭지 않다.

경북대 사학과 주보돈 교수는 이에 대해 "팔공산이 신라 지배세력인 김씨 족단의 발상지이기 때문"으로 추정했다. 김씨 족단들이 경주로 들어가기에 앞서 팔공산에 정착했기 때문에 아버지의 산으로 지정했다는 것이다. 특히 신문왕 9년(689)에는 팔공산 인근 대구로 천도를 검토했을 정도였다.

조선시대에도 팔공산 기록은 계속된다. 〈조선왕조실록〉 세종실록지리지에는 공산을 두고 '해안현 북쪽 11리 거리에 있다. 신라 때는 부악이라 일컫고, 중악에 비겨 중사中祀를 지냈는데, 지금은 수령守令으로 하여금 제사를 지내게 한다'고 기록돼 있다.

〈신증동국여지승람〉 제26권 경상도 대구도호부에는 '(전략) 신라 때에 부악이라 일컫고, 중악에 비겨 중사를 지냈다. 팔공산을 둘러싸고 있는 것은 대구도호부 및 하양, 신녕, 부계缶溪, 인동, 팔거八莒 등의 읍이다'라는 내용이 있다.

공산 앞에 팔八이 붙은 유래는 몇 가지 설화가 전한다. 원효대사가 천성산에서 수도를 하다 제자 8명을 데리고 팔공산에 들어와 득도했다는 설, 견훤과 싸우다 패한 왕건이 도망가다 신숭겸 등 8장수가 목숨을 잃었다는 설, 팔공산 자락이 8고을에 걸쳐 있다는 설, 동쪽에서 여덟 봉우리가 유독 두드러져 보인다는 설 등이 있다.

지금 사용하는 달구벌이나 대구도 팔공산과 직간접 관련이 있다. 달은 고구려 때 사용한 산의 옛말이며, 벌은 벌판이다. 팔공산 옆에 넓게 펼쳐진 벌판이라는 의미다. 이 넓은 벌판이 신라 말 경순왕 때 큰 언덕, 즉 '大邱' 또는 '大丘'로 기명돼 사용했다.

대구시와 시민단체에서 국립공원으로 추진할 만큼 생태적 조건도 뛰어나다. 산수유, 생강나무, 진달래, 개나리, 벚꽃 등이 봄에 만발한다. 그 봄날을 맞으러 가는 산이 팔공산이다.

관봉 석조여래좌상

### 주변 관광지

**관봉 석조여래좌상** 팔공산은 약사신앙 1번지라 불릴 정도로 산 곳곳에 약사여래상이 많다. 이곳의 약사신앙을 대표하고 그 위력을 유감없이 보여 주는 것이 관봉 석조여래좌상이며 보통 '갓바위 부처님'으로 더 잘 알려져 있다. 수능시험 철이면 수백 명의 치성객으로 불상 앞에 발 디딜 틈이 없다. 불상 높이 4.15m, 좌대를 포함한 전체 높이 5.6m에 이르는 이 장대한 불상은 '근엄하다'는 말의 뜻을 실수 없이 깨닫게 해준다. 보물 431호로 지정되었다.

**군위 삼존석굴** 팔공산 주능선에서 북서쪽으로 흘러내린 지능선에 자리하고 있다. 절벽 자연동굴에 만들어진 통일신라 초기의 석굴사원으로 경주 석굴암보다 연대가 앞서며 국보 109호로 지정되었다.

### 맛집·별미·특산물

**미나리 삼겹살** 팔공산 기슭은 미나리를 집단 재배하는 곳이 많고, 매년 미나리와 삼겹살을 함께 구워먹는 '미나리삼겹살축제'를 개최할 정도로 대구의 인기메뉴로 손꼽힌다. 미나리 향이 고기 특유의 잡냄새를 잡아주고 담백한 고기 본연의 맛을 살려 주기 때문에 삼겹살과 미나리는 궁합이 좋다. 향이 좋고 부드러운 봄 미나리는 구워 먹어도 좋지만 쌈처럼 삼겹살에 싸 먹어도 좋다. 보통 미나리제철인 2~4월에만 미나리삼겹살을 먹을 수 있다. 대구 팔공은가비(053-983-8886), 신토불이(986-7005), 칠곡 인디안참숯구이(054-977-6869) 등이 있다.

### 교통 정보

상주영천고속도로 동군위나들목 혹은 익산포항고속도로 팔공산나들목으로 접근한다. 서울에서 4시간, 부산에서 2시간, 광주에서 3시간 정도 걸린다.

# 15 고려산 高麗山

수도권의 진달래 명산

| 높이 | 436m |
| 주봉 | 고려산 |
| 위치 | 인천 강화 |

### 원래 이름은 5개 연꽃의 '오련산'… 한때 고려왕조 피란지라 명명

우리나라에서 네 번째로 큰 섬인 강화도에 수도권 대표선수로 꼽히는 진달래 명산이 있다. 최고봉인 마니산 보다 조금 낮은 해발 436m의 고려산高麗山이 바로 그 주인공. 봄이면 엄청난 인파로 발 디딜 틈이 없을 정도로 붐빈다.

고려왕조는 몽골의 침입에 대항하기 위해 도읍지를 강화도로 옮긴 적이 있었다. 1232년(고종 19년)부터 1270년(원종 11년) 개경開京으로 환도하기까지 38년간 피란 임시수도였는데, 이 산은 그때 고려산이란 이름을 얻었다고 한다.

고려산의 원래 이름은 오련산五蓮山이라고 한다. 인도로부터 온 조사가 이 산정의 연못에 피어난 적, 황, 청, 백, 흑색의 다섯 송이 연꽃을 허공에 던져 그 꽃들이 떨어진 곳에 적련사(현 적석사), 황련사, 청련사, 백련사, 흑련사(묵련사) 5개 사찰을 지었고, 산 이름도 오련산이라 했다는 것이다.

현재 고려산에는 백련사와 청련사, 적석사積石寺 3개 사찰이 남아 있다. 정상 북쪽에 백련사, 동쪽에 청련사, 그리고 서쪽 낙조봉 아래에 적석사가 있으며, 이 3개 사찰은 곧 고려산 산행기점 구실도 한다. 진달래 개화시기에는 백련사 기점이 가장 많은 등산객으로 붐빈다.

인천광역시 강화도

# 15 고려산

월별 가볼 만한 명산 52

청련사는 산내 사찰 중 분위기가 가장 뛰어나다. 강화읍에서 고려산 남쪽 고비고개를 향해 가노라면 청련사 입구임을 알리는 돌비석이 길 옆에 뵌다. 산길은 청련사 우측 옆으로 나 있다. 좁은 산길을 따라 5분쯤 완경사의 조망 좋은 능선길을 오르면 '←낙조봉 1.3km, 청년사 0.6km→', 밑에는 국화리 학생야영장이란 글씨가 크게 쓰인 팻말이 선 곳에 다다른다.

표지판 이후 상봉 북사면을 가로지르는 길을 따라 10분쯤 가면 상봉 정상의 군시설물로 연결된 콘크리트 포장도로로 올라선다. 이 찻길을 따라 200m쯤 올라가면 군시설물 앞의 조망 좋은 공터다. 여기서 정서쪽으로 낙조봉 가는 길이 나 있다.

고천리 마을회관 갈림길목을 지나면 고인돌군이 나온다. 강화에는 고인돌이 모두 120기가 발견됐으며, 그중 30기는 고려산 능선에 있다. 두 번째 고인돌군을 지난 뒤로도 여전히 송림 속 길이다. 제법 긴 오르막과 내리막의 반복이며, 그러다 억새로 뒤덮인 200m 구간을 지나면 곧 낙조봉 정상이다. 낙조봉 정상에 서면 조망이 좋다.

삼각점이 설치된 낙조봉 정상에서 길은 두 갈래다. 남쪽으로 지능선을 따라 내려가면 작은 불상을 모셔둔 한편 철망과 파이프 등으로 시설해 둔 낙조대가 나온다. 이 낙조대에서 서쪽으로 석모도까지 막힌 것 하나 없이 시원하게 조망이 터진다. 낙조대에서 그 아래 적석사까지는 금방이다.

낙조봉에서 정서쪽 미꾸지고개 방면의 능선도 매력적이다. 500m 저편의 315m봉까지는 곳곳에 암부가 드러난 조망 좋은 능선길이며, 특히 315m봉 서쪽 300m지점에는 널따랗고 조망 좋은 암반지대도 있다. 그후 낙엽송림을 지나고 양지바른 곳마다 두세 기씩 무덤들이 사이좋게 누운 능선을 따르노라면 굵은 송림에 이어 미꾸지고개에 다다른다.

광성보

동막해변

### 주변 관광지

**광성보** 강화해협을 지키던 12진보鎭堡 중 하나이다. 고려가 몽골 침략에 대항하기 위해 쌓은 외성으로 흙과 돌을 섞어서 해안선을 따라 만들어졌다. 광성보는 1871년 신미양요 때 가장 치열한 격전지였다. 조선군은 열세한 무기로 싸우다가 몇 명을 제외하고는 전원이 순국했다. 당시 무기의 성능이 미군과 상대가 안 되었음에도 어재연 장군을 비롯한 군인들은 탄환을 손으로 던지면서까지 싸웠다고 한다. 과거의 처참했던 역사와 달리 광성보 안은 정갈하게 정돈된 공원 같은 분위기다.

**동막해변** 강화에서 가장 큰 모래톱을 자랑하고 있으며 세계 5대 갯벌 중 하나로 꼽힌다. 각종 조개, 칠게, 가무락, 갯지렁이 등 다양한 바다생물이 가득하다. 갯벌체험이 가능해 가족단위로 방문하기 좋다. 동막해수욕장 옆에는 분오리 돈대가 있는데 해질녘 이 돈대에서 바라본 일몰이 아름답기로 유명하다.

### 맛집·별미·특산물

**젓국갈비** 젓국갈비는 돼지갈비와 젓갈, 야채를 넣고 끓여 담백하면서도 시원한 음식을 만들어 낸다. 돼지고기와 두부, 텃밭의 호박, 감자 등 야채를 넣고 강화특산물인 새우젓을 넣어 간을 맞춘 음식으로 고려 때부터 전해 온 강화 전통음식이다. 강화읍내 신아리랑식당(032-933-2025)과 길상면 남문식당(937-1199)이 비교적 유명한 맛집이다.

### 교통 정보

48번국도를 따라 강화대교를 건너 접근한다. 혹은 수도권 제2순환고속도로 서김포나들목으로 접근한다. 부산에서 6시간, 광주에서 4시간 30분, 대구에서 4시간 30분 정도 걸린다.

# 16 백운산 白雲山

호남정맥의 명산… 고로쇠 수액으로 유명

| | |
|---|---|
| 높이 | 1,222m |
| 주봉 | 상봉 |
| 위치 | 전남 광양시 |

## 다양한 식생 갖춰… 한때 국립공원 지정 움직임도

백두대간에서 힘차게 뻗어 내린 한반도 산줄기가 지리산에 도착하기 전 함양과 장수의 경계인 동명이산 백운산에서 호남정맥을 내놓는다. 호남정맥은 섬진강과 금강의 분수령이 되고 호남의 명산들을 두루 아우르며 남으로 뻗어 섬진강 끝자락에 있는 광양 백운산에서 힘껏 솟구친 뒤 강으로 소멸한다. 호남정맥의 마지막 기운이 다한 산이 바로 광양 백운산白雲山(1,218m)이다.

백운산은 광양시의 주산이고 진산이다. 조선 중기까지 백운산에 대한 기록이 없다. 〈세종실록지리지〉나 〈신증동국여지승람〉 등에는 백계산만 나온다. '옥룡사·황룡사 등이 백계산에 있다'고 돼 있다. 1757년 〈여지도서〉에 '이 사찰들이 모두 백운산에 있다'는 기록으로 처음 백운산이 등장한다. 이어 〈동여비고〉에는 '백운산은 백계라고도 한다'고 돼 있다.

현재 백계산은 백운산의 남쪽에 위치한 봉우리만 가리킨다. 광양시청에서도 "과거 기록에 나오는 백계산이 지금의 백운산을 말하며, 흰 닭이 두 발을 딛고 날개를 편 상태서 북쪽으로 날아오르는 형세의 산"이라고 말했다. "정상 상봉이 닭 벼슬에 해당하며, 계족산이 닭발이고, 한재는 목 부분, 따리

# 16 백운산

월별 가볼 만한 명산 52

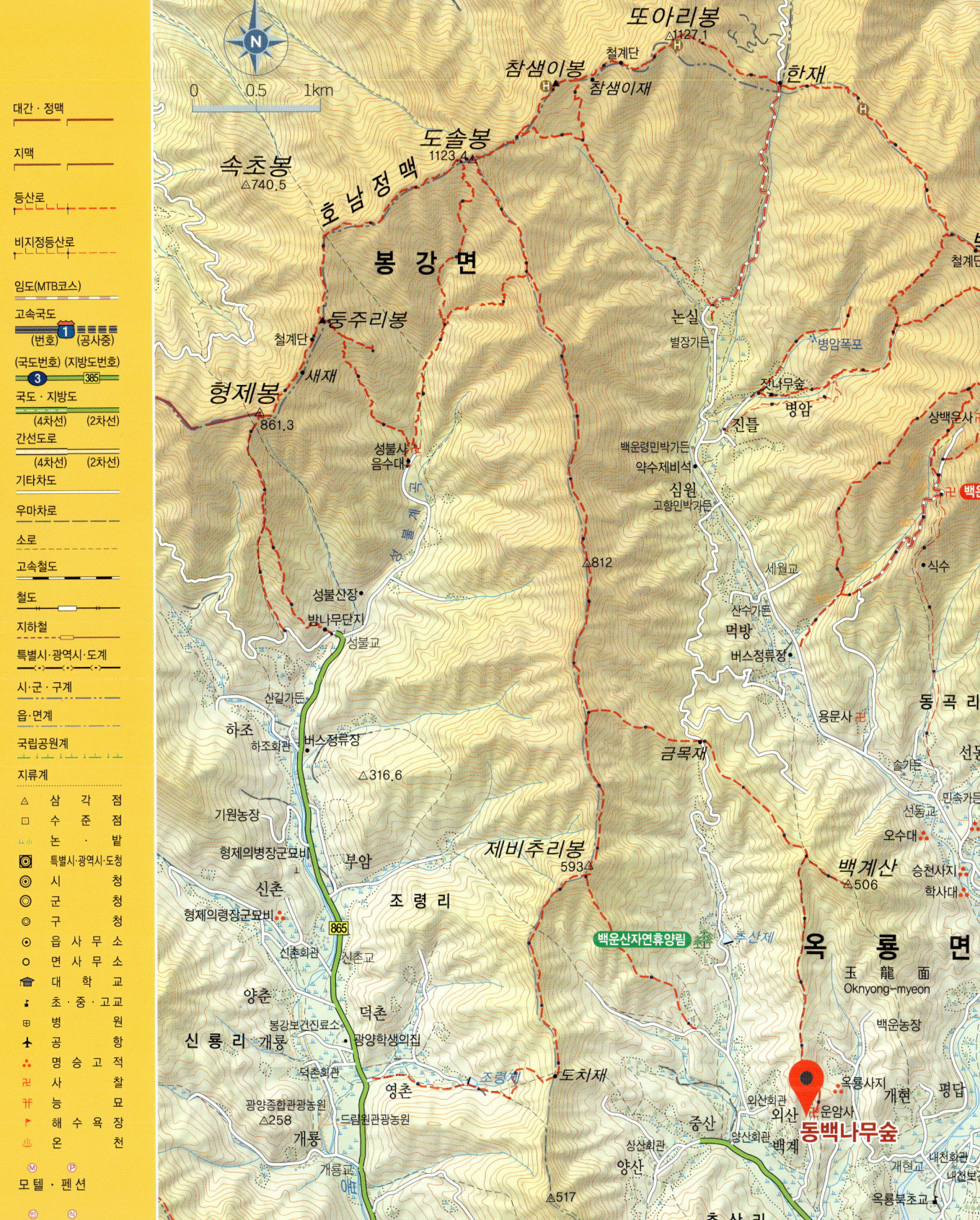

봉이 몸통"이라고 설명했다.

지역에서는 예로부터 백운산에 영험한 3가지 기운이 전한다고 말했다. "봉황의 정기와 여우(지혜)의 정기, 돼지(부자)의 정기가 바로 그것"이라고 했다. 조선 중종 때 대학자인 신재 최산두 선생이 봉황의 정기를, 병자호란 직후 몽고국의 왕비가 된 월애부인이 지혜의 정기를 타고 났다고 전한다. 하지만 부자가 되는 돼지의 정기는 아직 나오지 않았다고 한다. 광양 사람들은 이 돼지의 정기에 한껏 기대를 모으고 있다.

백운산은 한라산 다음으로 식생이 다양하고 보존이 잘 되어 있어 자연생태계 보호구역으로 지정되어 있다. 백운란, 백운쇠물푸레, 백운기름나무, 나도승마, 털노박덩굴 등 백운산에서만 자생하는 것으로 알려진 희귀식물도 여러 종이다. 특히 단풍나무과에 속하는 고로쇠나무 수액은 광양 백운산의 자랑거리로 잘 알려져 있다. 봄이면 주능선 일대가 야생화로 가득해 꽃을 즐기려는 이들로 붐빈다. 한때 광양시의회와 시민단체가 국립공원으로 지정하려는 움직임이 있었으나 학술림을 가진 서울대와 고로쇠수액협회의 반대로 무산됐다.

가을이면 억새 군락이 밀집한 억불봉(1,000m) 부근 억새산행지도 인기를 끈다.

백운산 등산로는 여러 가닥이다. 정상인 상봉으로 오르는 가장 짧은 코스는 약수제 비석 북동쪽에 있는 병암계곡을 통해 오르는 등산로다. 하지만 일반적으로 옥룡면 동곡리에서 백운사와 상백운암을 거쳐 정상에 오르는 코스를 많이 이용한다.

백운사로 오르는 등산로는 동곡리 동곡마을을 지나 선동마을에서 시작하는 등산로와 용문계곡 코스가 있으나, 호젓함이 돋보이는 선동마을 기점이 인기 있다. 마을에서 백운사까지 1시간30분, 백운사에서 정상까지 다시 1시간가량 더 걸린다. 주능선에는 샘이 없으므로 식수는 상백운암에서 준비해야 한다.

정상 상봉 바로 밑에 있는 바위가 마치 거북이 모양으로 생겨 상봉을 떠받들고 있는 형국이다. 봄되면 이 기운을 받기 위해 많은 산꾼들이 광양 백운산을 찾는다.

섬진강 매화마을

### 주변 관광지

**옥룡사 동백나무숲** 백운산 자락 옥룡면 추산리에 있으며 천연기념물로 지정된 숲이다. 신라의 고승 도선이 864년(신라 경문왕 4) 옥룡사를 창건할 때 땅의 기운을 보완하기 위해 사시사철 푸른 동백나무를 심은 것이 유래가 되었다고 한다. 수령 100년 이상의 동백나무 7,000여 그루가 사찰 주변에 넓은 군락을 이루고 있어 장관을 이룬다.

**섬진강 매화마을** 매화가 아름답기로 유명한 다압면 도사리의 섬진강변 마을. 해마다 3월이면 매화꽃이 만발하며 광양매화축제가 열린다. 축제 기간 동안 매실을 이용한 가공식품의 전시 및 판매가 이루어지며 매화꽃 사진촬영대회 등 다채로운 행사가 열린다.

### 맛집·별미·특산물

**광양불고기** 광양의 향토음식으로, 얇게 썬 소고기를 먹기 직전에 조미해 참숯에 구워 먹는 음식이다. 열전도율이 빠른 구리 석쇠에 구워내 고기가 빨리 익어 육즙이 속 안에 그대로 차 있다. 광양읍내의 삼대광양불고기집(061-763-9250), 매실한우(762-9178) 등이 알려진 맛집이다.

**광양 매실** 매화나무 열매가 매실이다. 광양 매실은 천혜의 자연조건과 풍부한 일조량이 장점이다. 전국 매실 생산량의 20~30%를 차지할 정도로 매화나무가 많고 품질이 뛰어나다. 광양 매실은 신맛이 강하고 향이 좋으며, 과육이 단단하여 매실주, 매실주스 등을 담기에 적합하다.

### 교통 정보

남해고속도로 광양나들목으로 접근한다. 서울에서 4시간 30분, 부산에서 2시간 30분, 대구에서 3시간 정도 걸린다.

# 17 계룡산 鷄龍山

2,000여 년 전부터 '계룡'이란 지명

높이 846.5m
주봉 천황봉
위치 충남 공주시·계룡시

### 한 지명에 닭과 용 두 동물 등장 예사롭지 않아… 예로부터 명당

계룡산鷄龍山(846.5m)에 대한 최초의 기록은 당나라 장초금의 〈한원翰苑〉에 나온다. 〈괄지지括地志〉를 인용하여 '國(백제)東有鷄藍山 혹은 鷄山東峙'라 하여 계룡산을 계람鷄藍산 혹은 계산鷄山이라 하고 있다. 백제시대부터 계룡산 비슷한 이름을 가지고 있었다는 사실을 알 수 있다.

신라 경명왕 8년(924) 최치원이 지었다고 전하는 문경 봉암사의 〈지증대사비〉에서도 '계룡'을 '계람'으로 적고 있다. 그렇게 보면, 계룡과 계람은 비슷한 개념이지 않을까 여겨진다.

계룡산 지명의 우리 기록으로는 〈삼국사기〉에 통일신라가 삼국을 통일하고 체제 정비를 하면서 전국을 대사·중사·소사로 나누며, 중사 오악에 서악 계룡산을 지정했다는 내용에서다. 국가 제사지로서뿐만 아니라 1천 수백 년 전부터 계룡산이란 지명을 사용했음을 알 수 있다.

대개 산 이름은 형세를 가리키거나 풍수적으로 음양에 해당하거나, 명당자리이거나, 동물 모양을 닮은 지형을 나타내는 등으로 명명된다. 그런데 동물 형태로 나타내더라도 하나의 동물을 지칭하는 경우가 전부다. 반면 계룡산은 닭과 용, 두 종류를 가리킨다. 두 마리의 동물이 하나의 산을 가리키는

충청남도 공주시·계룡시

편집 월간산  지도제공 동아지도  • 복제불허 •

# 17 계룡산

월별 가볼 만한 명산 52

경우는 매우 드물다.

계룡산의 형세는 회룡고조回龍顧祖(용이 휘돌다가 머리를 돌려 처음을 돌아보는 형국)에 해당한다. 실제로 지도에 나타난 계룡산의 형세도 용의 모습과 별로 다르지 않다. 용이 꿈틀거리면서 고을을 에워싸고, 머리를 돌려 고을을 지켜보는 역동적인 모습이 뚜렷하게 나온다.

조선 들어서 이중환은 〈동국명산록〉에 계룡산을 오관산(개성), 삼각산(한양), 구월산(문화)과 함께 나라 4대 명산의 하나로 꼽았다. 그 산수미학적 근거로 '산 모양은 수려한 돌로 된 봉우리라야 산이 수려하고 물도 맑으며, 강이나 바다가 서로 모이는 곳에 터를 잡아야 큰 힘이 있다'는 것이다.

일반적으로 계룡의 유래를 무학대사에서 찾는다. 무학대사가 천도를 하기 위해 이태조와 함께 신도안과 계룡산을 둘러보고는 "이 산은 한편으로는 금계포란형이요, 또 한편으로는 비룡승천형이니, 두 주체를 따서 계룡이라 부르는 것이 마땅하다"고 한데서 유래했다고 전한다. 하지만 백제시대부터 이미 계룡이란 지명을 그 의미로 사용했기 때문에 시기적으로 맞지 않다. 산태극, 수태극이나 쌍룡농주형 등도 산의 형세에 따라 유래한 개념이다.

계룡산은 주봉인 상봉(천황봉), 연천봉, 삼불봉으로 이어지는 능선이 용의 모양을 닮았으며 사방에 계곡과 용추가 있다고 해서 용산이라 부르기도 했다. 또 연봉들이 마치 9마리의 용이 꿈틀거리는 산이라 하여 구룡산이라 했다고도 전한다. 이 외에도 산세의 모양이 불꽃처럼 활활 탄다고 해서 화산, 화채산이라고도 불렀다.

2017년 계룡산 탐방객은 전국 나들이객이 가장 많은 10월에 23만7,500여 명으로 연중 최고치를 기록했다. 5월 탐방객은 17만7,000여 명. 10월, 11월을 제외하고는 가장 많다. 동학사 입구에 흐드러지게 피는 벚꽃과 계룡산 곳곳에 핀 진달래가 5월의 계룡산 방문객을 맞는다.

갑사

전혀 도굴당하지 않은 완전한 상태로 발견되어 관심을 끌었다. 무덤은 섬세한 문양의 벽돌을 벽부터 천장까지 정연하게 쌓아 올렸다. 벽돌 2장의 조합이 하나의 연꽃 모양이 되게 했으니 축조 전에 얼마나 치밀한 계획을 세워 공사했는지 알 수 있다.

**갑사** 백제 구이신왕 원년(420) 아도화상이 창건했다. 통일신라 화엄종 십대사찰 중 하나였다. 조선 세종 6년의 사원 통폐합에서도 제외될 만큼 일찍이 이름났으며, 세조 때에는 오히려 왕실의 비호를 받아 '월인석보'를 판각했다. 명성에 걸맞게 절 내에 국보 1점과 보물 4점이 있다. '춘마곡추갑사春麻谷秋甲寺'라는 말이 있을 정도로 단풍이 유명하지만, 어느 계절에 찾아도 고찰다운 차분하고 은은한 멋을 느낄 수 있다.

### 맛집·별미·특산물

초장만두

**공주산성시장 별미** 공주의 대표적인 5일장. 1일, 6일, 11일, 16일 등 1일과 6일에 장이 열린다. 산성시장의 별미는 반줄김밥과 초고추장에 찍어 먹는 초장만두, 즉석떡볶이다. 간식집(041-852-4812)은 협소해 5~6명이 들어가면 꽉 찬다. 시장 내 부자떡집(854-5454)은 인절미가 맛있기로 유명하다. 시장정육점식당(855-3074)은 육회비빔밥과 선지해장국 맛집으로 유명하다.

### 교통 정보

당진영덕고속도로 남세종나들목 혹은 호남고속지선 유성나들목으로 접근한다. 서울에서 2시간 30분, 부산에서 3시간 30분, 대구에서 2시간 정도 걸린다.

### 주변 관광지

**무령왕릉** 공주시 웅진동 송산리고분군 내에 있다. 백제 25대 무령왕과 왕비의 무덤으로 1971년 배수로 공사를 하던 중 우연히 발견되었다. 당시 무령왕릉은 기존 백제 무덤과 달리

# 18 황매산 黃梅山

한국 제일의 철쭉 명산, 옛 지명은 '황산'

| | |
|---|---|
| 높이 | 1,113.1m |
| 주봉 | 황매산 |
| 위치 | 경남 산청군·합천군 |

## 산이 누런색 띠어 명명한 듯… 목장 조성했다 철수하면서 철쭉만 남아

'5월의 산'하면 가장 먼저 떠오르는 게 철쭉이다. 전국의 웬만한 산은 전부 철쭉으로 뒤덮인다. 오죽하면, '철쭉으로 불났다'는 표현까지 나왔을까.

한국의 3대 철쭉 명산은 소백산, 황매산, 지리산 바래봉으로 꼽는다. 5월에 황매산黃梅山(1,113.1m) 철쭉을 보기 위해 모이는 인파는 '철쭉 반, 사람 반'이라 할 정도로 인산인해를 이룬다. 기다리는 차량만 해도 도로를 가득 채워 수백m에 달한다.

황매산 철쭉은 바래봉 철쭉과 사연이 비슷하다. 1970년대 배고픈 시절 정부에서 우유 마실 것을 장려한 적이 있다. 정부가 직접 나서 대규모 목장단지를 몇 군데 개발했다. 그 대상지가 황매산과 바래봉 평전이다.

목장을 조성하기 위해 나무를 베어내고 불을 놓아 소나 양들이 풀을 뜯어 먹을 수 있도록 했다. 관목은 계속 자랐다. 소나 양들은 관목의 새순과 풀을 뜯어먹으며 번식했다. 그런데 철쭉의 새순만은 먹지 않았다. 철쭉의 새순에 소나 양들이 싫어하는 강한 독성이 있었기 때문이다. 자연히 다른 관목은 도태되고 철쭉만 번성했다. 뿐만 아니라 철쭉은 척박한 땅에서도 번식력이 좋아 어디든 뻗어나간다.

# 18 황매산

월별 가볼 만한 명산 52

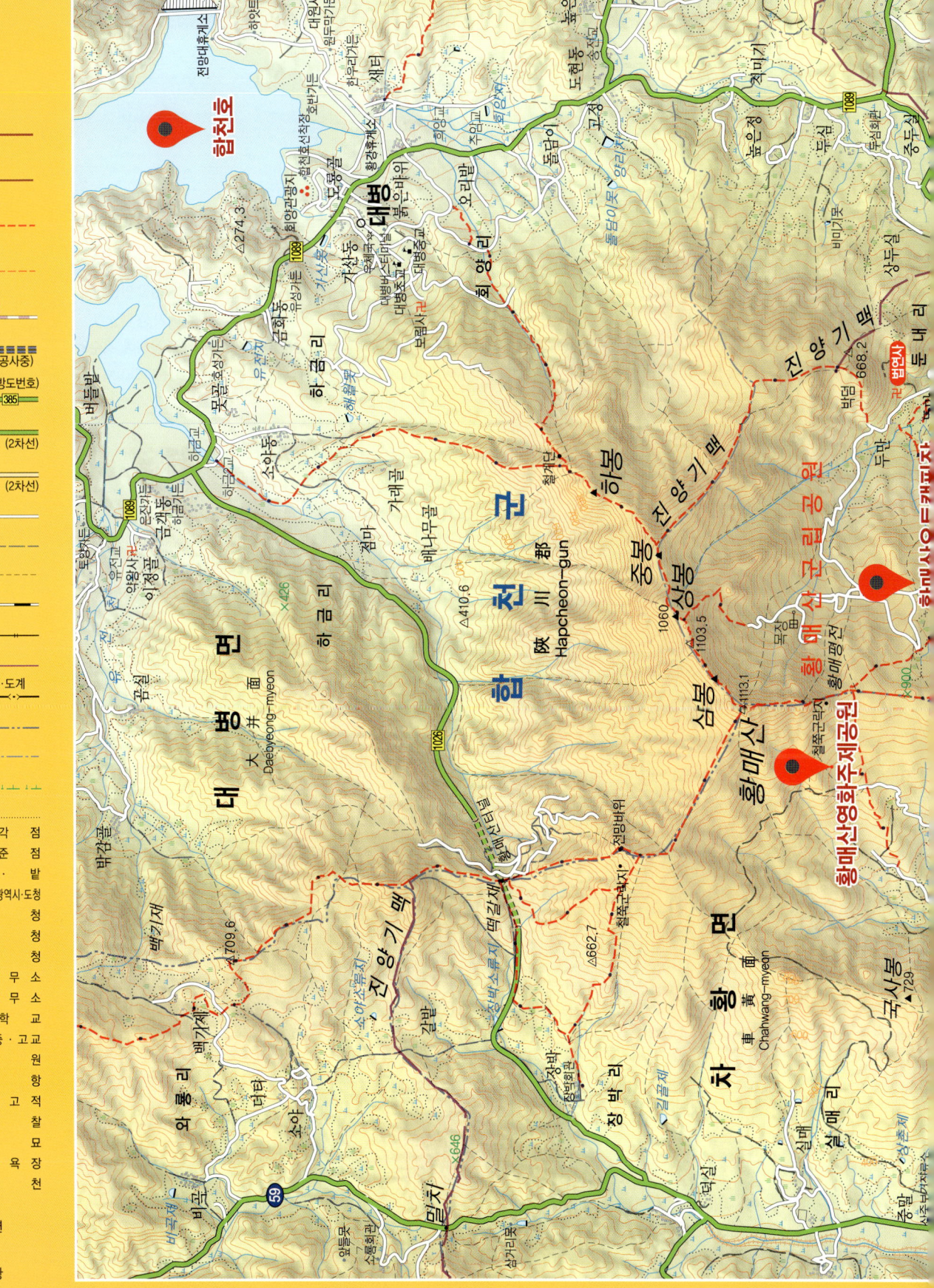

이후 목장이 문을 닫았다. 그게 지금 한국 최대의 황매산과 바래봉 철쭉군락이다. 반면 소백산은 원래 철쭉이 서식했다고 퇴계의 〈유소백산록〉 등에 나온다.

따라서 황매산 철쭉은 불과 몇 십 년 전에 조성된 국가정책의 산물인 셈이다. 1983년 군립공원으로 지정한 황매산 담당관청인 합천군조차도 소들이 철쭉의 새순을 따 먹으며 자연전정을 한 결과라고 설명한다. 완전 잘못된 내용이다.

지명 유래는 더욱 잘못 알려져 있다. 황매산을 넓고 평평한 산이라 하여, 옛말로 '느른 뫼'라고 한다. 그런데 경상도 발음이 '느른'이 잘 안 돼 '누른'으로 부르다, 이를 한자로 고쳐 누를 '黃'자로 쓰게 됐다고 설명한다. 또 다른 설명은 황매봉우리가 할미꽃처럼 생겨 '할미꽃'으로 부르다가 한자표기로 '황매산'으로 했다고 한다. 또 매화를 닮은 산이라 해서 황매산이라 했다는 설도 있다. 그러면서 황은 '부富'를, 매는 '귀貴'를 의미한다고 해서 황매산은 풍요로움의 상징으로 풀이한다. 정말 억지 같은 해석 일색이다.

황매산 유래를 확인하기 위해 옛 문헌을 샅샅이 뒤졌다. 조선시대 대표적 지리지인 〈신증동국여지승람〉에 조차 없다. 딱 한 군데 나온다. 〈대동지지 大東地志〉 산음편에 '영종 43년에 산청이라 고쳐 불렀다. (중략) 황산黃山은 동북쪽으로 처음이 20리, 끝이 30리이다'라는 내용뿐이다. 〈대동여지도〉에도 '황산'이라고 표시돼 있다. 이게 황매산에 대한 옛 문헌의 전부다.

황산이란 지명은 분명 산의 토질이 누런색을 띠었기 때문에 명명됐을 것으로 추정된다. 옛 지명 자체가 어렵고 복잡한 내용이 거의 없다. 이제라도 바로 잡아야 할 것으로 보인다.

황매평전의 철쭉과 정상 부위의 바위는 황매산의 가치를 더욱 빛나게 한다. 암벽 관련 재미있는 전설도 전한다. 산 북동쪽에 바위 끝부분이 갈라진 순결바위가 있다. 평소 사생활이 깨끗하지 못한 사람이 이 바위 틈에 들어가면 빠져나오지 못한다는 내용이다. 문란한 사람은 가까이 가기 두렵겠다. 5월 황매산에 가서 철쭉도 보고, 순결바위도 확인해 보라. 황매평전이 있는 8부 능선까지 차가 올라간다.

황매산 오토캠핑장

### 주변 관광지

**합천호** 1988년 낙동강 지류인 황강을 막아 합천댐을 만들면서 생겨난 인공호수이다. 호수에는 붕어와 잉어·메기 등 다양한 어종이 풍부하게 서식하고 있어 천혜의 낚시터로 꼽히며, 호수와 산허리를 끼고 달리는 40㎞에 이르는 호반도로는 드라이브 명소로 각광받고 있다. 호숫가에 수상레포츠를 즐길 수 있는 회양관광단지가 있다.

**황매산 영화주제공원** 산청군에서 황매산 자락에 조성한 공원으로 넓이는 약 1만 3000㎡이다. 영화 '단적비연수'를 촬영할 때 사용했던 억새집과 통나무집 32채 등을 그대로 복원해 2001년 5월 황매산 철쭉제에 맞춰 개장했다. 야영장과 산책로가 조성되어 있으며 인근에 '지리산빨치산 토벌전시관'이 있다. 6·25전쟁 당시의 총기류와 군복·무전기 등 150여 점의 장비가 전시되어 있다.

**황매산 오토캠핑장** 우리나라에서 가장 높은 곳에 위치한 오토캠핑장(055-932-5880)이다. 능선 바로 아래에 자리해 봄에는 능선의 철쭉 군락지를 제대로 즐길 수 있다. 승용차도 오를 수 있는 도로가 나 있으며 은하수 보기 좋은 곳으로도 손꼽힌다. 주소 합천군 가회면 황매산공원길 331.

### 맛집·별미·특산물

**쏘가리탕** 산청 생초에 민물고기 음식점이 밀집해 있다. 경호강에서 잡은 싱싱한 물고기를 맛볼 수 있다. 매운탕, 조림, 튀김, 어탕국수 등 다양한 요리가 있다. 40년 전통의 파도식당(055-972-2074)은 쏘가리회와 탕이 전문이다.

### 교통 정보

통영대전고속도로 생초나들목 혹은 광주대구고속도로 고령나들목으로 접근한다. 서울에서 4시간 30분, 부산에서 2시간, 광주에서 2시간 정도 걸린다.

# 19 천관산 天冠山

천자 면류관 같은 기암에 진달래 명산

높이 724.3m
주봉 연대봉
위치 전남 장흥군

## 호남 5대 명산으로 가을 억새도 장관… 한때는 지제산으로 불려

천관산天冠山(724.3m)은 지리산, 월출산, 내장산, 내변산과 함께 호남지방의 5대 명산으로 손꼽힌다. 봄철 진달래 산행지와 가을 능선의 억새 군락은 바다와 어우러져 아름다움이 출중하다. 매년 4월이면 정상인 연대봉에서 장천재로 내려서는 구간이 온통 진달래꽃으로 뒤덮인다. 천관사 주변의 동백도 볼 만하다. 여기에 전국 어디에 내놓아도 뒤지지 않을 천관산의 기암 봉우리까지 더하면 환상적인 풍광이 된다.

따라서 봄과 가을이면 전국에서 온 등산객으로 붐빈다. 1998년 도립공원으로 지정되었으며, 한국을 대표하는 진달래와 억새 명산으로 빼놓지 않고 이름 올리는 것이 천관산이다.

아기바위, 사자바위, 종봉, 천주봉, 관음봉, 선재봉, 대세봉, 석선봉, 돛대봉, 구룡, 갈대봉, 독성암, 아육탑 등을 비롯 수십 개의 기암괴석과 기봉이 꼭대기 부분에 비죽비죽 솟아 있다. 그 모습이 주옥으로 장식된 천자의 면류관冕旒冠 같다 하여 천관산이라 불렸다고 한다.

원래 지명유래는 천관보살天冠菩薩이 머무는 곳이란 뜻에서 나왔지만 직역하여 '하늘의 관'이라 해도 전혀 어색하지 않다. 과거 한때 이름은 지제산支

# 19 천관산

월별 가볼 만한 명산 52

提山으로, '지제란 곧 탑묘를 이름이니 이 산의 형상이 그와 같은 이유로 지제산이라 했다'는 기록도 전한다.

천관산에는 신라 김유신과 그를 사랑한 천관녀天官女가 숨어 살았다는 전설이 전해 온다. 신라시대에 세워진 천관사와 동백숲이 유명하고, 자연휴양림이 있다. 천관사·보현사를 비롯한 89개의 암자가 있었지만, 지금은 석탑과 터만 남아 있다. 문화재로는 천관사오층석탑天冠寺五層石塔(전남유형문화재 135)·천관사석등天冠寺石燈(전남유형문화재 134)·천관사삼층석탑天冠寺三層石塔(보물 795) 등이 있다.

천관산은 동쪽 연대봉과 서쪽 환희대를 연결하는 약 1㎞의 능선을 중심으로 비슷한 길이의 능선 여러 가닥이 사방으로 뻗어 내린 형세다. 산 아래쪽은 소나무 숲이 우거졌고 5부 능선 위는 키 작은 관목과 억새가 가득한데, 그 가운데 군데군데 기암이 자리 잡고 있다. 특히 환희대 일원에 기암들이 밀집해 있다. 또한 북동쪽에 대세봉, 남서쪽에 구룡봉, 그리고 북서쪽에는 진죽봉 등의 암봉이 절묘하다. 정상에 서면 남해안 다도해, 영암의 월출산, 장흥의 제암산, 광주의 무등산이 한눈에 들어온다. 정상 부근으로 억새밭이 5만여 평 장관을 이룬다. 매년 가을 이곳 천관산 정상 연대봉에서 산상 억새능선 사이 약 4㎞ 구간에서 '천관산억새제'가 개최된다.

천관산 주능선으로 오르는 가장 인기 있는 코스는 산 동쪽 봉황봉 능선이다. 보성만 바다 풍경을 즐기며 오르기 좋은 코스다. 연대봉까지 줄곧 동쪽 바다를 바라보며 오르게 돼 변화무쌍한 바다 풍광을 감상할 수 있다. 이 코스를 이용해 정상부로 오른 뒤 천관산 최고의 기암능선인 대장봉 능선을 거치면 환상적인 천관산 산행이 된다.

보림사 삼층석탑과 석등

천관산 주능선

## 주변 관광지

**보림사** 원표元表가 세운 암자에 860년경 신라 헌안왕의 권유로 보조선사 체징이 창건하여 선종의 도입과 동시에 맨 먼저 선종이 정착된 곳이다. 가지산파의 근본도량이었으며, 인도 가지산의 보림사, 중국 가지산의 보림사와 함께 3보림이라 일컬어졌다. 국보 제44호인 3층석탑 및 석등, 국보 제117호인 철조비로자나불좌상, 보물 제155호인 동부도, 보물 제156호인 서부도, 보물 제157·158호인 보조선사 창성탑彰聖塔 및 창성탑비 등이 있다.

**천관산 문학공원** 천관산 기슭에 있는 문학공원은 장흥 출신 문학가들의 문학비를 세워 놓은 공간이다. 장흥 출신인 이청준·한승원·송기숙 작가를 비롯해 구상·문병란·안병욱·차범석·김병익 등 작가의 글을 자연석에 새겨 넣은 54개의 문학비가 세워져 있다. 국내 유명 문인 39명의 작품과 육필 원고, 연보가 캡슐에 담겨 보관돼 있다.

## 맛집·별미·특산물

**한우삼합** 장흥에서는 키조개와 한우, 표고버섯을 '한우삼합'이라고 해 함께 구워 먹는다. 장흥토요시장 내 정남진식당(061-864-1415), 취락(863-2584) 등이 유명하다. 한우삼합은 1인분(200g)에 2만 원 대. 한우만 사가서 상차림비용만 내고 구워 먹는 곳도 있다.

## 교통 정보

남해고속도로 강진무위사나들목 혹은 장흥나들목으로 접근한다. 서울에서 5시간, 부산에서 3시간 30분, 대구에서 3시간 30분 정도 걸린다.

# 20 천마산 天摩山

수도권 봄맞이 야생화 산행 성지

| | |
|---|---|
| 높이 | 810.3m |
| 주봉 | 천마산 |
| 위치 | 경기 남양주시 |

### 봄마다 아마추어 사진가들 출사… 정상은 확 트여 조망 빼어나

남양주시 천마산天摩山(810.3m)은 특히 봄 산행지로 명성이 높다. 봄이면 꽃 산행객으로 붐비는 산이다. 조금 과장해 말하자면 들꽃을 찍는 아마추어 사진가들에게는 성지와 같은 산이다. 산괴불주머니, 꿩의바람꽃, 매화말발도리, 산괭이눈 같은 흔한 봄꽃은 물론 얼레지 군락은 강원도 깊은 산골을 옮겨 놓은 듯하다. 광릉요강꽃 같은 멸종위기 야생식물 1급의 식물, 우리나라 몇몇 산에서만 자라는 점현호색 같은 희귀식물을 서울에서 전철이나 시내버스를 타고 와서 볼 수 있으니 가히 들꽃의 성지라 할 만하다.

전설에 따르면, 이성계가 천마산 언저리를 지나다가 산이 매우 높아 보이자 지나가는 촌부에게 산 이름을 물었다. 모른다고 하자 혼잣말로 이르기를, "가는 곳마다 청산은 많지만 이 산은 매우 높아 푸른 하늘에 홀忽을 꽂은 것 같아, 손이 석자만 길었으면 하늘을 만질 수 있겠다"고 했다. 하여 산의 이름이 천마산이 되었다고 한다. 하지만 〈신증동국여지승람〉이나 〈대동여지도〉에는 이 산의 이름이 '天馬山'으로 기록되어 있다.

천마산의 역사적인 명소로 보광사가 있다. 보광사는 고려 광종(949~975) 때 혜거국사가 창건한

MAY

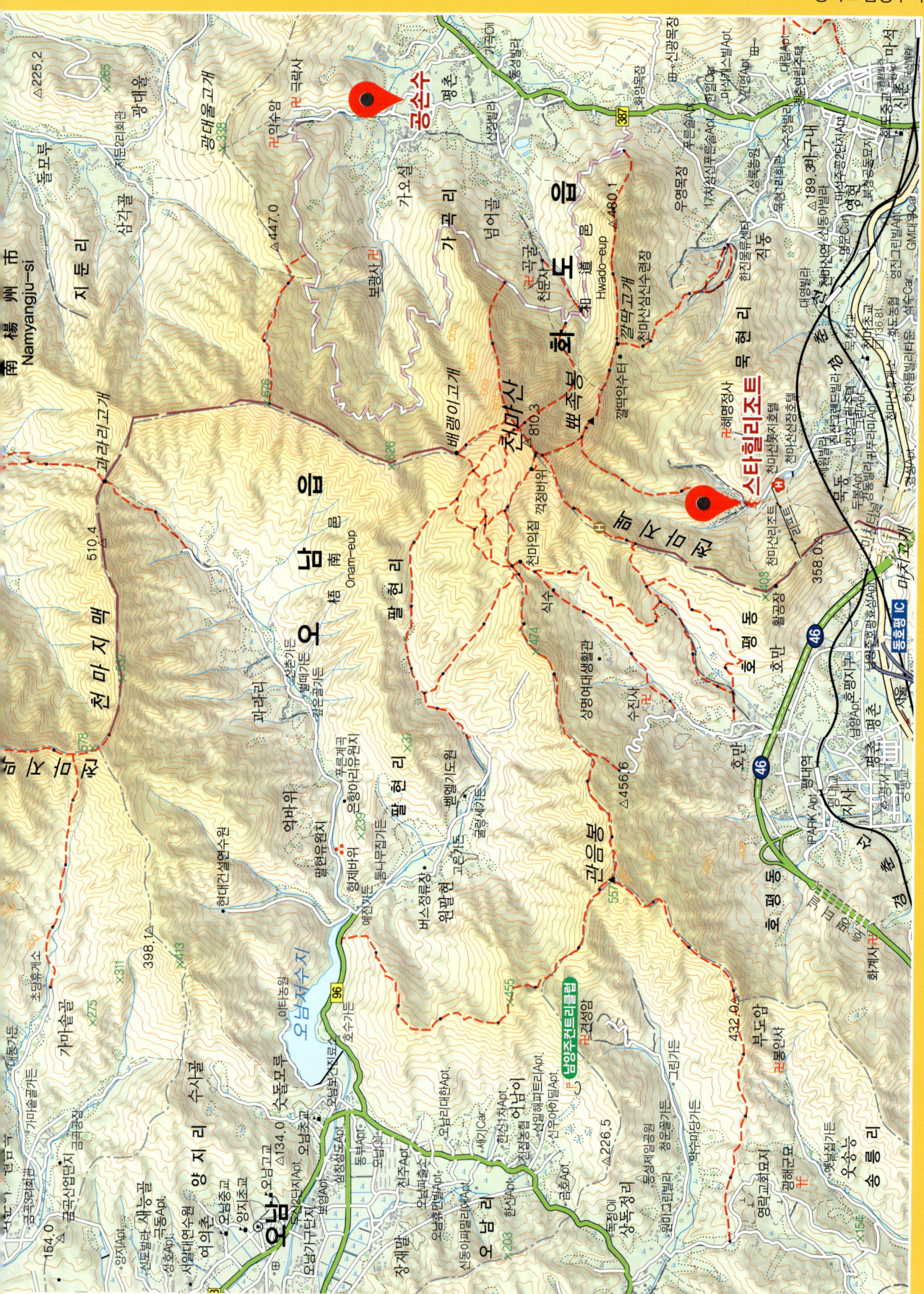

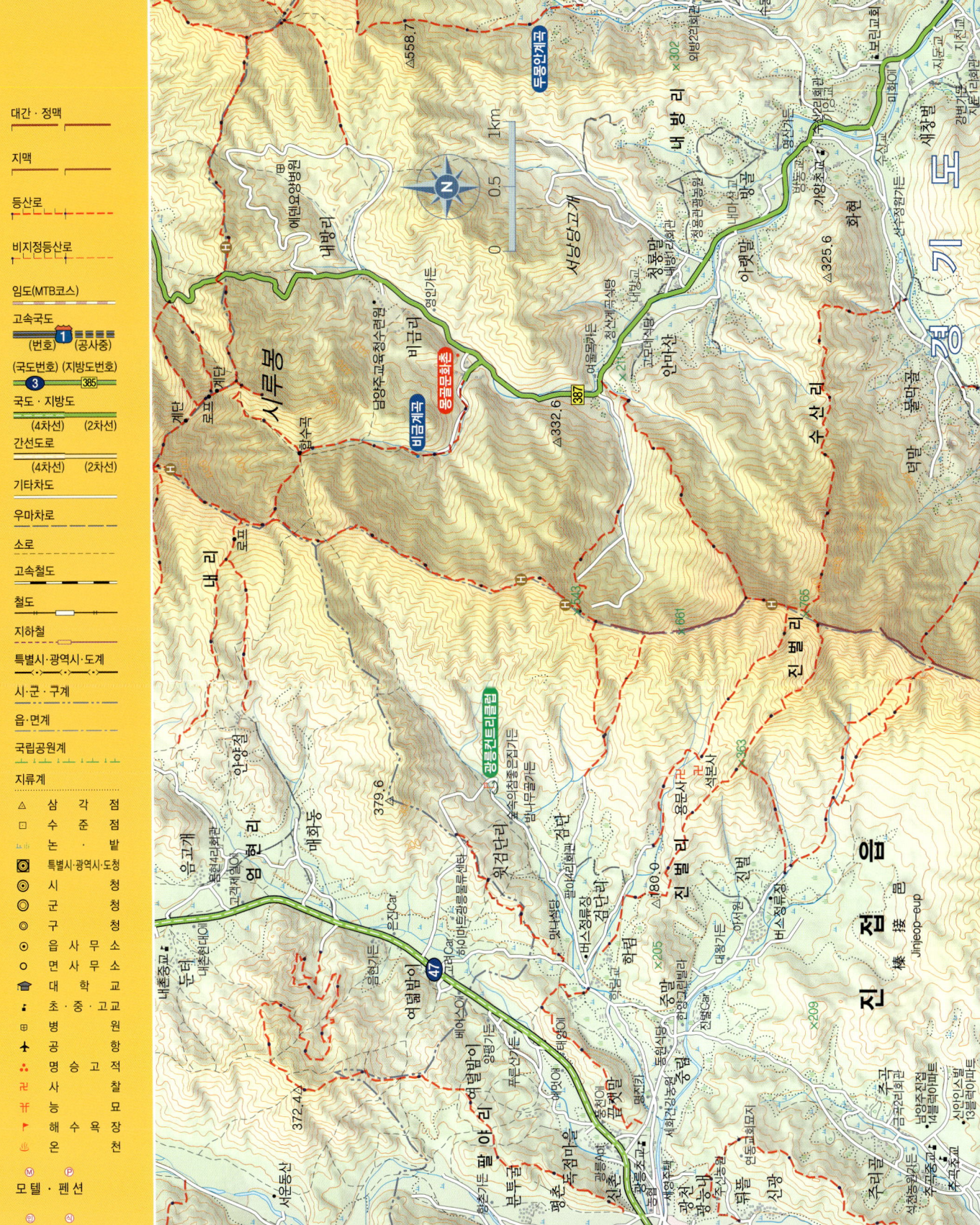

천년고찰이다. 이 절 아랫마을인 가오실(가곡리)에 고종 때 영의정을 지낸 이유원이 살았는데 그가 이 절을 중창했다. 만석꾼이었던 이유원은 만주에서 신흥무관학교를 세워 독립운동의 초석을 놓은 이회영 형제의 둘째 이석영의 양아버지이기도 하다. 이석영은 이유원으로부터 물려받은 재산을 처분해 신흥무관학교의 자금을 마련했다.

보광사는 일제강점기와 6·25 전쟁을 거치면서 거의 폐사가 되다시피 하였으나, 1984년부터 복원을 시작해 지금까지 명맥을 잇고 있다. 천마산이 남양주군립공원으로 지정된 것도 1983년이니 천마산과 보광사는 엇비슷한 길을 가고 있다.

천마산 산행코스는 길지 않아 당일 산행하기 좋다. 봄철 야생화 산행은 호평동 큰골로 정상에 올라 천마산계곡으로 내려가는 것이 알맞다. 일부 지도에는 가곡리 보광사 방면을 큰골이라 표시했으나, 천마산의 진짜 큰골은 호평동이다.

큰골은 경춘선 평내호평역에서 165번 버스를 타고 회차 지점인 '수진사·천마산 등산로 입구'에서 하차하면 된다. 호평동 큰골을 타고 천마의 집과 꺽정바위를 거쳐 정상에 오른 다음 돌핀샘에서 천마산계곡을 따라 하산하면 된다.

원점회귀해야 한다면 천마산계곡을 따라 내려서다 무너진 콘크리트 교각이 보이는 지점에서 계류를 건너면 절골을 거슬러 큰골로 돌아올 수 있다. 큰골을 기점으로 천마산계곡으로 하산하는 코스는 4시간, 절골을 거슬러 큰골로 원점회귀하는 코스는 약 5시간 걸린다.

천마산 정상은 눈 아래로 거칠 것이 없이 조망이 빼어난 곳이다. 산꼭대기에서 능선이 바큇살처럼 사방으로 뻗어 있어 어디서나 정상을 볼 수 있는 특이한 산세, 풍부한 식물상 같은 매력이 있어 사람들이 많이 찾는다.

홍유릉

조선 성종의 손자가 심었다고 전해지며 경기도 제1호 보호수다.
**홍릉·유릉** 홍릉은 고종과 명성황후의 능이다. 기존 조선왕릉과 다른 대한제국 황제릉의 형식으로 조성되었다. 유릉은 순종과 그의 첫 번째 황후인 순명황후와 두 번째 황후인 순정황후의 능이다. 홍릉과 유릉을 합쳐서 '홍유릉'이라고도 부른다. 걷기 대회도 열리며 남양주시 금곡동 주민들의 산책로로 이용된다.

**맛집·별미·특산물**

**먹골배** 한 입 베어 물면 달콤한 물이 입안 가득 고이는 먹골배는 시원한 맛으로 유명하다. 남양주에서 가장 자신 있게 내놓는 특산물로 500여 개의 농가에서 매년 1만 톤 이상을 생산하고 있다. 국내 여러 곳으로 판매되고 있으며 1997년부터 미국, 일본, 캐나다, 프랑스, 대만, 유럽 등으로 수출하고 있다.

**교통 정보**

수석호평간도시고속화도로 동호평나들목 혹은 서울양양고속도로 화도나들목으로 접근한다. 서울에서 30분 혹은 1시간, 부산에서 4시간 30분, 광주에서 4시간 정도 걸린다.

**주변 관광지**
**스타힐리조트 스키장** 남양주시 화도읍 천마산 자락에 위치하고 있다. 과거 '천마산 스키장'이라 불렸다. 서울에서 가까워 당일치기로 스키를 탈 수 있으며 평균 경사도 6~18도 수준의 크지 않은 슬로프 구성으로 초중급자들에게 인기가 좋다. 주소 남양주시 화도읍 먹갓로 96
**공손수** 화도읍 가곡리 가오실에 있는 수령 550년의 은행나무.

# 21 북한산 北漢山

세계 최다 탐방객… 기네스북에 오른 산

| | |
|---|---|
| 높이 | 835.6m |
| 주봉 | 백운대 |
| 위치 | 서울시, 경기 고양시·양주시 |

## 삼각산·부아악·화산 등 다양한 이름으로도 불려

북한산北漢山(835.6m), 한국인이 가장 많이 찾는 산이다. 단위 면적당 방문객이 세계 최고 기록을 세워 1994년 세계기네스북협회로부터 인증서를 받았다. 문화재관람료가 폐지된 2007년엔 연간 방문객이 1,000만 명을 육박했으나 지금은 600만 명을 조금 상회하고 있다.

북한산은 조선의 수도 한양의 이름을 낳게 한 산이기도 하다. 옛날 도시의 이름을 정할 때 풍수지리적으로 산의 남쪽과 강의 북쪽을 양陽으로 봤다. 산과 강 중에 강을 우선으로 판단했다. 그래서 한강의 북쪽에 있다고 해서 한양이란 이름이 생겼다. 한양 이전의 이름이 한산이고, 그 북쪽에 있다고 해서 북한산이라 했다는 설도 있다.

삼국시대 북한산은 '삼각산三角山'으로 불렸다. 백운대, 인수봉, 만경대가 큰 삼각형을 이뤄 명명됐다. 통일신라 말기 도선道詵(827~898)의 〈삼각산명당기三角山名堂記〉에 삼각산이 등장한 것으로 보아 이미 나말여초부터 지명이 고착된 것으로 추정된다.

또 인수봉 형상이 아기가 엄마 등에 업힌 모습과 비슷해 부아악負兒岳으로도 불렸다. 부아악은 신라 소사 중의 한 곳으로 지정된 곳이었다. 당시까지

서울시, 경기도 고양시·양주시

# 21 북한산

월별 가볼 만한 명산 52

부아악은 신라와 고구려, 백제 삼국 간의 각축장이었다. 백제는 건국부터 400여 년 동안 한강을 중심으로 터전을 다졌다. 그러다 부여, 공주로 천도하면서 고구려와 신라의 각축장으로 변했다. 신라 이후부터, 엄격히 고려 현종조 이후부터 부아악이란 지명은 더 이상 등장하지 않는다. 따라서 부아악은 삼각산과 함께 고려 전기까지 간혹 불리다가 이후 삼각산으로 굳혀진 것으로 보인다. 삼봉산, 화산이라고도 불린 것으로 전한다.

북한산北漢山이 한강 이북을 일컫던 지역 이름이 아닌, 산 이름으로서 불리기 시작한 것이 언제부터인지는 분명하지 않다. 하지만 조선 후기 이서구李書九(1754~1825)의 〈유북한산중시遊北漢山中詩〉와 추사 김정희(1786~1856)의 〈진흥이비고眞興二碑考〉에 이 산 이름이 등장하는 것으로 보아 18세기 후엽의 일로 추정된다.

북한산은 수도권 시민 2,000만의 헬스장이라 해도 과언이 아닐 정도로 국민건강에 지대한 공헌을 하고 있다. 대중교통으로 어디서나 갈 수 있는 뛰어난 접근성을 자랑한다. 경관과 생태적 가치도 여느 산 못지않게 훌륭하다.

대표적인 산행기점은 북한산성, 우이동, 정릉, 불광동, 구기동 등 분소나 탐방안내소가 있는 기점만 해도 10곳이 넘을 정도다. 산기슭 주택가로 이어지는 산길에 산 안에서 갈래 친 산길까지 엮는다면 산행코스는 난이도나 취향에 따라 얼마든지 선택할 수 있다.

6월의 한국의 명산 방문객은 전국의 산 중에서 북한산이 단연 앞선다. 2018년 6월 북한산 방문객은 55만6,821명, 설악산 26만9,610명, 무등산 25만2,102명, 지리산 24만 8,446명, 소백산 20만 797명, 속리산 13만 35명 등이다.

북한산성

### 주변 관광지

**북한산성** 북한산의 여러 봉우리를 연결한 포곡식 석축산성이다. 지금의 산성은 조선 숙종 때 쌓은 것이다. 성곽의 전체 둘레는 12.7㎞, 성벽을 둘린 체성 연장은 약 8.4㎞이며 백운대·노적봉·용암봉·문수봉·의상봉·원효봉·영취봉 등을 연결하고 있다.

**도선사** 북한산의 대표적인 들머리인 서울 우이동에 자리하고 있다. 신라 말기의 승려 도선이 862년(경문왕 2)에 창건하였다. 도선은 이곳 산세가 1,000년 뒤의 말법시법에 불법佛法을 다시 일으킬 곳이라 내다보고 절을 세운 다음, 큰 암석을 손으로 갈라서 마애관음보살상을 조각했다고 전한다. 서울시 유형문화재로 지정된 마애불입상은 높이가 8m에 이른다. 영험하다고 소문나 기도객이 끊이지 않는다.

**진관사** 북한산 서쪽 기슭의 고려시대에 창건한 고찰이다. 불암사, 삼막사, 보개산 심원사와 함께 조선시대에는 한양 근교의 4대 사찰 중 하나였다. 고려 현종이 왕위에 오르기 전, 자신의 목숨을 구해준 진관조사의 은혜에 보답하고자 지은 절이라고 전한다. 조선시대에는 국가와 왕실의 안녕을 기원하는 수륙재가 열리던 근본 도량이었다.

### 맛집·별미·특산물

**평양냉면** 의정부 시내의 평양면옥(031-877-2282)은 평양냉면의 원조로 꼽힌다. 얇고 꼬들꼬들한 면발, 고춧가루 고명, 깔끔한 국물로 유명하다. 서울시내의 을지면옥과 필동면옥도 의정부 평양면옥의 주인의 형제자매가 만든 곳. 송추계곡 아래의 송추평양면옥(826-4231)은 꿩고기와 동치미국물을 섞은 냉면 맛이 상쾌하다.

### 교통 정보

백운대를 비롯해 주능선 서쪽의 칼바위능선과 형제봉능선 접근 시 우이경전철을 이용해 접근한다. 남서쪽 비봉능선은 지하철3호선 불광역과 구파발역 등을 통해 접근한다.

# 22 금산 錦山

**이성계 전설 간직한 최고 기도처 보리암**

| | |
|---|---|
| 높이 | 705m |
| 주봉 | 망대 |
| 위치 | 경남 남해군 |

### 경관 뛰어나 38경이나… 불로초 구하러 온 서복이 남긴 기록도

남해 금산하면 누구나 한국 최고의 기도처 보리암을 떠올린다. 정성들여 기도 올리면 한 가지 소원은 꼭 이뤄진다고 한다. 금산보다 더 유명하다. 양양 낙산사 홍련암, 강화도 낙가산 보문암, 여수 향일암과 더불어 한국 4대 기도처다. 실제 조선시대 이래로 가장 영험한 도량으로 널리 알려져 있다.

이성계는 조선 개국을 앞두고 정통성을 인정받기 위해 전국의 명산을 누비며 산신기도를 올렸다. 어느 산에도 감응이 없었다. 가장 영험하다는 지리산 산신마저 "아직 그럴 만한 인물이 못 된다"고 돌아가라고 했다고 한다. 낙담한 이성계는 지리산에서 남해쪽을 바라보는데, 어디선가 서광이 비쳤다. 그곳은 남해였다. 당시는 보광산. 이성계는 삼불암이 보이는 절벽 아래 자리를 잡고 마지막 기대를 걸고 산신에게 백일기도를 올렸다. 그 자리가 보리암 동쪽 삼불암 아래 '이태조기단李太祖祈壇'이라고 전한다. 남해 산신은 이성계가 마침내 왕이 될 운명이라는 사실을 꿈으로 알렸다.

이성계는 보광산 산신에게 보은을 하기 위해 산 전체를 비단으로 감쌀 것을 약속하고, 그 이름을 보광산에서 금산으로 바꿨다고 한다. 영원히 비단처럼 아름다운 산이란 의미다.

남해란 지명은 신라 신문왕 때부터 등장하지만 조선 이전까지 보광산이든 금산이든 역사서에 전혀 등장하지 않는다. 〈삼국사기〉나 〈삼국유사〉에 한 줄도 나오지 않는다. 산신제를 지내던 전국 40여 명산에 이름을 올리지 못했다. 하지만 조선부터 금산이 봇물처럼 쏟아진다. 전부 이성계 영향이다.

유배지로서 더 알려진 곳이 남해다. 남해는 당시 거제, 제주와 함께 조선의 3대 유배지였다. 육지에서 섬으로 유배 온 많은 선비들은 육지와 격리되어 있었기 때문에 달리 할 일도 없어, 학문이나 유람으로 시간을 지낼 수밖에 없었다. 남해의 유배문학이 나름 유명한 이유다.

뛰어난 경관으로 인해 보통 8경이나 10경을 하지만 금산은 무려 38경이다. 매년 1월 1일이면 일출을 보기 위한 인파로 산 아래부터 인산인해. 정상에 가면 봉수대와 더불어 '유홍문由虹門 상금산上錦山'이란 석각이 있다. 홍문으로 해서 금산에 오른다는 의미다. 이를 '문장암' 혹은 '명필 바위', '상제암上帝岩'이라고도 부른다.

문장암 위에 있는 바위를 목혜바위, 일명 나막신 바위라고 한다. 영락없는 나막신같이 생겼다. 지역 향토사학자들은 "이 바위는 고대부터 개인 치성터로 사용된 듯하다"고 말한다.

산자락에 진시황이 불로초를 구하러 보낸 서복이 남긴 글자라고 전하는 석각도 있다. 아직 해독 불가라고 한다.

금산 보리암

다랭이논

산비탈 급경사지에 곡선 형태의 100여 층의 논이 계단식으로 조성되어 있다. 뒤쪽의 산과 앞쪽의 바다가 조화를 이루어 빼어난 경관을 형성하고 있어 관광객들에게 인기 있다.

### 주변 관광지

**상주해수욕장** 남쪽 해안 상주면에 있는 해수욕장(상주은모래비치). 백사장의 면적 544,500㎡, 백사장 길이 2km에 이른다. 해수욕장 뒤에는 금산의 절경이 병풍처럼 둘러싸고 있으며 바닷물이 맑아 남해군의 대표적인 해수욕장으로 손꼽힌다. 수심이 얕고 완만하며 수온 또한 따뜻하여 가족 휴가지로 인기 있다.

**금산 보리암** 683년(신문왕 3) 원효가 이곳에 초당을 짓고 수도하며 보광사라 지었다. 조선시대엔 이성계가 이곳에서 백일기도를 하고 조선왕조를 연 것에 감사하는 뜻에서 1660년(현종 1) 왕이 이 절을 왕실의 원당으로 삼고 산 이름을 금산, 절 이름을 보리암이라고 바꾸었다. 양양 낙산사 홍련암, 강화 보문사와 함께 한국 3대 관세음보살 성지로 꼽힌다.

**가천 다랭이논** 산간 지역에서 벼농사를 짓기 위해 산비탈을 계단식으로 꾸며놓은 논을 말한다. 남면 홍현리 바닷가 가천마을 다랭이논(명승 제15호)은 설흘산과 응봉산이 바다를 향한

### 맛집·별미·특산물

**멸치회·멸치쌈밥** 조수간만의 차를 이용해 죽방렴으로 잡은 남해 특유의 죽방멸치가 별미다. 멸치회와 멸치쌈밥, 멸치구이로 맛볼 수 있다. 내장을 제거하고 미나리, 양파 등 야채를 더해 고추장 양념장으로 무쳐낸 멸치회는 새콤달콤한 맛이 일품이다. 봄이면 가장 맛 좋은 멸치회를 맛볼 수 있다. 남해 마늘을 곁들이면 더 칼칼하게 즐길 수 있다.

멸치쌈밥은 통멸치에 고춧가루와 마늘, 시래기 등을 넣고 자작하게 끓여낸 멸치찌개에서 멸치를 건져 쌈밥처럼 싸 먹는다. 창선교 부근의 죽방렴횟집(055-867-7715), 우리식당(867-0074)이 잘 알려져 있다.

### 교통 정보

남해고속도로 하동나들목 혹은 진교나들목으로 접근한다. 서울에서 5시간 30분, 부산에서 3시간, 광주에서 2시간 30분 정도 걸린다.

# 23 소백산 小白山

야생화·철쭉은 조선시대부터 명물

| 높이 | 1,439.7m |
| --- | --- |
| 주봉 | 비로봉 |
| 위치 | 충북 단양군, 경북 영주시 |

## 작은 백두산으로 남한의 영산… 900년대부터 소백산 지명

한반도 전통 산악신앙에서는 '산에도 급級이 있다'고 주장한다. 최고의 산이 영산靈山, 다음이 명산, 마지막으로 주산(또는 진산, 진호산)이라고 한다. 주산 이하의 산들은 낮은 급에 속한다고 보면 된다. 영주의 향토사학자들은 "영산은 남북에 각각 하나씩 있다"고 주장한다. 북한의 백두산과 남한의 소백산이 거기 해당한다. 백두산은 모든 사람이 다 영산으로 인식하지만 소백산에 대해서는 고개를 갸우뚱거린다. 이에 영주 향토사학자들은 "소백산은 작은 백두산이라는 의미"라고 말한다.

조선 중기 남사고의 〈남사고 비결〉에서 소백산 小白山(1,439.7m)을 활인산活人山, 즉 '사람을 살리는 산'이라고 했다. 〈정감록〉의 십승지로 꼽히는 숨어살기 적합한 땅이다. 〈정감록〉 감결편 첫 머리에 '몸을 보전할 땅이 열 있으니' 하면서 첫 번째로 언급한 땅이 '풍기 금계촌'이라고 나온다. 실제로 소백산 풍기 근처에 북한에서 내려온 피란민들이 정착해 지금까지 살고 있다. 또한 예로부터 오대산·가야산과 더불어 삼재를 피할 수 있는 산으로 꼽았다.

풍수가들은 소백산과 태백산의 중간 지점에 있는 땅을 양백지간으로 부르면서 명당으로 여겼다.

충청북도 단양군 / 경상북도 영주시

충청북도 충주시·제천시·단양군 / 경상북도 문경시

# 24 월악산 月岳山

으뜸 암벽 상징하는 '월형산'이 옛 지명

높이 1,095m
주봉 영봉
위치 충북 충주시·제천시·단양군 경북 문경시

## 고려 초부터 월악산으로 바뀐 듯… '월'은 암벽 관련 가능성

월악산은 삼국시대부터 명산으로 지정됐다. 옛 기록에 월악산을 자세히 소개한다.

〈삼국사기〉권32 잡지에 '3산 5악 이하의 (전국의) 명산과 대천을 나누어 대·중·소사로 삼았다'고 나온다. 여기서 소개되는 소사 중 한 곳인 나토군奈吐郡 사열이현沙熱伊縣에 있는 월형산月兄山이 지금의 월악산이다.

〈고려사〉권56 지리조에는 '청풍현은 본래 고구려의 사열이현으로, 신라 경덕왕 때 지금 이름으로 고쳤다. (중략) 월악月嶽(신라 때는 월형산이라 불렀다)이 있다'는 내용이 나온다.

〈세종실록지리지〉충청도편에는 '명산은 계룡산이 공주에 있고, 죽령이 단양에 있으며, 가야산이 덕산에 있고, 월악(삼국 때는 월형산이라 하여 사전祀典이 있었는데, 지금은 혁파하였다)이 청풍에 있다'고 나온다.

따라서 월악산은 신라 때 월형산으로 부르다가, 고려 때부터 바뀐 사실을 알 수 있다. 〈신증동국여지승람〉14권 청풍군편에서 '월악산月岳山은 군 남쪽 50리에 있다. 신라에서는 월형산이라고 일컬었고, 소사로 됐다'는 내용이 나온다.

흔히 월악산 지명유래나 소개를 달과 관련시킨

소백산과 태백산의 기운을 동시에 받으면서 외부에 노출되지 않은 피란처로 적합했기 때문이다. 영월 김삿갓 생가 동네가 이에 해당한다.

소백산에 대한 역사적 기록은 뚜렷하지 않다. 소백산에 대한 기록보다 죽령이 역사적으로 먼저 등장한다.

〈삼국사기〉 권2 신라본기편에 '아달라이사금 3년(156) 계립령의 길을 열었다'가 나오고, 바로 뒤이어 '아달라이사금 5년(158) 3월에 죽령을 열었다'는 기록이 이어진다. 아달라왕은 죽죽장군을 시켜 죽령을 개척하고, 죽죽장군은 죽령을 열다가 지쳐서 죽었다고 전한다. 계립령과 함께 한국 최고의 고갯길이다.

〈삼국사기〉권32 제사편에도 죽령(=죽지竹旨)은 신라 소사로 지정됐다. 죽지가 소백산보다 훨씬 오래된 지명이다. 지금은 소백산의 한 고개로 죽령을 파악하고 있지만 옛날엔 죽령이 소백산을 대표했던 것 같다.

소백산에 대한 첫 기록은 고려 초 보리사지 대경대사탑비(939년)에 등장하면서부터다. 비로사 진공대사보법탑비(939년)에도 소백산이라는 지명이 나온다. 소백산이란 지명은 아마 이 무렵부터 사용한 것으로 판단한다. 백두산 기록은 700년 즈음으로 본다.

소백산 야생화와 철쭉은 오래 전부터 자생하고 있었던 것으로 보인다. 고산 철쭉 탐승지의 고전으로 꼽는 곳이다. 워낙 고도가 높은 산이라 주능선의 철쭉군락은 보통 5월 말부터 6월 초 사이에 만개한다. 초여름에도 철쭉의 화려한 자태를 감상할 수 있다. 매년 5월 말 소백산 철쭉 만개시기에 맞춰 철쭉제도 열린다.

소백산의 철쭉 밀집 지대는 연화봉 일대와 최고봉인 비로봉에서 국망봉~신선봉으로 이어진 주능선 일대다. 바람이 세고 눈이 많은 지역이라 철쭉과 같은 강한 식물만이 살아남을 수 있는 곳이다. 사실 희방사에서 오르는 연화봉 일대의 철쭉군락은 소백산에서 가장 큰 규모를 자랑한다. 하지만 가장 많은 사람이 몰리는 코스라 특히 철쭉 시즌이면 인산인해를 이룬다. 조금 여유 있게 철쭉을 즐기려면 정상인 비로봉 부근이 유리하다.

부석사

### 주변 관광지

**부석사** 한국 화엄종의 근본도량으로 2018년 유네스코 세계문화유산으로 등재된 사찰이다. 신라 의상대사가 676년에 창건했으며, 절 안에는 무량수전(국보 제18호), 조사당(국보 제19호), 소조여래좌상(국보 제45호) 등 무수한 국보급 문화재들이 있다.

**소수서원** 주세붕이 풍기군수로 있으면서 세운 한국 최초의 서원이다. 그후 퇴계 이황이 풍기군수로 있으면서 서원에 대한 합법적 인정과 정책적 지원을 요청해 소수서원으로 이름을 개칭하고 사서오경과 성리대전 등의 서적 등을 하사받았다.

**희방사** 소백산 연화봉 줄기에 자리잡은 고찰로 두운조사가 643년 창건했다. 경내에 희방사 동종(경북유형문화재 226호)과 월인석보 책판이 보존돼 있다. 월인석보는 불경언해서로서 훈민정음 창제 당시의 글자를 그대로 유지하고 있다. 절 바로 밑에는 내륙지방 최대 폭포인 높이 28m의 희방폭포가 있다.

영주 사과

### 맛집·별미·특산물

**영주 사과** 소백산자락의 해발 300m 지점에서 생산되는 영주 사과는 계절 간 온도차와 일교차가 커 껍질이 얇고 향기와 당도가 높아 '소백산 꿀사과'로 불린다. 특히, 영주 지역 평균 일조량은 272시간으로 전국 사과 주산지 평균(240시간)에 비해 월등히 높아 비타민 함량이 많은 특징이 있다. 구입처는 영주농협공판장(054-636-8594), 영주농산물유통센터(054-630-9000) 등이 있다.

**단양 육쪽마늘** 단양은 일교차가 큰 내륙산간 지방으로 마늘재배에 유리한 조건을 갖추고 있다. 이곳에서 생산되는 마늘은 육쪽인 것이 가장 큰 특징으로 과육이 단단하고 맛과 향이 독특하며 매운 맛이 강하다.
문의 단양마늘영농조합(043-421-2084).

### 교통 정보

소백산은 단양, 영주, 봉화에 걸쳐 있다. 단양과 영주를 잇는 중앙고속도로가 있어 교통이 편리한 편이다. 특히, 청량리에서는 산행 기점인 희방사역까지 하루 2회(06:40, 07:38 출발) 무궁화호가 운행 중이다.

# 23 소백산

월별 가볼 만한 명산 52

# 24 월악산

월별 가볼 만한 명산 52

대간 · 정맥

지맥

등산로

비지정등산로

임도(MTB코스)

고속국도 (번호) (공사중)

(국도번호) (지방도번호)

국도 · 지방도 (4차선) (2차선)

간선도로 (4차선) (2차선)

기타차도

우마차로

소로

고속철도

철도

지하철

특별시·광역시·도계

시·군·구계

읍·면계

국립공원계

지류계

△ 삼각점

□ 수준점

논 · 밭

특별시·광역시·도청

시청

군청

구청

읍사무소

면사무소

대학교

초·중·고교

병원

공항

명승고적

사찰

능묘

해수욕장

온천

모텔 · 펜션

민박 · 식당

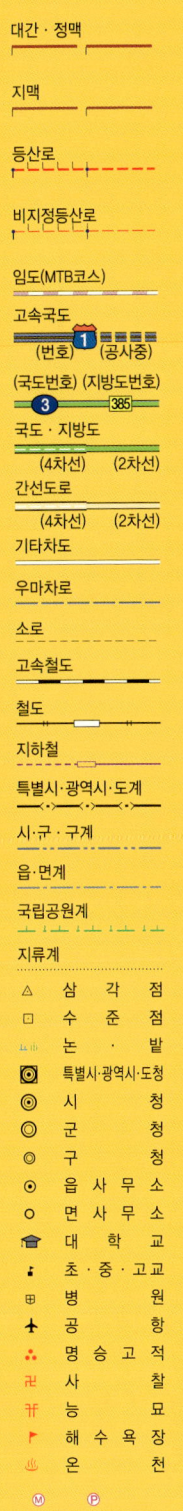

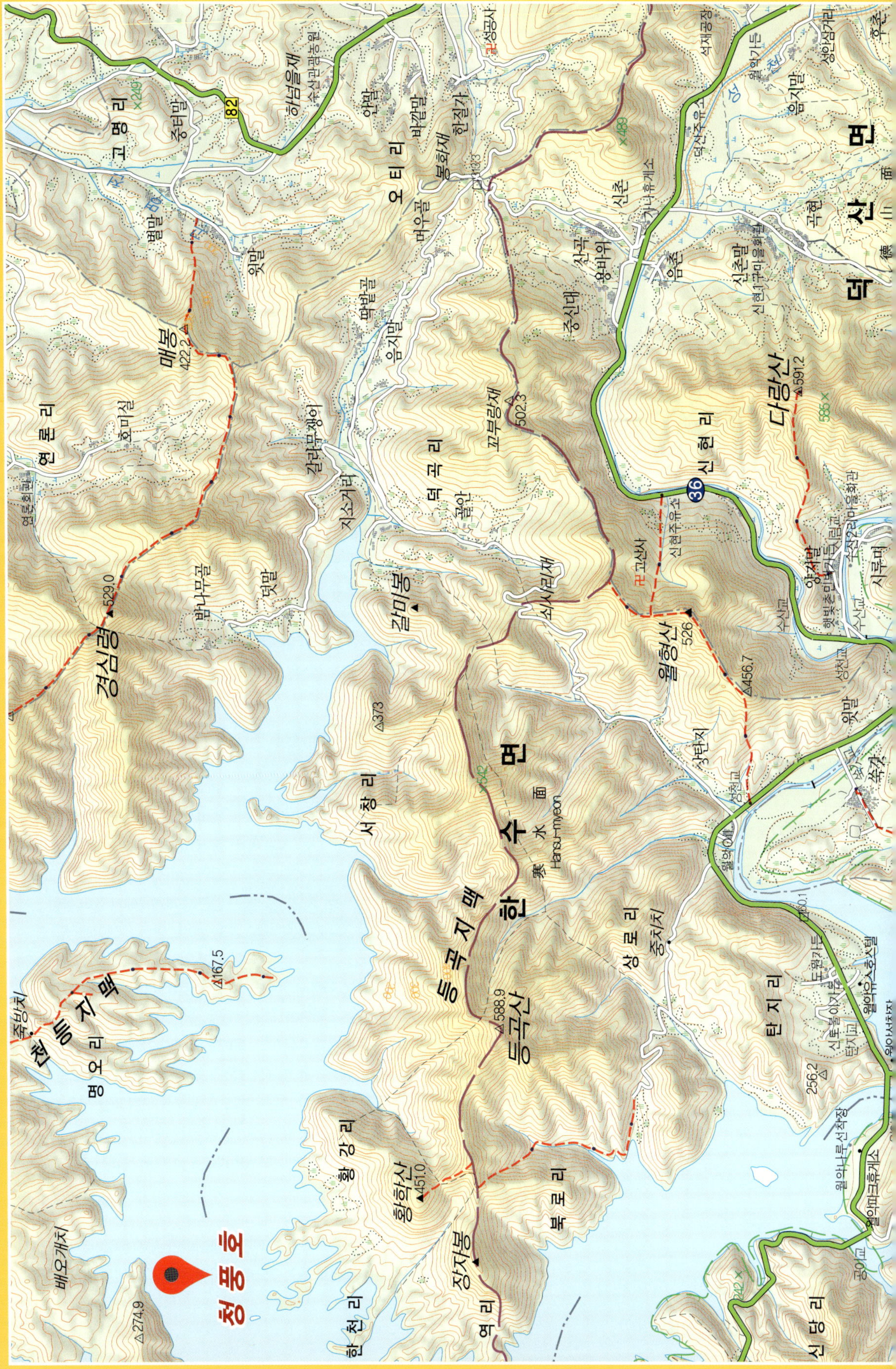

다. 달이 뜨면 주봉인 영봉에 걸린다 하여 '월악'이란 지명을 갖게 됐고, 달맞이산행 또한 일품이라고 알려져 있다. 그도 그럴 것이 이름에 달이 있고, 가장 손쉽게 설명할 수 있기 때문이다. 하지만 이 지역에 달과 관련한 전설은 어디에도 찾을 수 없다. 달이 아닌 다른 데서 유래를 찾을 근거를 암시한다.

같은 달 이름을 가진 월출산에서 유래를 추정할 단서가 있다. 특히 월출산은 달타령과 같은 노래까지 나와 히트했을 정도였지만 최근 월출산이 달보다는 암벽과 관련 있다는 주장이 제기되고 있다.

알타이 고어나 고구려어에서 '달'은 '높다'나 '산'의 뜻을 가지며, '돌과 그 어원을 같이한다. 따라서 월출산이나 월악산과 같이 암벽이 돌출한 산은 원래 월과 달을 혼용해서 쓰다, 한자로 표기하면서 '月'로 정착된 것으로 짐작한다. 즉 월출산·달(돌)출산 혹은 월악산·달(돌)악산 등과 같이 불렸다는 것이다. 두 산 모두 한국의 삼대 악산 혹은 오대 악산에 포함되는 산이다. 삼대악산은 설악산·월악산·월출산, 오대악산은 여기에 치악산과 주왕산이 포함된다. 허목의 〈월악기月嶽記〉에서도 월악산을 가리켜 '돌로 이뤄진 큰 산'이라 기록하고 있다. 실제 월악산은 대부분 화강암으로 이뤄져 있다. 북한산 인수봉과 같은 암석이다.

그런데 월악산의 원래 이름은 월형산이다. 월형산은 어디서 나왔을까? '兄'에 대한 근거는 갑골문자형에서 유추할 수 있다. '兄'이란 글자는 고개나 머리를 들고 서 있거나, 엉덩이를 들거나 팔을 들고 서 있는 모습을 나타낸 모습이라고 한다. 제단에서 축원하는 사람 모습이며, 제사는 장자의 몫이라는 데서 유래했다. 그렇다면 월형산과 영봉과 더욱 맞아 떨어진다. 주봉 영봉靈峰은 암벽 봉우리 중에서도 우뚝 솟아 신비스럽게 보이며, 운무에 가린 모습은 더욱 장관이다. 따라서 월형산은 돌출한 암벽 중에서도 맏형같이 유독 돋보이고, 그 봉우리 중에 단연 으뜸이 신비스런 영봉이 되는 것이다.

6월 평균 방문객은 10만 명 내외. 2018년엔 8만 8,182명. 여름 넘어가는 계절의 계곡과 암벽과 어울린 가을 단풍이 특히 아름다워 죽령·하늘재·미륵사지 등을 즐기려는 방문객들이 많다.

청풍문화재단지

### 주변 관광지

**청풍호** 소양호 다음으로 담수량이 큰 인공호수다. 충주댐나루터에서 신단양(장회)나루까지 52km에 걸쳐 쾌속 관광선과 유람선이 운항해 단양팔경을 돌아볼 수 있다. 충주호리조트에는 각종 놀이기구와 수상 스포츠를 즐길 수 있는 시설이 갖추어져 있다.

**청풍문화재단지** 충주댐이 건설되면서 수몰된 마을의 문화재를 모아 조성된 단지다. 보물인 한벽루, 석조여래입상과 지방유형문화재 9점(팔영루, 금남루, 금병헌, 응청각, 청풍향교, 고가4동), 생활유물 2,000여 점이 원형대로 보존돼 있다.

**수안보 온천** 우리나라 최초의 자연용출 온천으로 30여 종의 옛 문헌에도 수안보 온천에 대한 기록이 남아 있다. 온천수는 지하 250m에서 용출되는 수온 53℃ 산도 8.3의 약알카리성 온천 원액으로 리튬을 비롯한 칼슘, 나트륨, 불소, 마그네슘 등 인체에 이로운 각종 광물질이 함유되어 있다.

### 맛집·별미·특산물

우리 식당

**우리식당** 이곳에서는 월악산 일대의 깊은 산골짜기에서 자란 능이, 싸리, 망가, 솔, 꾀꼬리, 가지 등 10여 가지의 버섯을 직접 채취해 끓인 잡버섯전골을 맛볼 수 있다. 인근 송계계곡에서 잡아 올린 올갱이로 만든 올갱이해장국도 인기가 있다. 문의 043-651-1064, 주소 충북 제천시 한수면 미륵송계로8길 12.

**제천 산초두부구이** 산초는 천초, 향초자, 야초 등으로 불리는 우리나라 자생 수목이다. 몸에도 좋아 민간요법에 많이 애용되었다. 어린 열매는 장아찌를 담그고 열매가 익으면 따서 기름을 짜 먹는다. 산초기름으로 두부를 구워 먹는 산초두부구이는 산초 향이 있어 맛이 약간 독특하다. 시골순두부(043-643-9522). 주소 충북 제천시 증말8길 22.

### 교통 정보

대중교통으로 월악산 주 산행들머리인 송계계곡으로 가려면 충주나 수안보를 기점으로 삼아야 한다. 충주에서 수안보를 거쳐 송계계곡으로 가는 246번 버스는 하루 4회(08:05~17:00) 운행한다.

# 25 성인봉 聖人峰

聖人들이 노는 장소

| | |
|---|---|
| 높이 | 986.5m |
| 주봉 | 성인봉 |
| 위치 | 경북 울릉도 |

## 섬 전체가 화산체… 지형·지질적 가치 매우 뛰어나

울릉도와 독도는 섬 전체가 화산작용에 의해 형성된 화산체로 평지는 거의 없다. 울릉도 최고봉 성인봉은 오래 전 화산 분출한 분화구다. 중앙부에는 최고봉인 성인봉聖人峰(986m)이 있고, 그 북쪽 비탈면에는 칼데라 화구가 무너져 내려 생긴 나리분지, 나리칼데라 안의 작은 알봉이 있다. 또한 해식애와 파식대가 발달된 도동·저동 해안, 주상절리가 발달한 국수바위, 대풍감, 코끼리바위 그리고 학포해안, 세 종류의 암석으로 이뤄진 삼단폭포인 봉래폭포, 좌우의 암상이 다른 거북바위, 응회암의 차별침식으로 만들어진 버섯바위, 붉은 흙을 지닌 황토굴, 수평 주상절리가 만들어낸 노인봉, 송곳 모양으로 깎인 송곳봉, 생명수 용출소, 희귀식물의 서식지 성인봉 원시림, 파도가 만들어낸 죽암 몽돌해안, 타포니가 발달한 3대 해양 절경 삼선암 등 총 23개의 대표 지질명소가 있다.

성인봉이란 지명유래는 산이 높고 유순하게 생겨 세인들이 말하기를 마치 성인들이 노는 장소 같다고 하여 성인봉이라 불렸다고 한다. 또 성인봉의 영험한 능력 때문에 명명됐다고도 한다.

봉래폭포는 상부에서부터 조면암과 응회암이 첫 단을 이루고, 집괴암이 두 번째와 세 번째 단을 구

# 25 성인봉

월별
가볼 만한
명산 52

대간 · 정맥
지맥
등산로
비지정등산로
임도(MTB코스)
고속국도 (번호) (공사중)
(국도번호) (지방도번호)
국도 · 지방도 (4차선) (2차선)
간선도로 (4차선) (2차선)
기타차도
우마차로
소로
고속철도
철도
지하철
특별시·광역시·도계
시·군·구계
읍·면계
국립공원계
지류계
삼각점
수준점
논 · 밭
특별시·광역시·도청
시청
군청
구청
읍사무소
면사무소
대학교
초·중·고교
병원
공항
명승고적
사찰
능묘
해수욕장
온천
모텔 · 펜션
민박 · 식당

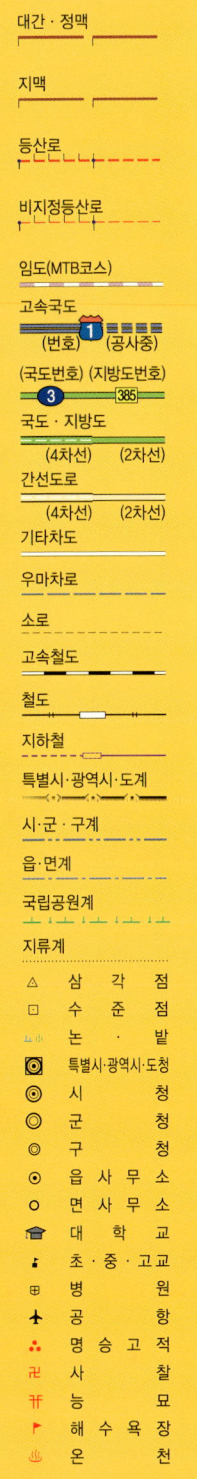

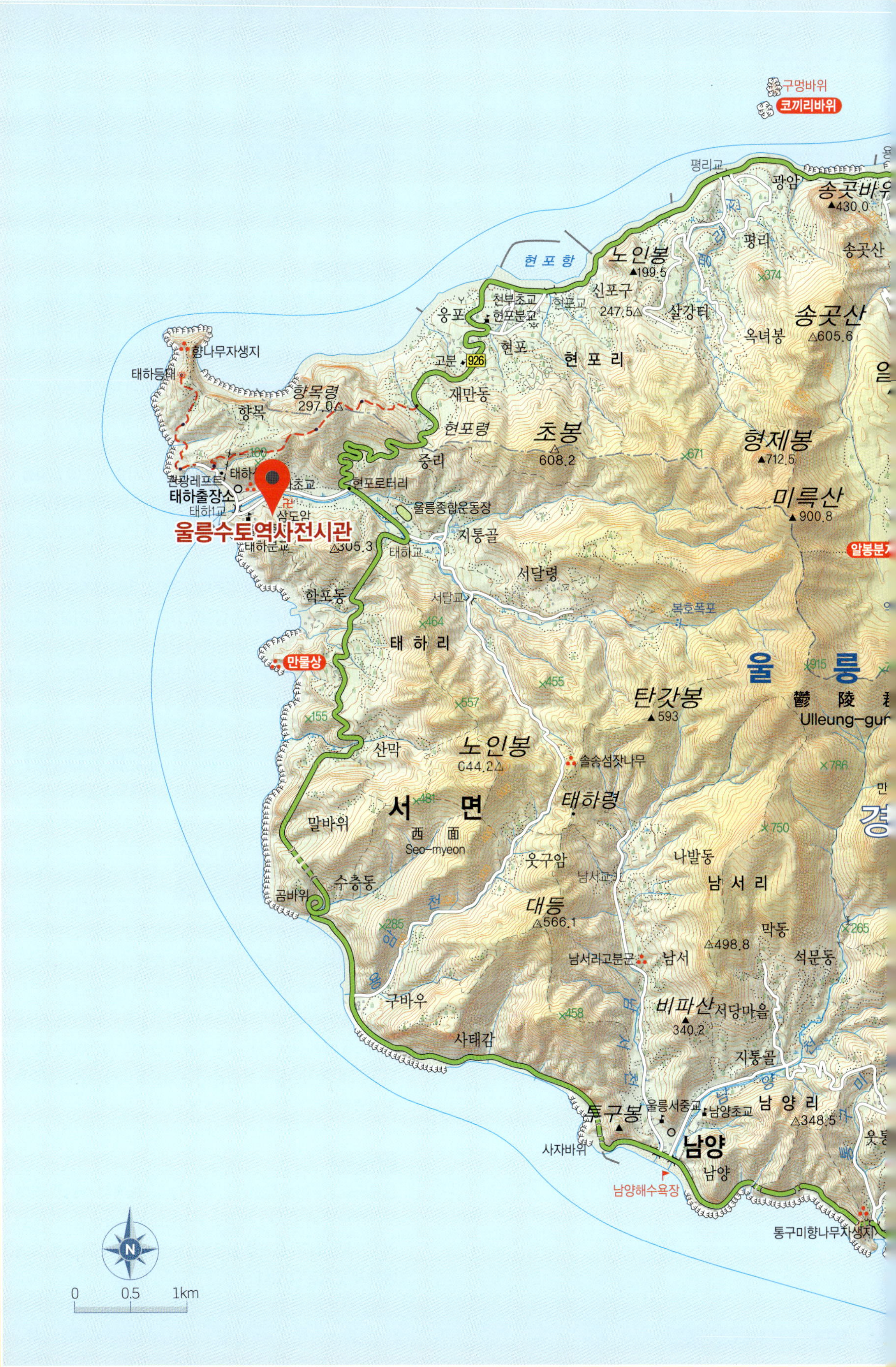

성하고 있다. 저동해안산책로는 울릉도 초기 화산활동 당시에 만들어진 화산암들이 잘 보전돼 있다. 특히 현무암이 주로 분포하며, 클링커, 베개용암, 해안폭포, 해식동굴, 기공, 행인, 암맥 등 다양한 특징들이 산책로를 따라 관찰된다.

도동해안산책로는 울릉도 초기 화산활동의 특징을 간직한 여러 지질구조가 관찰된다. 울릉도는 점성이 큰 조면암으로 구성된 종상화산이다. 따라서 해안선이 급하며, 급경사로 인해 토양피복과 식생피복이 불량하게 노출된 암석이 해안을 이루고 있다. 암석해안은 파랑의 침식에 의해 해식애(도동해안 산책로)와 파식대(저동해안 산책로)가 발달했으며, 이 지형들이 형성되는 과정에서 해식동, 시아치, 시스택지형이 형성되기도 했다.

거북바위는 파도의 침식으로 형성된 거북 모양의 시스택이다. 동편은 침식에 강한 포놀라이트 관입암이, 서편에는 침식에 약한 집괴암과 현무암이 분포한다.

국수바위는 약 157만 년 전 조면암질 용암의 분출로 만들어진 거대한 바위로 높이 약 30m, 길이는 남북 방향으로 300m 정도다. 국수바위의 벽면에는 수많은 주상절리가 긴 띠를 이루고 있다.

학포해안은 아름다운 해안과 더불어 울릉도 개척역사를 기록한 유적으로 유명하다. 침식에 약한 집괴암과 응회암 위로 침식에 강한 조면암이 놓여 있다. 암질의 차이로 학포해안은 만으로 이뤄져 있다. 학포만을 이루는 해안절벽에는 수직 한 방향으로 주상절리가 발달해 있다.

황토굴은 화산재 퇴적물이 굳어서 형성된 응회암이 파도에 의해 차별침식을 받아 생성된 해식동굴이다. 동굴 천장은 단단한 조면암으로 구성돼 있다.

노인봉은 마그마의 통로인 화도가 굳어서 형성된 바위다. 암석표면의 절리들이 노인의 주름살처럼 보인다. 노인봉을 구성하는 암석은 포놀라이트 및 조면암이다. 용암의 점성이 높아 경사가 가파르고 뾰족한 암체를 형성했다. 수평에 가까운 수많은 주상절리들이 발달해 있다.

독도 박물관

### 주변 관광지

**나리분지** 나리분지는 울릉도 유일의 평지로, 화구의 일종인 칼데라가 함몰돼 생성됐다. 섬말나리가 많다는 데서 이름이 유래됐으며, 이외에도 섬노루귀, 우산제비꽃 등 울릉도에서만 사는 야생화들을 볼 수 있다. 또한, 투막집과 너와집 등 개척민들의 삶을 엿볼 수 있는 문화재들도 남아 있다.

**수토역사전시관** 조선이 지속적으로 울릉도와 독도를 실효적으로 지배했다는 증거인 수토의 역사를 한눈에 살펴볼 수 있는 전시관이다. 수토사 33인의 이름과 수토군의 편성, 기록 속의 수토, 수토사가 남긴 자료 등 수토에 관련된 다양한 유물과 해석이 집대성되어 있다.

**독도박물관** 국내 유일의 영토박물관으로 일본의 독도 영유권 주장을 반박하는 사료가 총집결돼 있다. 지하 1층, 지상 2층의 규모로 총 4개의 상설 전시실과 영상실, 그리고 특별전시실로 이뤄져 있다. 독도에 관한 다양한 사진과 자료가 있으며, 실시간 독도의 모습도 영상으로 볼 수 있다.

울릉도 오징어

### 맛집·별미·특산물

**울릉도 오징어** 청정해역에서 어획된 울릉도 오징어는 육질이 두껍고 맛이 고소하며 씹을수록 단맛이 나는 것으로 유명하다. 수많은 울릉도 오징어 요리 중에서 가장 별미로 꼽히는 건 오징어 내장탕이다. 도동의 다애식당(054-791-1162), 99식당(054-791-2287)이 유명하다.

**따개비 칼국수** 따개비 칼국수는 일반 해물칼국수와 비슷하지만 따개비를 넣어 더욱 진한 국물 맛을 내는 것이 특징이다. 멸치와 닭, 따개비를 기반으로 육수를 내며 식당에 따라 따개비 내장을 풀기도 한다.

### 교통 정보

울릉도로 입도하는 배편은 강원도 강릉항과 동해 묵호항, 경북 포항항 모두 세 곳이다. 계절과 기상상태에 따라 운항 시간 및 여부가 달라진다. 성인봉 등산로는 나리분지 방면과 도동, 저동 방면 세 곳으로 나 있다.

# 26 월출산 月出山

### 영암평야에 우뚝 솟은 바위명산

| | |
|---|---|
| 높이 | 810.7m |
| 주봉 | 천황봉 |
| 위치 | 전남 영암군·강진군 |

## 통일신라 국가 주도로 제사 지낸 소사… 천황봉에 아직도 흔적 전해

한국의 3대 악산은 설악산, 주왕산, 월출산(3대 악산을 설악산, 월악산, 치악산으로 하고, 5대 악산은 3대 악산에 주왕산, 월출산을 더하기도 한다). 그중에서 기氣가 가장 센 산은 월출산月出山(810.7m)이라고 한다. 기는 손으로 잡을 수도, 눈으로 볼 수도, 확인할 수조차 없다. 체험으로 느낄 뿐이다. 체험 이전에 기록으로 살펴보자.

조선 최고의 인문지리학자이자 풍수가였던 이중환은 〈택리지〉에 월출산을 '화승조천火乘朝天의 지세地勢'라고 표현했다. '아침 하늘에 불꽃처럼 내뿜는 기를 지닌 땅'이라는 의미다. 〈동국여지승람〉과 〈신증동국여지승람〉에선 정상 구정봉 아래 신령스런 바위가 떨어질 것 같으면서도 떨어지지 않아 영암靈巖이란 지명이 유래했다고 전한다.

최초의 역사서 〈삼국사기〉 제사조에 국가 지정 소사小祠였던 제사 터로 기록하고 있다. 그 흔적은 여전하다. 통일신라 때부터 국가 주도로 산신제를 지낸 월출산은 소사의 명산 중에 중앙에서 가장 접근성이 떨어진다.

이에 대한 해석으로 첫째, 소사로 지정된 사실은 역사적으로 지방 호족의 세력이 상당히 강했다고 볼 수 있다.

전라남도 영암군·강진군

편집 월간산　지도제공 동아지도　•복제불허

# 26 월출산

월별 가볼 만한 명산 52

둘째, 산세가 예사롭지 않다. 월출산은 통일 신라 초기 680년쯤 소사로 지정됐지만 이전 부족국가인 마한 시절부터 산신제를 올렸을 것으로 집작된다. 이미 명산으로 평가받았다는 의미다.

셋째, 전략적으로 매우 중요한 지역이다. 영암은 영산강과 인접한 동시에 인근 바다와 접한 강진의 배후지역으로 소홀히 할 수 없다. 옛날에는 육로보다 수로가 훨씬 중요했다. 따라서 월출산이란 걸출한 명산과 강과 바다의 배후지역으로 된 영암은 전략적으로 중요시 여길 수밖에 없던 곳이었다.

이에 따라 소사로 지정된 월출산은 특히 소사 중에 전국에서 유일하게 제사 터가 보존된 곳이다. 구정봉이 인간들의 정상이었다면, 월출산의 실질적 정상 천황봉은 하늘의 봉우리로서 산신제를 지냈던 곳이다. 정상 비석 바로 옆에 월출산소사지月出山小祀址를 표시하는 비석이 세워져 있다.

지난 1994년 조사단이 소사지를 발굴조사한 결과, 통일신라 고급 청자잔탁과 접시, 고려시대 녹청자접시와 청자잔탁편, 조선시대의 백자접시 및 기와편 등이 출토됐다. 그외 향로뚜껑, 토제 말, 철제 말 등도 나왔다. 이는 제사지가 일반 서민들의 제사 터와는 확연히 다르다는 점을 시사한다. 산신제를 지냈다는 기록은 〈삼국사기〉뿐만 아니라 〈고려사〉, 〈조선왕조실록〉에 그대로 전한다.

관선 지자체장 시절, 월출산 정상을 1,000번 이상 올라가면 군수는 '따 논 당상'이란 말이 유행하기도 했다. 월출산의 영험한 기운을 받아 군수를 한다는 얘기다. 실제로 부군수 하던 사람이 군수가 되려고 부단히 올라갔으나 결국 못 됐다고 한다. 나중 정상에 간 횟수를 세어보니 999회라는 얘기는 지금도 영암에 가면 회자된다.

월출산은 수도권에서 접근성이 좋지 않다. 하지만 영암평야에 홀로 우뚝 솟아 더욱 기운을 돋보이게 하는 동시에, 인근에 온천이 있고 남해 바다와 접한 해남과는 불과 30분 거리다. 산과 바다와 계곡, 온천을 동시에 즐길 수 있는 명산이다.

왕인박사 유적지

### 주변 관광지

**천황사** 월출산을 상징하는 사찰로 신라 말에서 고려 초 창건된 것으로 추정된다. 건물로 인법당과 칠성각이 있다. 인법당은 정면 4칸, 측면 2칸의 팔작지붕 건물로, 내부에 아미타삼존불을 비롯해 아미타극락회상도, 관세음보살입상도, 지장탱화, 독성탱화 등이 봉안되어 있다.

**금릉경포대계곡** 월출산 남쪽에 있는 금릉경포대는 강릉의 경포대와 이름이 같지만 가운데 한자가 바닷가 포浦가 아닌 천 포布자를 써서 경포대鏡布臺다. 첩첩산중에 거울처럼 깨끗한 물이 비단처럼 흐른다는 계곡이다. 금릉金陵은 강진의 옛 이름이다.

**왕인박사 유적지** 백제 전성기에 일본왕의 요청으로 일본으로 건너가 선진 유교 문화와 기술을 전파한 왕인박사의 유적지다. 유적지 내 왕인묘에는 왕인의 영정과 위패가 봉안돼 있으며, 유적지는 왕인박사의 탄생지로 알려진 자리에 세워졌다. 왕인은 오로지 일본의 사료로만 그 실체가 전해지는 특이한 인물이다.

### 맛집·별미·특산물

무화과

**무화과** 해양성 기후에서 자라는 무화과는 전국 생산량의 60%를 영암에서 생산하고 있다. 특히 무화과로 만든 잼이 유명하다. 영암군 삼호읍 일대에서 재배된 무화과를 가공 생산한 잼은 다른 유해색소나 첨가물을 넣지 않고 만든 고급 영양식품이다. 구입처 삼호농협(061-462-6010)

**대봉감** 감 중의 왕이라 불리는 대봉감은 단백질, 지방, 탄수화물의 함량이 높고, 영암 대봉감의 경우 저공해 과실로 다른 지역에 비해 색깔, 맛, 향이 월등하다. 영암에서는 1900년대부터 집단재배가 이루어져 우수한 재배기술력을 바탕으로 뛰어난 품질의 대봉감을 생산하고 있다.

### 교통 정보

서울 센트럴시티터미널에서 영암까지 우등버스가 1일 4회 운행하며 요금은 3만 4,300원, 4시간 소요. 영암에서 천황사로 가는 군내버스도 1일 4회(7:10, 9:00, 10:00, 16:50) 운행한다. 영암여객자동차터미널(061-473-3355), 영암택시(061-471-0086).

# 27 방태산 芳台山

이끼계곡·폭포로 무더위 쫓는 '은둔의 산'

높이 1,445.7m
주봉 주억봉
위치 강원 인제군

### 〈정감록〉 피장처 꼽혀… 한국에서 가장 큰 자연림으로 유명

인제 방태산芳台山(1,445.7m)은 여름 계곡으로 많은 사람들이 찾는다. 여름 최고의 산으로 꼽아도 전혀 손색이 없다. 육산肉山의 이끼계곡에 삼둔사가리로 유명하다.

삼둔사가리는 〈정감록〉에서 피장처避藏處, 삼재불입지처三災不入地處(물·불·바람 세 가지 재난이 들지 않는 곳)로 꼽은 곳이다. 삼둔은 홍천군 내면 방태산 자락에 사람이 살 만한 3개의 평평한 둔덕으로 살둔(생둔), 월둔, 달둔을 말하고, 사가리는 인제군 기린면에 있는 네 곳의 작은 경작지 아침가리, 적가리, 연가리, 명지가리를 말한다.

물·불·바람이 들지 않아 사람이 드나들지 않으면 사람이 사는지조차 알 수 없는 곳이다. 실제로 임진왜란이나 한국전쟁의 와중에서도 전혀 피해를 입지 않았다고 전한다. 원시상태의 자연이 그대로 보존돼 있어 등산로 주변 숲은 정말 한국의 어느 숲 못지않다. 워낙 오지이고 교통이 불편한 탓에 민가가 아예 없거나 한두 채만 덩그러니 남아 피장처의 모습을 전하지만 최근 많은 사람들이 찾아 급속히 개발되고 있다.

그런데 방태산이란 지명 유래를 찾을 수도, 아는 사람도 없다. 인제문화원, 인제군청 문화관광

# 27 방태산

월별 가볼 만한 명산 52

과에서는 모른다는 답뿐이다. 문헌을 찾아 유추할 수밖에 없다. 〈삼국사기〉나 〈삼국유사〉뿐만 아니라 〈조선왕조실록〉까지 방태산이란 지명은 등장하지 않는다. 더욱이 방태산이란 지명이 언제부터 사용됐는지 알 수 없다. 방태산 주변 설악산, 오대산, 계방산, 점봉산 등 한국에서 내로라하는 산들의 명성에 가려 이름조차 갖지 못한 채 오래도록 방치돼 있었던 게 아닐까 하는 생각도 든다. 또한 정감록의 피장처이니 숨어살기 좋은 곳이면 됐지, 굳이 산의 유래나 역사, 기록에 대해 밝히면 오히려 '은둔의 산'의 본질에 어긋난다고 판단한 것이 아닐까 여겨진다.

인제군지에는 '주억봉을 중심으로 깃대봉(1,436m), 구룡덕봉(1,388m)과 능선으로 연결되어 있다. 아름다운 숲과 작은 폭포들이 많아 수려한 경관을 자랑한다. 산의 모양이 주걱처럼 생겼다고 해서 주억봉이라는 이름이 붙었다고 하는데, 방태산을 중심으로 3둔4가리가 신비스럽게 펼쳐져 있다'고 돼 있다.

인제문화원에서 발간한 〈옛글 속에서 인제를 만나다〉에서 방태산에 대해서 '가칠봉(1,241m), 응봉산(1,156m), 구룡덕봉(1,389m), 주억봉(1,444m) 등 고산준봉을 거느리고 있으며, 한국에서 가장 큰 자연림이라고 할 정도로 나무들이 울창하고, 희귀식물과 희귀어종이 많은 생태적 특성을 지니고 있다. 높이 10m의 이단폭포와 3m의 낮은 폭포가 있어 찾는 이들이 날로 증가하고 있다'고 소개하고 있다.

〈지명유래집〉에는 1916년 행정구역 통폐합에 따라 방동芳洞과 동리東里를 병합하여 방동리라 했다고 나온다. 이를 기준으로 보자면, 원래 방동의 '芳'과, 주변에서 가장 높은 산 정상 부위에 평평한 대가 있다고 해서 '台'를 조어로 해서 방태산으로 불리게 된 게 아닌가 추정한다.

정상 주억봉이 1,445.7m로 남한에서 16번째로 높은 산이지만 등산은 의외로 편하다. 걷기 좋은 숲길에 가파른 길 별로 없이 정상까지 이어진다. 정상 부위에는 평평한 대가 있어 더욱 편하게 걸을 수 있다. 주변 연봉들이 키 경쟁하듯 물결 마냥 넘실거리는 모습도 볼 만하다. 여름이면 꼭 한 번 가볼 만한 산이다.

### 주변 관광지

**방동약수터** 기린면 소재지에서 동남쪽 7㎞ 지점에 있는 약수터로, 이곳의 물은 탄산·망간 등의 성분을 함유하고 있어 위장병과 소화증진에 효과가 있다고 한다. 조선시대에 어느 심마니가 이곳에서 커다란 산삼을 캤는데, 산삼을 캐낸 자리에서 약수가 솟았다는 전설이 있다.

**방태산자연휴양림** 방태산 북쪽 2단 폭포와 와폭으로 유명한 적가리계곡에 있는 자연휴양림으로 1997년 개장했다. 휴양림에는 산림휴양관, 야영장, 정자, 목교, 산책로, 등산로, 숲속의 집, 돌계단, 삼림욕장, 자연관찰원, 어린이놀이터, 체력단련시설 등의 시설을 갖추고 있다.

**미산계곡 리버 버깅** 내린천 상류인 미산계곡은 물이 맑고 깨끗해 여행객이 많이 찾는 곳이다. 특히 우리나라 최초로 리버 버깅 River Bugging을 도입한 곳으로도 유명하다. 리버 버깅은 1인승 공기 주입식 보트를 타고 급류를 즐기는 수상 레포츠다.

### 맛집·별미·특산물

**고로쇠** 방태산 고로쇠 수액은 해발 600~1,000m에서 자생하는 30~80년생 고로쇠나무에서 채취한 것으로 나트륨, 철분, 마그네슘 등 무기물이 풍부해 전국적으로 큰 인기를 끌고 있다. 몸속 노폐물 및 불순물 배출을 도와주며 골다공증과 위장병에도 좋다. 문의 방태산고로쇠협동조합(033-463-8959).

**고향집** 방태산 주변의 맛집으로는 아침가리계곡 가는 길에 위치한 고향집(인제군 기린면 조침령로 115, 033-461-7391)이 있다. 당일 만든 두부를 재료로 사용한 두부전골, 비지찌개를 저렴한 가격에 맛볼 수 있다.

### 교통 정보

홍천이나 인제에서 상남면까지 버스를 타고 간 뒤 현리·미산 방향을 하루 2회 오가는 마을버스를 타고 미산1리 정류소(미산종점민박)에 내려서 200여 m 직진하면 미산약수교에 닿는다. 현리터미널에서 방태산휴양림으로 가려면 시내버스로 (방동)약수터입구에 하차해 걸어 들어가야 한다.

# 28 응봉산 鷹峯山

한국 최고의 오지계곡 거느려

| 높이 | 999.7m |
| 주봉 | 응봉 |
| 위치 | 강원 삼척시, 경북 울진군 |

응봉산·매봉은 옛 지리지엔 안 나와… 溫井으로 유추할 때 삼방산이 옛지명인 듯

지리산의 포근함과 깊이, 설악산의 아름다움을 두루 즐기면서 한여름 더위를 피할 계곡까지 갖춘 산, 그 산이 응봉산鷹峯山(999.7m)이다. 응봉산에서 발원한 덕풍계곡의 길이는 총 14km 남짓. 지리산 칠선계곡과 내설악 백담~수렴~구곡담 계곡과 더불어 남한에서 가장 긴 계곡이다. 구절양장九折羊腸 굽이져 흐르는 계곡의 깊이와 수량은 보는 이로 하여금 감탄을 금치 못하게 한다. 뿐만 아니다. 남동쪽으로는 한국에서 두 번째라고 하면 서러워할 덕구온천까지 있다. 여름 최고의 오지계곡 피서지이자 휴양지이다.

삼척 방향 용소골 14km 덕풍계곡과 더불어 울진 쪽 온정골 7km 용소폭포 덕구계곡, 웅녀폭포 구수골 7km, 재랑밭골 10여 km 등 온통 계곡으로 휩싸인 깊고 깊은 오지다. 한때 한국 최고의 오지로 불렸으나 지금은 도로가 곳곳에 뚫려 교통이 그나마 좋아졌다. 계곡의 유래는 신라 진덕여왕 때 의상조사가 나무 비둘기 3마리를 만들어 날려 보내자, 울진 불영계곡과 안동 홍제암, 그리고 덕풍계곡에 떨어져 깊은 계곡이 생겼다는 데서 근거한다. 용소골에 나무 비둘기가 떨어지자 이 일대는 용이 하늘로 승천하고 홍수가 범람하는 등 천지개벽이

강원도 삼척시 / 경상북도 울진군

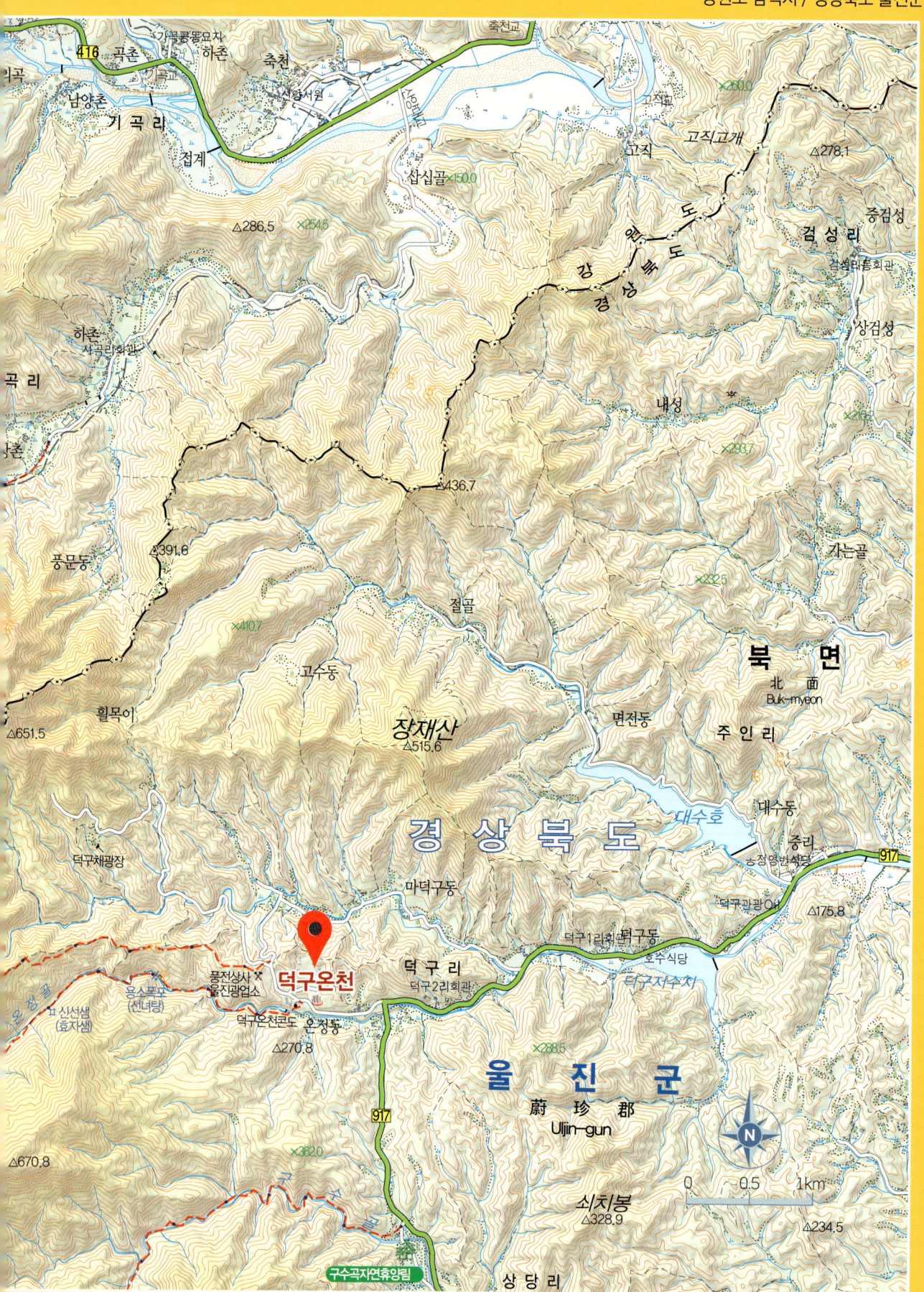

# 28 응봉산

월별 가볼 만한 명산 52

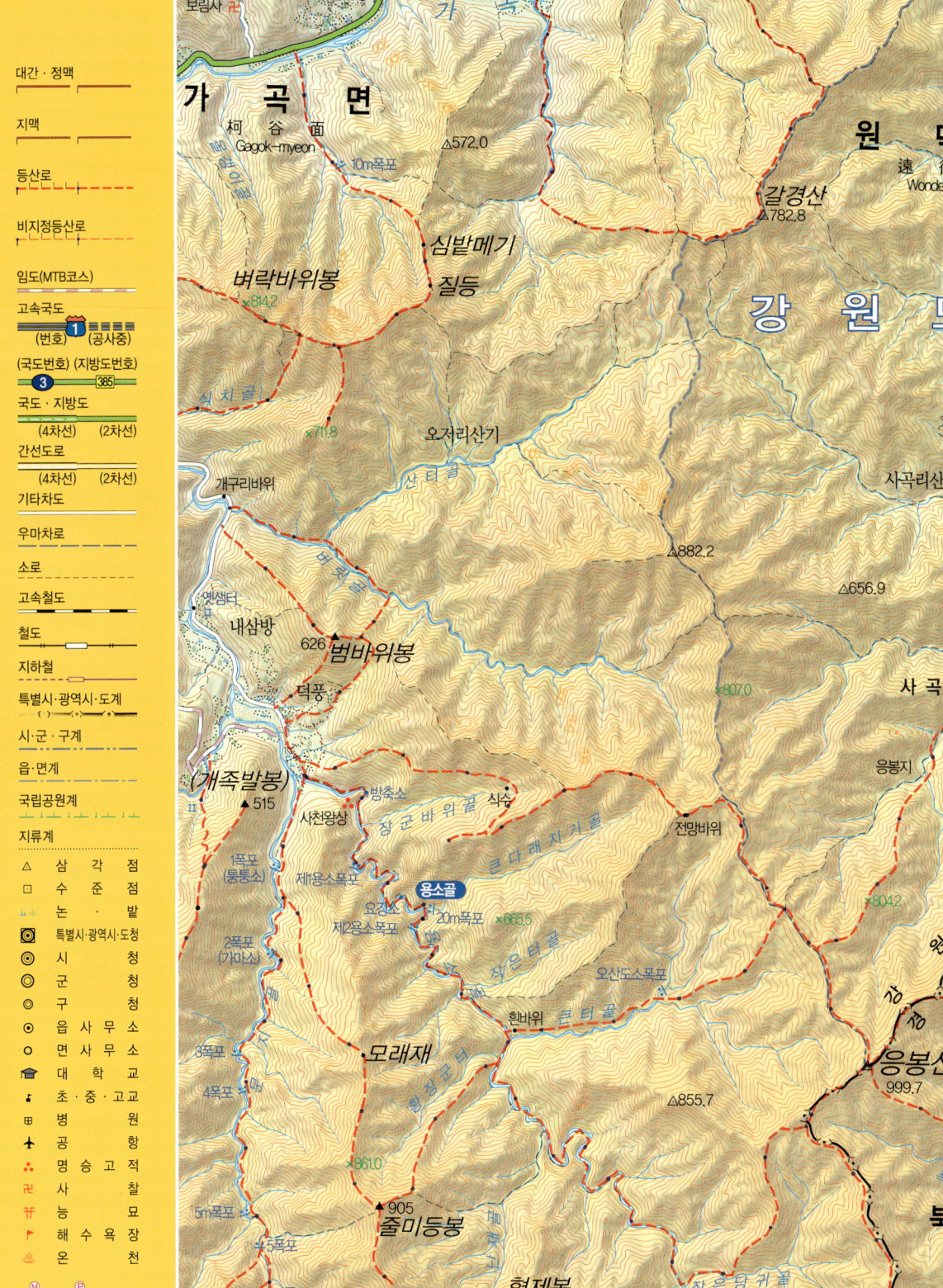

일어나 아름다운 산수의 조화를 이루게 됐다고 전한다. 계곡이 많으니 자연 물도 풍부하다. 계곡의 물은 마를 날이 없고, 정상 동남쪽에 바로 그 유명한 덕구온천이 있다.

응봉산의 유래가 재미있기도 하고 황당하기도 하다. 전혀 다른 근거이기 때문이다. 산은 원래 동해를 굽어보는 모습이 매를 닮았다 해서 매봉이라 불렀다고 전한다. 매를 한자로 써서 '응鷹'이라 고쳐 부르며 응봉산이 됐다고 전한다.

그런데 〈대동여지도〉 등 고지도나 〈신증동국여지승람〉 등 옛 지리지에는 응봉산이라고 아무리 찾아봐도 나오질 않는다. 다만 온정溫井이라는 지명은 나온다. 덕구온천이 있는 위치다. 온정이란 지명은 지금도 일부 남아 있다. 그 위에 있는 산 이름은 삼방산이다. 그렇다면 삼방산이 어떻게 응봉산이 됐다는 말인가?

〈신증동국여지승람〉 45권 강원도 울진현편에 '삼방산三方山은 고을 서쪽 40리에 있다. 용담이 있는데 비를 빌면 들어준다'고 나온다. 이 기록이 덕풍계곡의 유래에 등장하는 용이 하늘로 승천했다는 내용이 맥을 같이하는 듯하다. 옛 지리지 어디에도 매봉이나 응봉산은 등장하지 않는다.

어쨌든 온정골은 원래 노천온천이었으나 현대 들어와 덕구온천으로 개발돼 지금에 이르고 있다. 천혜의 비경을 간직한 원시 계곡으로 둘러싸인 협곡에서 시원한 폭포를 맞으며 여름을 나는 것도 신선놀음일 수 있다. 다만 응봉산이란 지명유래는 아직 명쾌하지 않아 뭔가 찜찜하다.

덕구온천

영덕·울진 대게

예언가로 동양의 노스트라다무스라고도 불린 인물이다. 조선에 동서분당과 임진왜란 발발, 문정왕후의 죽음과 선조의 즉위 등을 예언한 바 있다. 또한 유적지 안에는 남사고 생가터, 수남정사와 자동서원 등이 있다.

### 맛집·별미·특산물

**영덕·울진 대게** 신라 말 왕건이 영덕에서 대게를 처음 먹었다는 기록이 있을 정도로 대게의 원조로 꼽히는 곳이 영덕이다. 영덕대게는 수분함량이 높아 살이 부드럽고 단맛을 내는 연안산대게, 수분함량이 적고 속살이 꽉차 있어 최상품으로 분류되는 박달대게 등으로 구분된다.

**금강송 송이** 울진군은 일명 '적송赤松'이라고 부르는 금강송金剛松의 국내 최대 군락지이자 전국 최대의 송이 생산지다. 울진금강소나무 밑에서 자란 울진 송이는 표피가 두껍고 단단해 저장성이 강하고, 특유의 송이 향이 진하며 신선도가 오래 유지돼 송이버섯 중 으뜸으로 평가 받는다. 문의 울진군 산림조합(054-782-2249).

### 교통 정보

서울 동서울터미널(1일 7회 운행)에서 부구터미널로 와서 농어촌버스를 이용한다.

### 주변 관광지

**덕구온천** 국내 유일의 자연 용출온천으로 신경통, 류마티스성 질환, 근육통, 피부질환, 여성의 피부미용 등에 효과가 있는 것으로 알려져 있다. 특히 근육신경마비에 특별한 효험이 있다고 한다. 응봉산 중턱의 노천탕(원탕)에서 하루에 4,000톤가량이 솟는다는 원수를 4km 길이의 파이프라인으로 끌어와 덕구온천에 공급한다.

**용화해수욕장** 용화해수욕장은 작지만 반달 모양의 예쁜 해수욕장이다. 강원 삼척시 근덕면 용화리에 위치하고 있으며 삼척시내에서 30분 거리에 있다. 백사장은 1km 길이이며 수심은 1~1.5m 정도다. 반달처럼 휘어진 해변 양쪽 끝에는 벼랑이 있는데 북쪽 벼랑으로 7번국도가 이어진다.

**격암 남사고유적지** 격암 남사고는 조선 최고의 천문관이자

# 29 내연산 內延山

폭포와 암반 어우러진 심산유곡의 전형

높이 932.4m
주봉 향로봉
위치 경북 포항시 · 영덕군

### 연산폭은 겸재가 진경산수화 완성한 곳… 석각 아직 남아 있어

경북 포항시와 영덕군에 걸쳐 있는 내연산內延山 (932.4m) 내연골은 심산유곡의 절경을 가장 쉽게 접할 수 있는 골짜기다. 12폭포골 · 청하골 · 보경사계곡 · 연산골 등 여러 이름으로 불리고 있는 내연골은 낙락장송이 일품인 기암절벽 아래로 널찍한 암반이 펼쳐지고, 크고 작은 폭포가 속출하는가 하면 바위벽을 타고 내려온 옥빛 물줄기는 소에서 한 번 쉬면서 짙푸름을 자랑하고, 담을 타고 잔잔히 흘러내리면서 또 다시 명경지수의 맑음을 과시한다. 오죽하면 겸재 정선이 청하 현감으로 있으면서 진경산수화를 그렸을까 싶다. 금강산에 빗대 소금강이라 부를 만큼 절경을 자랑한다.

내연산은 원래 종남산이었다고 전한다. 신라 진성여왕이 견훤의 난을 피해 들어온 이후 내연이란 지명을 얻었다 한다. 안쪽으로 끌어들여 목숨을 살렸다는 의미다. 정설인지 알 수 없다.

내연골은 산길이 순하고 뚜렷하게 이어지는 데다, 위험하다 싶은 구간에는 안전시설물이 잘 조성돼 편안하게 걸을 수 있다. 최고 인기를 누리는 보경사~상생폭~보현폭~삼보폭~비하대~관음폭~연산폭 코스는 쉬엄쉬엄 걷더라도 1시간 정도면 탐승할 수 있다. 내연산 풍광의 하이라이트인 연산

# 29 내연산

대간 · 정맥

지맥

등산로

비지정등산로

임도(MTB코스)

고속국도 (번호) (공사중)

(국도번호) (지방도번호)

국도 · 지방도 (4차선) (2차선)

간선도로 (4차선) (2차선)

기타차도

우마차로

소로

고속철도

철도

지하철

특별시·광역시·도계

시·군·구계

읍·면계

국립공원계

지류계

- 삼각점
- 수준점
- 논 · 밭
- 특별시·광역시·도청
- 시청
- 군청
- 구청
- 읍사무소
- 면사무소
- 대학교
- 초·중·고교
- 병원
- 공항
- 명승고적
- 사찰
- 능묘
- 해수욕장
- 온천

모텔 · 펜션

민박 · 식당

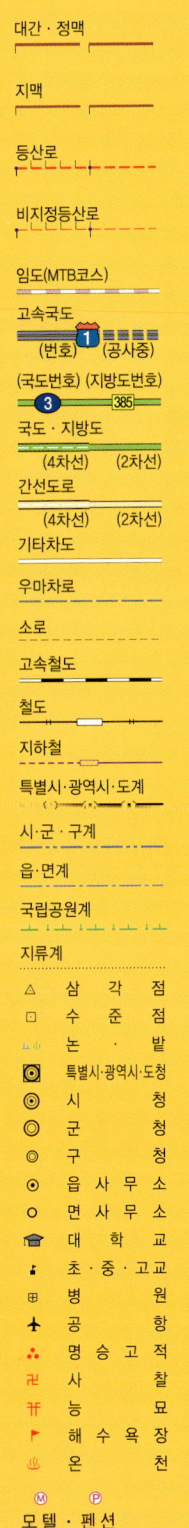

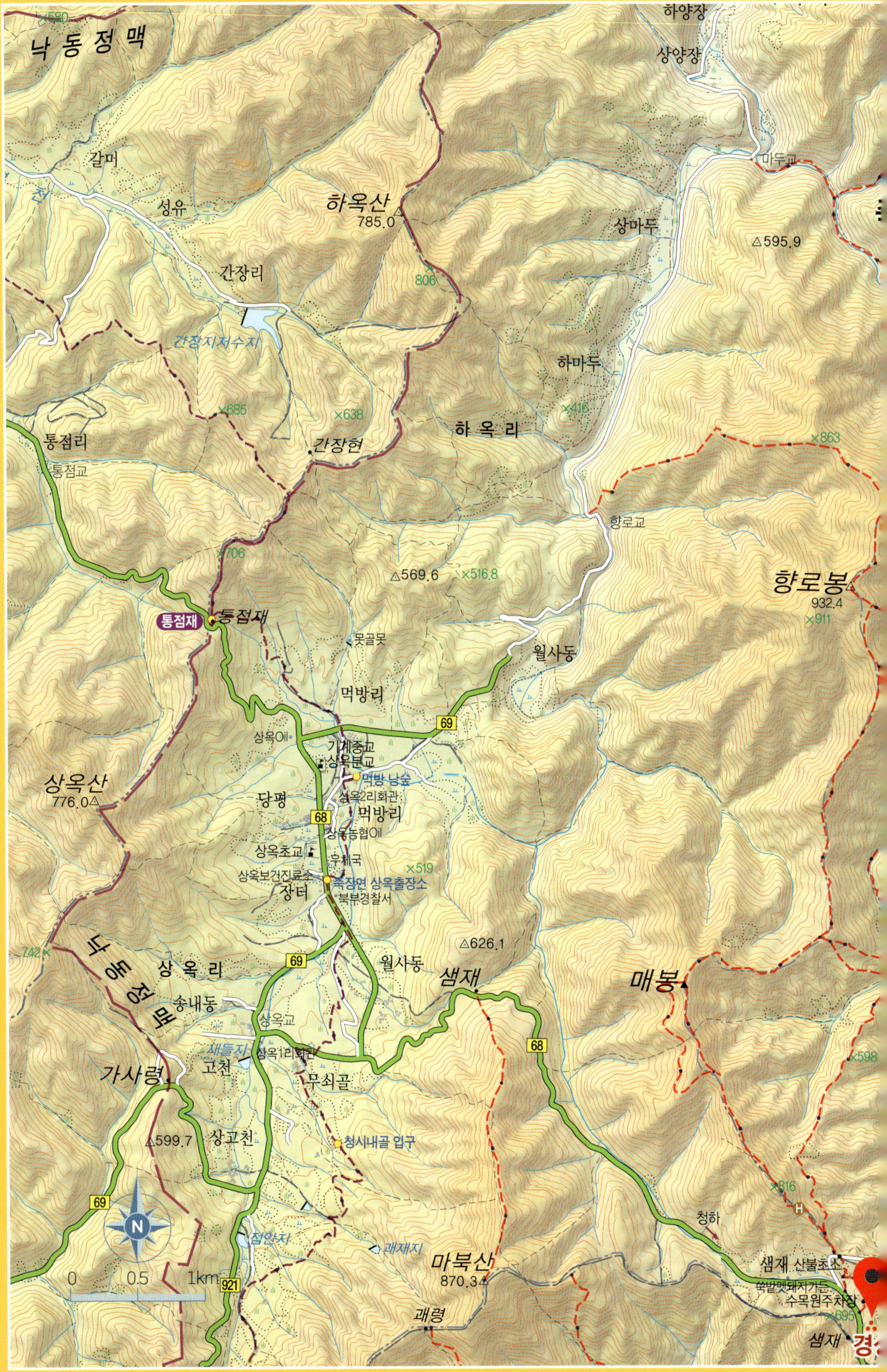

폭포는 겸재 정선이 2년여 청하 현감으로 있으면서 진경산수화를 완성한 곳이다.

연산폭까지가 도시의 미인이 풍기는 멋을 자아낸다면, 관음폭 위쪽 골짜기 중상류 구간은 짙은 숲 속에 감춰진 은밀한 계곡 미를 엿볼 수 있는 구간이다. 연산폭 위쪽 골짜기로 접어들려면 관음폭 아래 콘크리트 보를 건너 급사면을 올려치며 연산폭 위쪽 등산로로 올라선다.

연산폭 위쪽 계곡으로 올라선 다음 완경사 계곡길을 따라 5분쯤 오르면 희망캠프장이 나온다. 이후 50m 위쪽의 음지밭등길 갈림 지점을 지나 물줄기를 건너서면 여러 가닥의 산길이 나타난다. 예전 시명리 주민들이 이용하던 우마차길과 조피등길, 수리더미길 등의 산길들인데 이용하는 이는 거의 없다.

'향로봉 4.5km, 보경사 3.4km' 팻말을 지나면 협곡 사이로 물줄기가 뿜어져 나오는 은폭隱瀑이 보인다. 물줄기가 오버행 바위턱 위로 쏟아져 내려 더욱 기운차게 느껴진다. 예전 민가 흔적이 남아 있는 Y캠프장을 지나 수더분한 잡목 숲길을 따라 10여 분 걸으면 너덜지대가 나타나면서 모처럼 시야가 트인다.

이후 산길은 서서히 물줄기와 벌어지면서 잘피골에 이르러서는 오르막이 연속되고, 잘피골을 건넌 다음 15분 정도 사면길을 따르면 내리막길로 접어드는 지점에서 오른쪽으로 밤나무등길(향로봉까지 약 1,500m)이 보인다. 대부분 밤나무등길을 따라 향로봉香爐峰(932.4m)에 오르기보다 내리막길을 따라 시명리까지 간 다음 긴골을 거쳐 향로봉으로 곧장 오르는 고메이등길(약 1,700m, 1시간 30분 소요)을 이용한다.

보경사에서 2시간 30분 거리인 시명리에서 내연산 최고봉인 향로봉에 올라선 다음 능선을 타고 삼지봉三枝峰(710m)과 문수봉文殊峰(622m)을 거쳐 보경사로 내려서는 데 4시간 정도 걸린다.

산행 들머리에 위치한 보경사寶鏡寺는 백마에 불경을 싣고 와서 일구었다는 설화가 전하는 한 번도 폐사된 적 없는 고찰이다. 보경사는 문화재 관람료를 받는다.

포항 보경사

### 주변 관광지

**보경사** 내연산 청하골 입구에 위치한 보경사는 중국 진나라에서 유학하고 돌아온 지명 스님이 창건한 사찰로 동해안 지역에서는 가장 큰 절 가운데 하나다. 중국에서 가져온 팔면보경을 명당에 묻고 그 위에 절을 세우면 동해로 침입하는 왜구를 막고 삼국을 통일할 것이라는 예언대로 연못이 있는 명당에 거울을 묻고 절을 세워 보경사라고 이름지었다는 창건설화가 전해진다.

**경상북도수목원** 경상북도수목원은 평균해발 650m인 고지대에 위치한 수목원으로 여러 식물을 쉽고 재미있게 관찰할 수 있다. 고산식물원, 울릉도식물원, 침엽수원 등 24개 소원으로 구성되어 있다. 숲해설전시관, 숲체험학습관, 숲생태관찰로 등의 체험시설과 망개나무, 노랑무늬붓꽃 등 희귀수종과 향토수종의 자생식물 위주로 2,088여 종이 조성되어 있다.

**옥계계곡 침수정** 침수정枕漱亭은 경북문화재 제45호로 조선 중기 경주 손씨인 손성을이 건립했다고 한다. 침수는 돌을 베개 삼고 물로 양치질을 한다는 뜻의 침석수류에서 왔다. 침수정 주위로는 산귀암, 병풍석, 일월봉, 부암 등의 돌과 바위들이 37경을 이루고 있다.

포항 물회

### 맛집·별미·특산물

**포항 물회** 포항 물회는 가장 대중적인 물회로 주로 도다리, 넙치, 우럭 등 부드럽고 비린내가 적은 흰살 생선의 횟감을 주로 사용하는 것이 특징이다. 포항 북부해수욕장 근처 '마라도회식당(054-251-3850)'은 사장이 한 TV프로그램에 도다리물회를 들고 강원도 오징어물회와 서울 참치물회와 맛 대결을 펼쳐 1등을 차지한 것으로 유명하다.

**포항 과메기** 청정해역에서 잡은 신선한 꽁치를 겨울철 백두대간을 넘어오며 건조해진 북서풍으로 말린 포항 과메기는 꼬들꼬들한 맛으로 유명하다. 불포화지방산 EPA와 DHA가 풍부하며 성인병 예방에도 좋은 고단백 식품이다. 엘토로원조 구룡포과메기(010-5777-9855), 마당쇠 과메기(054-274-3406).

### 교통 정보

포항시내에서 내연산 들머리인 보경사까지 택시비 4만 원 안팎이다. 포항콜택시(054-232-8585), 해맞이콜(054-283-8282) 등이 있다. 보경사에서 포항터미널까지는 510번 지선버스가 수시로 운행한다.

# 30 유명산 有明山

울창한 숲에 계곡 좋아 피서에 제격

| 높이 | 864m |
| 주봉 | 유명산 |
| 위치 | 경기 가평·양평 |

수도권 단일권역 휴양림 가장 많아… 원래 이름은 말 방목했다는 마유산

유명산有名山(864m)은 용문산(1,157m)에서 북서쪽으로 약 5.7km 거리에 위치해 있다. 두 산은 한강기맥으로 연결되며 수도권의 산소 공급원 역할을 한다. 두 산을 잇는 대형 산군은 수많은 봉우리와 계곡, 휴양지들이 산재해 있다. 특히 유명산 일대의 아름답고 울창한 숲은 도시인들의 휴양지로 인기를 끈다.

유명산이란 다소 특이해 보이는 이름은 1970년대 생겼다. 〈동국여지승람〉에 옛날 말을 방목해서 길렀다는 뜻으로 '마유산馬遊山'으로 불렸다고 나온다. 그런데 1973년 엠포르산악회 국토자오선 종주대가 이곳을 찾았다가 지금의 이름을 지었다고 한다. 당시 종주대원들은 여수에서 일직선으로 국토자오선을 따라 북상하다가 보름 만에 이곳에 도착했다. 이때에는 1:50,000 지형도에 봉우리의 높이만 표기되어 있을 뿐 이름이 없었다. 종주대원들이 종주대의 홍일점인 진유명(당시 27세) 회원의 이름을 따 이곳을 유명산이라 부른 것이 이 산 이름의 유래다.

유명산은 단일 권역에 자연휴양림이 가장 많이 몰려 있는 산으로도 유명하다. 입구지계곡을 끼고 조성된 정상 북쪽의 유명산자연휴양림을 비롯, 서

# 30 유명산

월별 가볼 만한 명산 52

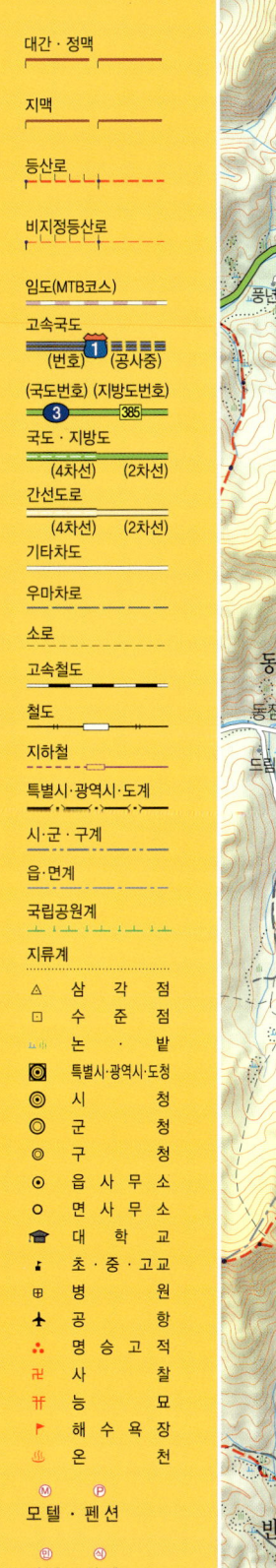

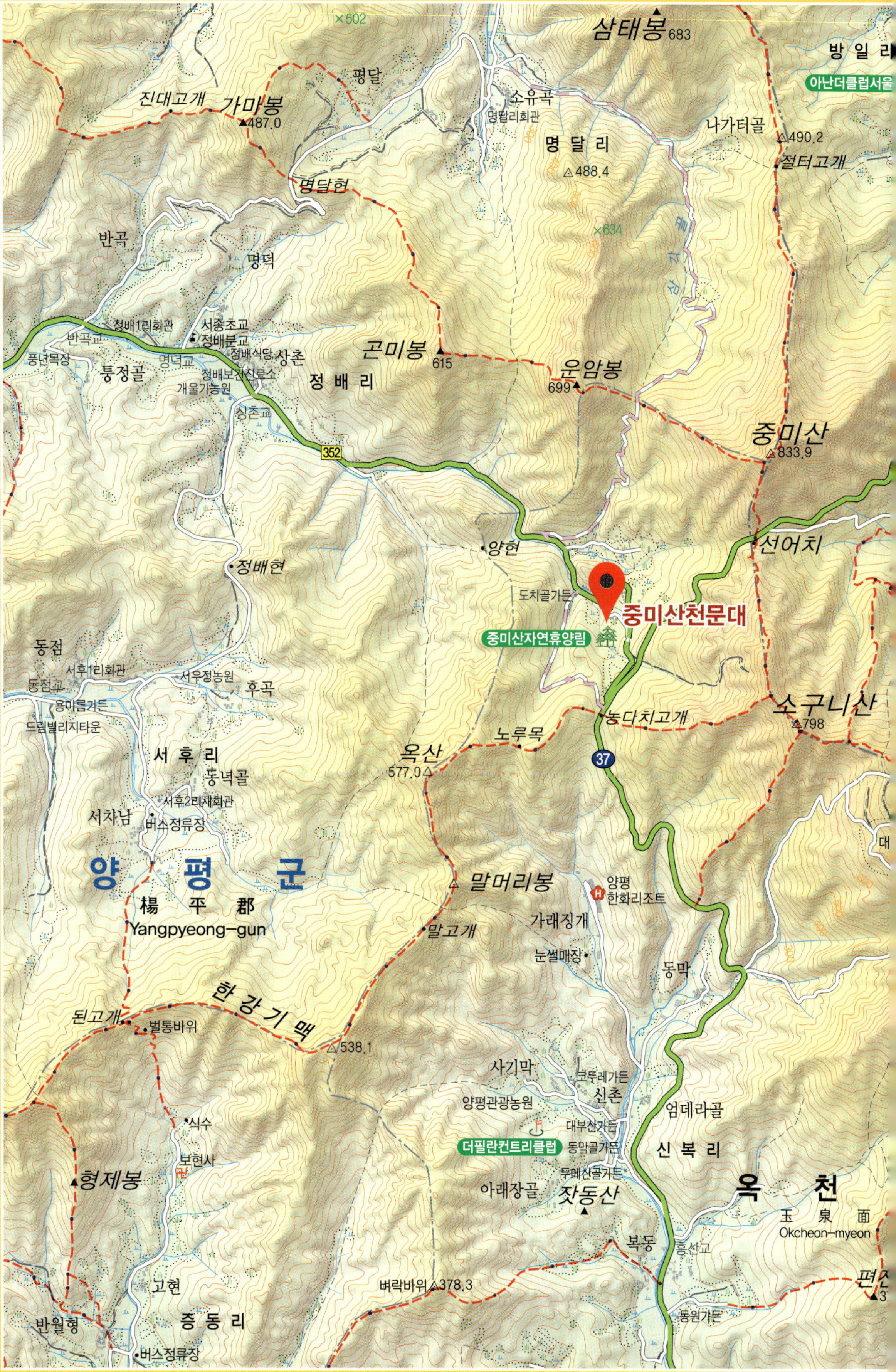

쪽 농다치고개 북쪽의 중미산자연휴양림과 동쪽 배너미고개 남동쪽의 설매재자연휴양림이 유명산 자락에 분포해 있다. 그만큼 산세와 숲이 뛰어나고, 산행을 겸한 최적의 휴양지다.

유명산자연휴양림은 유명산 산행의 베이스캠프 역할을 한다. 자연휴양림 기점의 원점회귀 산행 코스가 가장 편하고 접근이 쉽기 때문이다. 물론 정상에서 소구니산을 거쳐 서너치고개로 하산할 수 있다. 하지만 대부분 등산객은 능선으로 올라 계곡으로 내려오는 원점회귀 코스를 선호한다.

입구지계곡은 유명산 산행의 하이라이트 구간이다. 울창한 숲과 절벽으로 둘러싸인 계곡은 여름 피서지로 제격이다. 예전 유명산을 찾는 이들은 유명산을 '경기도의 설악산'이라 부르기도 했다. 그만큼 산세가 빼어나기 때문이다. 특히 유명산과 어비산 사이 유명산계곡(일명 유명농계有明弄溪)은 뎅소, 박쥐소, 용소, 마당소 등 크고 작은 폭포수 물로 형성된 소沼가 10여 개 넘게 줄줄이 이어져 비경을 이룬다. 아무튼 유명산계곡은 그 명성에 걸맞게 가평 8경에 이름을 올리고 있다.

유명산과 바로 옆 어비산은 여름철 더위를 잊는 계곡산행, 청아淸雅함을 뽐내는 가을 단풍, 한 폭 동양화를 보는 듯한 설경雪景을 만끽할 수 있는 겨울 산행 모두 좋으며, 특히 5~6월에는 산자락마다 즐비한 철쭉꽃 군락지를 지나가는 봄철 꽃길산행지로 인기 있는 산이다.

산길 입구에서 정상까지는 2km, 잣나무숲이 우거진 오르막을 1시간20분 정도 오르면 닿는다. 유명산 정상에서 작은 초원이 형성된 동쪽 능선을 따라 1.8km 내려서면 입구지계곡에 닿는다. 계곡 갈림길에서 휴양림 산길 초입까지는 약 3.6km이며 완만한 길이다. 전반적으로 산길은 뚜렷하고 이정표와 등산안내도가 많아 길 찾기는 쉽다. 산행거리는 7.8km로 약 4시간이 소요된다.

중미산천문대

### 주변 관광지

**중미산천문대** 양평군 옥천면에서 유명산자연휴양림으로 가는 도중에 거치게 되는 농다치고개 북쪽에 자리하고 있다. 서울 근교에서 가장 많은 별을 관측할 수 있다고 한다. 가족이나 단체 모임을 위한 숙박시설을 갖추고 있고, 유치원생부터 중고등학생까지 맞춤형 프로그램을 운영하고 있다. 홈페이지 www.astrocafe.co.kr

**유명산자연휴양림** 서울 근교에서 가장 뛰어난 산림휴양지로 꼽는 자연휴양림이다. 유명산에서 흘러내리는 시원한 계곡물 덕분에 여름 휴양지로 인기다. 약 8ha 규모의 자생식물원을 보유, 휴양과 더불어 자연 생태교육을 병행하고 있다.

**용문산전투 가평지구전적비** 1951년 국군 제6사단이 용문산지구에서 중공군 3개 사단을 상대로 치열한 전투를 벌인 끝에 섬멸한 전투를 기념해 건립된 전적비다. 이 전투는 소수의 병력으로 다수의 병력을 막아내는 방어전투의 모범으로서 6·25전쟁 최대의 전승이다.

### 맛집·별미·특산물

**산골농원 닭볶음탕** 한 요리 TV 프로그램의 '닭볶음탕' 편에서 1위를 차지한 식당으로 30년 역사를 자랑한다. 식당 뒤 잣나무 숲에서 직접 키운 토종닭과 야채 등을 무쇠 솥뚜껑에 담아 참나무 장작으로 끓여내는 것이 특징이다. 테이블마다 숯불이 담긴 큰 화덕을 끌어다 놓고 손님이 직접 떠먹게 되어 있다. 주소 경기 가평군 설악면 어비산길 99번길 75-7. 문의 031-584-7415.

**가평 잣** 경기도 가평군은 전체 산림 면적 중 잣나무가 차지하는 면적이 30% 정도에 이르며, 국내 잣 생산량의 약 40%를 담당한다. 가평 잣은 탄수화물, 지방, 단백질 등 기본영양 성분은 물론 무기질과 비타민까지 골고루 갖춘 완전식품이다. 문의 가평군산림조합(031-582-4570).

### 교통 정보

서울 청량리역 환승센터에서 구리와 설악터미널을 거쳐 유명산자연휴양림 입구까지 8005번 버스가 운행한다.

# 31 지리산 智異山

한민족 운명 같이한 '어머니 산'

| | |
|---|---|
| 높이 | 1,915.4m |
| 주봉 | 천왕봉 |
| 위치 | 전북 남원시, 전남 구례군, 경남 산청군·하동군 함양군 |

## 명산만큼이나 이름도 많아… 삼신산 다양한 형태로 숭배 받아

한국에 지리산만큼 역사서에 많이 등장한 산도 없다. 〈삼국사기〉, 〈삼국유사〉를 포함한 모든 역사서에 지리산은 어김없이 등장한다. 다른 명칭으로 간혹 두류산頭流山·방장산方丈山·방호산方壺山·불복산不伏山·덕산德山 등이 나타난다.

그런데 지리산을 가리키는 한자가 다양한 형태를 보인다. 경상대 최석기 교수가 한국고전종합DB에서 지리산에 관한 명칭을 모두 검색한 바에 따르면, 智異山이 805건, 智理山이 4건, 知異山이 10건, 地異山이 3건, 地理山이 13건, 頭流山은 449건, 頭留山은 4건, 方丈山이 243건, 方壺山은 6건이라는 것이다. 일부는 오기일 수 있지만 크게 분류하면 智異山, 地理山, 頭流山, 方丈山 등이다.

〈삼국사기〉에 최초의 기록은 분명히 '地理山'으로 등장한다. 그러다 〈삼국유사〉부터 서서히 '智異山'이 나오기 시작한다. 이후 〈고려사〉부터 거의 '智異山'으로 표현된다. 조선시대 들어서 선비들의 유산록에는 주로 두류산으로 나타난다.

〈삼국사기〉 첫 기록 '地理山'은 의미하는 바가 크다. 당시 신라는 불교 국가였다. 고대 불교에서는 지리산을 문수도량으로 여겼다. 지혜의 보살 문수보살이 지리산에 머물면서 불법을 지키고 중생을

전라북도 남원시 / 전라남도 구례군
경상남도 산청군 · 하동군 · 함양군

# 31 지리산

월별 가볼 만한 명산 52

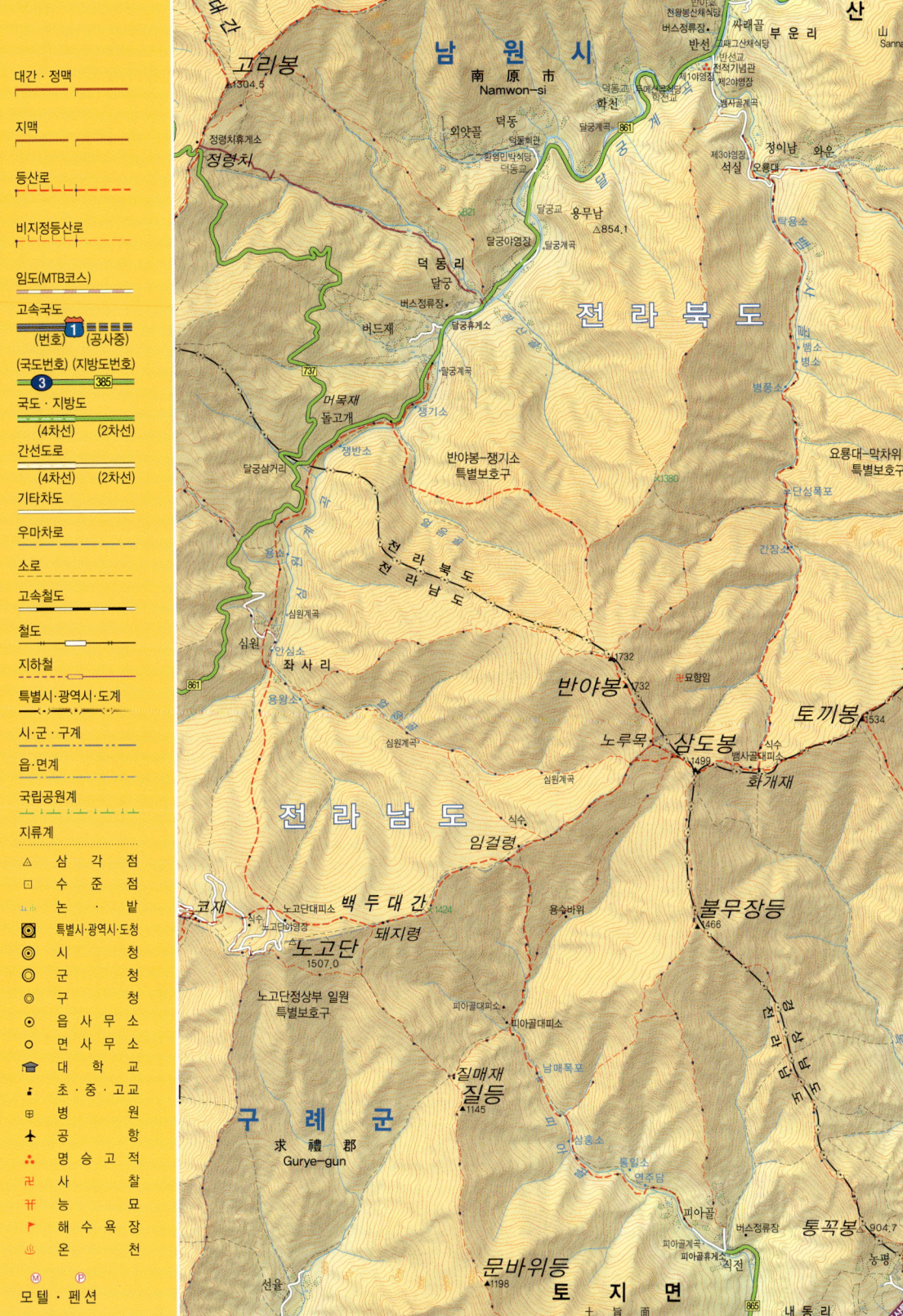

깨우치는 도량으로 삼았다는 것이다. 그래서 문수보살의 다른 이름 문수사리文殊師利의 '리利'자를 따서 '地利山'으로 표기했으나 땅의 오묘한 이치를 간직한 산이란 의미가 제대로 전달되지 않아 '地理山'으로 표기했다고 한다. 그런데 '地理山'이란 한자로 그 의미를 제대로 전달하지 못하자, 그 뜻에 맞는 한자인 '智異山'으로 바뀌게 됐다는 주장이다. 두 번의 의미가 바뀌면서 본래의 의미를 파악하기는 더욱 쉽지 않아 보인다.

이러한 지리산이 오악 중 남악으로 지정한 건 지극히 당연한 결과일 것이다. 중국의 남악은 형산衡山(1,300.2m). 정상 봉우리가 축융봉祝融峰이다. 축융봉은 장수를 축복하는 이름이다. 많은 사람들이 향을 들고 축융봉에 가서 소원을 빌며 장수를 기도한다.

그런데 축융봉과 장수가 무슨 관계가 있을까? 축융봉 올라가는 길 곳곳에 장수를 상징하는 '목숨壽'자가 붉은 글씨로 바위에 새겨져 있다. '祝'자는 우리에게는 '기리다', '축하하다'는 뜻이지만 중국에서는 '오래되다', '지속되다'는 의미다. 또 '融'자는 융합의 의미이지만 중국에서는 '광명'이란 뜻이다. 따라서 오래도록 광명을 발하다는 뜻이 '장수하다'로 해석되는 것이다. 불교식으로는 무량수전無量壽殿이다.

지리산에는 매년 새해 천왕봉이나 반야봉·노고단 봉우리마다 일출을 맞으려는 사람들로 넘쳐난다. 무병장수뿐만 아니라 만사형통, 자녀들의 좋은 성적, 승진 등을 기원하며 한 해를 맞이한다. '무병장수' 건강의 상징 남악 지리산이다.

8월의 지리산 탐방객은 다른 산에 비해 압도적이다. 2016년 8월, 61만64명을 기록했다. 단위면적당 최고 탐방객 기록으로 세계기네스북에 오른 북한산도 같은 달 51만8,177명이었다. 유일하게 지리산에 뒤진 달이었다. 설악산은 35만9,850명, 무등산 29만 7,000명, 덕유산 26만3,567명 등이다.

산수유 마을

구례 매실

어우러진 산수유 꽃이 장관이다.

**화엄사** 지리산 최대의 사찰로 가장 규모가 크고 문화재가 많다. 신라 진흥왕 5년(554)에 인도의 승려 연기가 창건했고, 의상이 장륙전(현재 각황전)과 화엄석경을 만들었다는 등 여러 창건설이 전해 오는 유서깊은 사찰이다.

**청학동** 지리산 삼신봉 남쪽 골짜기 상류 해발 800m 지점의 청학동에 도인촌이라 불리는 이색마을이 있다. 예로부터 전해 오던 도인들의 이상향인 청학동은 전국의 이름난 산에 두루 퍼져 있다. 하지만 지리산 청학동이 가장 대표적인 도인촌이다. 관광객을 위한 찻집과 음식점이 많이 들어서 았다.

**맛집·별미·특산물**

**구례 매실** 전남 구례 지역은 일교차가 크고 토질이 비옥해 매실의 품질이 뛰어나다. 매실은 알칼리성 식품으로 피로해소와 해독작용이 좋고 산도가 높아 강력한 살균작용을 하는 것으로 알려진 식품이다. 보통 술에 담가 먹으며 잼, 주스, 농축액, 장아찌 등으로 활용하고 있다.

**산청 곶감** 산청에서 생산된 곶감은 지리산의 차가운 바람 덕분에 자연동결건조가 가능해 월등한 품질을 자랑한다. 적당한 햇볕으로 말려 당도가 뛰어난 것이 특징이다. 곶감 부분 전국 최초로 지리적표시제에 등록(산림청 3호)된 인기 높은 상품이다.

**교통 정보**

전라남도, 전라북도, 경상남도에 걸쳐 뻗어 있는 지리산은 접근로가 다양하다. 천왕봉은 산청, 노고단은 구례를 통해 오르는 것이 일반적이다. 그밖에 남원, 하동, 함양 등을 산행기점으로 삼는다.

**주변 관광지**

**산수유마을** 만복대 산행 기점인 위안리 상위마을을 비롯해 그 아래 대평리 평촌, 대음, 신평 등 마을은 산수유나무로 전국에서 손꼽는다. 이 마을들은 봄이면 수만 그루의 산수유나무가 일제히 꽃을 피워 온 골짜기가 노란색으로 뒤덮인다. 눈 덮인 산자락과

## 32 용문산 龍門山

용의 내력과 고승의 덕풍지광이 넘치는 산

| 높이 | 1,157m |
| 주봉 | 가섭봉 |
| 위치 | 경기 양평군·옥천면 |

### 원래 이름은 미르에서 유래한 '미지산'… 용계골 등 사시사철 물 마르지 않아

용계골, 조계골, 치마골 등 사시사철 계곡마다 물이 마를 날이 없다. 여름철 피서객도 만만찮다. 경기도 내에서 화악산, 명지산 다음으로 높고 산세가 웅장하다. 고산다운 풍모를 지녀 주변에 유명산·중미산·어비산·봉미산·중원산을 거느리며 남쪽으로는 남한강으로 흘러드는 흑천, 북쪽으로는 북한강 지류인 홍천강으로 계곡물이 합류한다. 그 산은 바로 용문산龍門山(1,157m)이다.

〈신증동국여지승람〉에 '(용문산은) 다른 이름은 미지산彌智山인데 (양근)군 동쪽 33리 되는 곳에 있다. 또 지평현砥平縣 편에 있다'고 나온다. 지평현 편에는 '미지산彌智山은 현 서쪽 20리 되는 곳에 있는데, 곧 용문산이다'라고 전한다. 용문산의 옛 지명이 미지산이라는 것이다. 같은 책 불우佛宇편에는 '용문사龍門寺는 미지산에 있다. 산을 용문이라고 일컫는 것은 이 절 때문이다. 절에 이색의 〈대장전기大藏殿記〉가 있다. 이색의 용문사 중수기重修記에 '지평의 용문산은 세상이 아는 바인데, 그 이름은 미지다'고 기록돼 있다.

허목의 〈기언〉권28 '미지산기'나 이만부의 〈지행록〉 '미지산조'에도 '미지(용문)산의 상봉(정상)은 가섭봉이라 불리었고…(후략)'로 소개돼 있다.

AUGUST

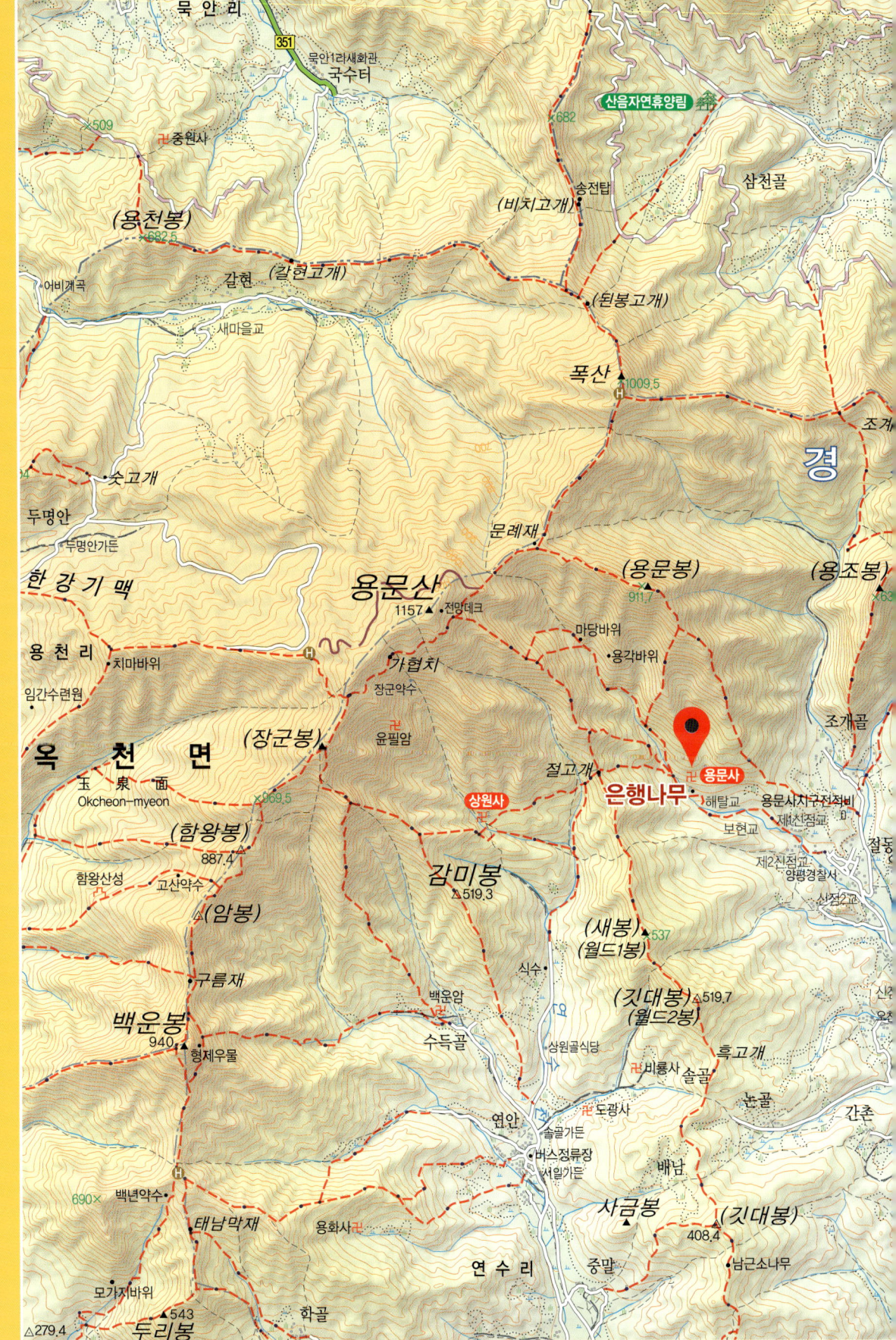

용문산이라 지명을 제대로 파악하기 위해선 '미지'라는 의미를 알아야 한다. 불가佛家의 설에 따르면, 미지라는 뜻은 '고승대덕들의 덕풍지광德風智光이 미만彌漫해 있다'고 한다. 쉽게 풀면, 고승들의 덕과 지혜가 넘쳐흐르는 산이라는 의미. 그렇다면 '왜 미지가 용문산이 됐는가'는 쉽게 이해가 안 된다.

미지는 순우리말 미르에서 변했으며, 미르는 용이란 뜻이다. 용문산 지명유래의 결정적 단서다. 조선 세조 4년(1458)에 기록한 것으로 추정하는 〈용문사기〉에 의하면, '용문사 왼쪽 마당바위 방면으로 오르는 계곡인 용계상에 위치한 용각석에서 유래한 것이라 한다. 두 석봉이 우뚝 서서 좌우로 서로 마주 대하며 자연석인 석문을 이룬 이 용각석 아래 5개 바위의 남쪽 양지바른 곳에 자리 잡은 대가람이 바로 용문사이다'라고 나온다.

따라서 용문산은 고승들의 덕과 지혜가 넘쳐흐르는 동시에 용의 유래를 가진 중의적 의미를 지닌 산으로 볼 수 있다. 또한 신라 말 최언위(868~944)가 기록한 〈고려국미지산보리사대경대사현기탑비〉 비문에도 미지산이 등장한다. 따라서 신라시대부터 용문산보다 미지산으로 사용했음을 알 수 있다.

한국에서 가장 오래된 천연기념물 제30호 은행나무가 있는 용문사는 신라 신덕왕 2년(913) 대경대사가 창건했다는 설과, 신라 진덕여왕 3년(649) 원효대사가 창건하고, 진성여왕 6년(892) 도선국사가 중창했다는 설, 신라 말 경순왕이 직접 절을 창건하고 은행나무를 심었다는 설도 전한다. 동양에서 제일 큰 은행나무는 수령 1,100~1,300년가량 된다. '대경대사탑비'가 전하는 사실로 봐서 신라 신덕왕 때가 가장 유력하지 않나 싶다.

용문산이 이 정도 내력을 가진 명산인 줄은 미처 몰랐다. 단순히 계곡이 많아 여름 피서객이 많이 찾는 산으로만 알고 8월의 명산으로 소개하기 위해 한국고전종합DB 등 여기저기 문헌을 뒤져보고서야 비로소 명산 중의 명산 용문산을 제대로 알게 됐다. 몰라봐서 미안하다, 용문산아!

두물 머리

### 주변 관광지

**용문사 은행나무** 천연기념물 제30호로 높이가 42m에 달하는 아시아에서 가장 큰 은행나무다. 동시에 우리나라에서 가장 큰 나무로 수령은 1,000년이 훌쩍 넘은 것으로 추정된다. 신라 고승 의상대사가 꽂은 지팡이가 자란 나무라는 설과 마의태자가 심은 것이라는 설이 전한다.

**양평 들꽃수목원** 남한강변을 따라 길게 이어진 강변수목원이다. 자연생태박물관에는 금강모치 등의 어류와 다양한 곤충 표본 등이 전시되어 있다. 들꽃수목원의 백미는 강변을 따라가는 아름다운 산책로.

**두물머리** 남한강과 북한강의 두 물줄기가 합쳐지는 곳이라 해서 '두물머리'이다. 400년 수령의 느티나무와 황포돛배가 어우러져 강가 특유의 부드럽고 분위기 있는 풍광을 볼 수 있다. 특히 일교차가 심한 봄·가을 새벽 물안개가 피어오를 때가 가장 환상적이다.

옥천냉면

### 맛집·별미·특산물

**용문산 더덕** 맑은 물과 공기를 마시고 자란 용문산 더덕은 맛과 향이 좋아 인기가 높다. 무공해 식품으로 건강에도 좋다. 용문산에서는 나들이하기 좋은 봄과 가을이 되면 직접 산더덕을 캐는 체험행사도 진행한다. 그윽한 향의 용문산 더덕을 맛보며 즐거운 하루를 보낼 수 있다.

**옥천면옥** 한국전쟁 당시 황해도에서 내려온 피란민들이 양평에 자리 잡으며 처음 문을 열었다. 쇠고기 국물에 닭이나 꿩, 돼지 육수를 섞는 평양식 냉면과는 달리 옥천냉면은 돼지고기로만 국물을 내며, 메밀과 감자가루를 배합해 면발이 굵으면서 투박하지만 쫄깃한 것이 특징이다. 돼지고기 완자와 편육을 곁들이면서 인기가 더 높아졌다. 옥천면에는 냉면집이 여럿 있다. 문의 031-772-5187. 주소 양평군 옥천면 옥천길 13

### 교통 정보

용문까지는 중앙선 열차나 전철로 접근하는 게 가장 빠르고 저렴하다. 하루 9~11회 운행하는 청량리발 용문 경유 무궁화호는 36분 정도 소요된다. 열차시각 및 예매 문의 1577-7788

# 33 민주지산
## 珉周之山

깊은 계곡, 높은 산, 첩첩산중 대명사

| | |
|---|---|
| 높이 | 1,241.7m |
| 주봉 | 민주지산 |
| 위치 | 충북 영동군, 전북 무주군, 경북 김천시 |

### 절터 조차 찾기 힘든 오지… 얼음장 같은 계곡 물에 피서객 몰려

민주지산(1,241.7m) 일대의 산자락은 참으로 궁벽진 산골이다. 얼마나 오지였는지 우리 나라의 웬만한 산이면 한두 군데쯤 있을 법한 절터의 흔적조차 찾기 힘들다. 기록도 전무하다시피 한데, 〈동국여지승람〉이나 〈대동여지도〉에도 삼도봉三道峰이라는 산 이름만 보일 뿐 특별히 이 산군에 대한 언급이 없다.

민주지산이란 산명도 일제시대에 들어와 붙여진 것이라고 전해진다. 하지만 이 역시 어떤 근거로 이름 지었는지 정확히 알 수 없다. 그 때문인지 지금도 민주지산의 한자 표기는 통일되지 못하고 여러 가지로 쓰인다. 국립지리원 발행 지형도에는 '眠周之山'으로, 백과사전들도 종류에 따라 '珉周之山'과 '岷周之山'을 혼동해 사용하고 있다.

민주지산 일대의 산군에는 충북 영동군, 전북 무주군, 경북 김천시 3개 도가 만나는 삼도봉(1,177m)을 시작으로 서북쪽의 석기봉(1,200m)과 민주지산, 각호산(1,186m) 등의 연봉이 웅장한 산군을 이루며 뻗어 있다. 이 봉우리들을 연결한 능선의 실거리는 8km가 넘는다. 백두대간에서 파생된 가지치고는 본류가 무색할 정도로 큰 규모다.

민주지산은 전형적인 육산으로 유순하고 넉넉한

충청북도 영동군
전라북도 무주군 / 경상북도 김천시

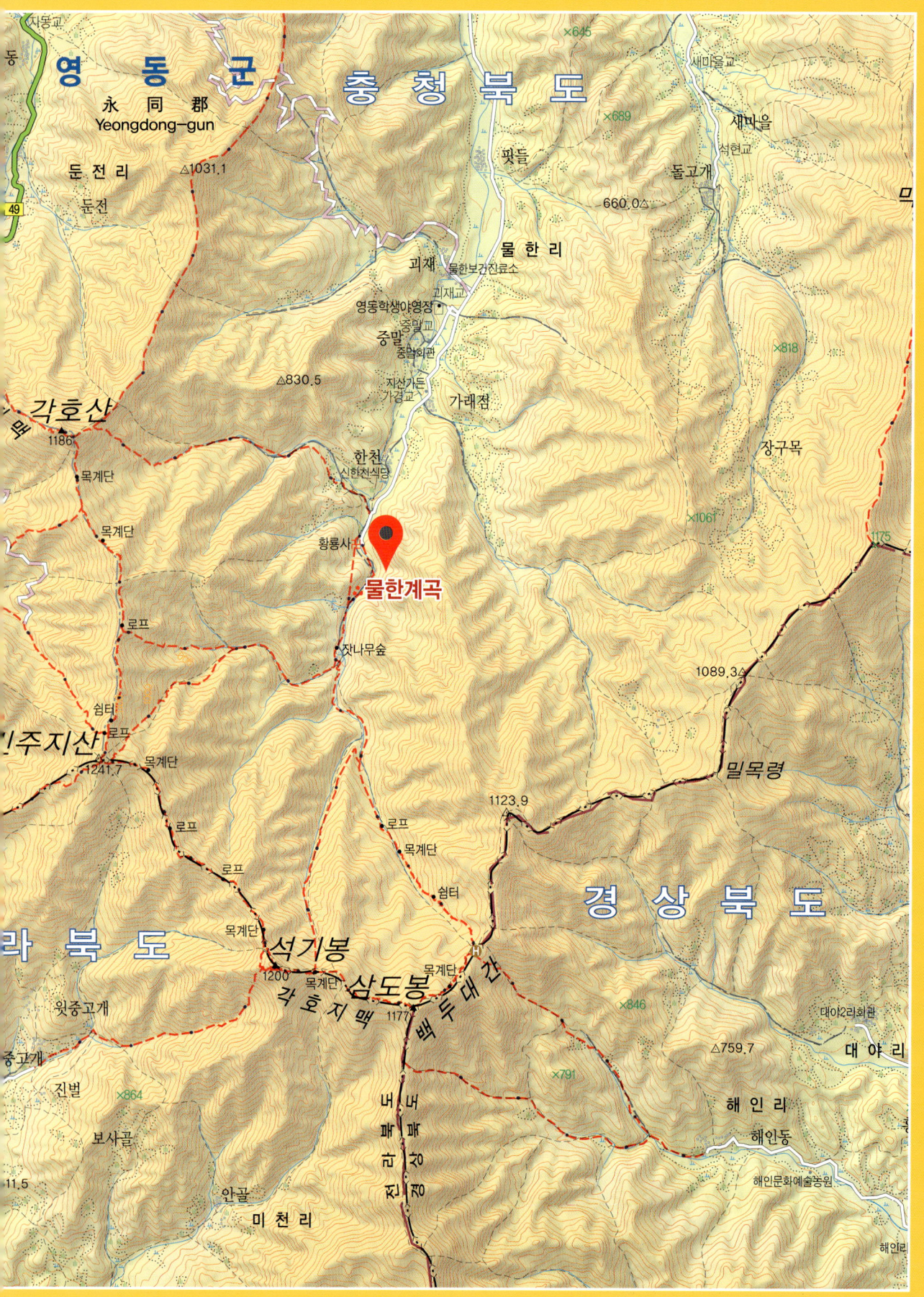

강원도 정선군 · 평창군

편집 **월간山** 지도제공 동아지도 • 복제불허 •

# 34 가리왕산
## 加里王山

울창한 숲과 정상 조망 뛰어난 육산

| | |
|---|---|
| 높이 | 1,561.8m |
| 주봉 | 가리왕산 |
| 위치 | 강원 정선군 · 평창군 |

### 갈왕이 숨어 살았다는 전설… 큰 규모 비해 코스는 단순

강원도 정선에 해발 1,561.8m의 높이로 솟아 있는 가리왕산加里旺山은 크고 당당한 덩치가 매력적인 산이다. 특히 정상에서 감상하는 일망무제의 조망이 탁월해 대한민국의 100명산으로 손꼽는 곳이다. 남한에서 10위 안에 드는 고산의 준봉답게 그 스케일이 장대하다. 첩첩산중이란 말에 절로 고개가 끄덕여질 정도로 이 일대는 산들이 밀집해 있다. 하지만 전형적인 육산 형태를 띤다.

가리왕산에는 갈왕이 숨어 살았다는 전설이 있다. 동해안의 옛 부족국가 맥국의 갈왕이 피신해 숨어든 산이라 하여 갈왕산이라 불렸으며, 지금에 이르러 가리왕산이 되었다고 한다. 산 북쪽 골짜기의 장전리에는 '대궐 터'라는 지명이 있는데, 이는 갈왕이 대궐을 삼았던 곳이라 한다. 시녀암은 갈왕의 시녀들이 이 바위에 올라 서서 고국 쪽을 바라보며 부모형제를 그리워했다는 데서 붙여진 이름이다. 이밖에도 갈왕이 난을 피해 숨었던 서심 등이 있다. 역사적 진위여부에 관계없이 갈왕의 전설은 가리왕산을 더욱 그윽하게 하고 있다.

규모에 비해 산행코스는 비교적 단순하다. 특히 가리왕산자연휴양림을 기점으로 산행하는 이들이 많다. 휴양림이 접근과 숙박이 용이한 데다 차량을

산세가 일품이다. 산이 높아 뛰어난 계곡미를 지닌 골짜기도 여럿 거느리고 있는데, 대표적인 곳이 물한계곡이다. 한여름에도 한기가 돈다는 물한계곡은 낙엽송이 쭉쭉 뻗어 있어 운치 있고 길이 완만해 민주지산을 찾는 대부분의 산객들은 이곳을 기점으로 한다.

물한계곡에서는 민주지산과 석기봉, 삼도봉 세 개의 봉우리를 오르는 코스가 있다. 민주지산 정상은 터가 좁아 야영이 어렵지만 능선을 따라 북쪽으로 360m만 가면 무인대피소가 있어 텐트가 없어도 하룻밤 잘 수 있다. 무인대피소는 조난이나 부상자 발생 등 만약의 사태에 대비한 피신처이며 8평의 단층목조 건물에 페치카, 침상 등을 갖췄다.

석기봉은 바위봉우리라 경치는 탁월하지만 야영할 터는 없다. 다만 정상에서 삼도봉 쪽으로 130m만 내려가면 팔각정이 있어 여기서 비박 가능하다. 삼도봉 정상은 터가 너른 편이며 바로 아래에 대형 헬기장이 있어 백패커들의 인기 야영지다.

물한계곡을 따라 끝까지 올라 능선인 삼마골재에서 삼도봉을 오르는 것이 일반적이다. 물한리 들머리인 황룡사에서 삼도봉까지 5.2km 거리에 3시간 정도 걸린다. 오름길만 3시간이라 간단치 않은 코스지만, 전체 5.2km에서 삼마골재로 이어진 계곡길 4.5km는 완만한 계곡길이라 꾸준히 걷기만 하면 어렵지 않게 능선에 설 수 있다. 삼마골재에서 정상까지 가파른 길이지만 30분만 땀 흘리면 삼도봉에 닿는다.

하산은 올라 온 길로 그대로 내려가거나, 능선을 따라 종주해 은주암골로 하산하거나 석기봉을 지나 하산하거나, 민주지산 정상까지 종주해 물한계곡으로 내려설 수 있다.

물한계곡~삼도봉~석기봉~민주지산~물한계곡 코스로 돌 경우 총 15km 거리에 삼도봉에서 하산하는 데만 6시간이 걸리는 꽉 찬 당일산행이다. 특히 석기봉은 이름처럼 날카로운 바위 봉우리라 고정로프를 잡고 조심스럽게 오르내리는 구간이 많아 거리에 비해 시간이 많이 걸린다. 대신 시야가 좋아 경치는 가장 시원하다. 민주지산 정상은 사방으로 막힘없는 조망이 펼쳐진다.

나제통문

### 주변 관광지

**물한계곡** 민주지산, 삼도봉, 석기봉, 각호산 등 명산들이 만든 깊은 골을 따라 흐르는 물한계곡은 물이 차다는 한천마을의 상류에서 시작해 20여 km 이어진다. 원시림이 잘 보전된 계곡 주변은 태고의 신비를 그대로 간직하고 있어 우리나라에서 손꼽히는 생태관광지로 많은 야생 동식물이 서식하고 있다.

**나제통문** 무주 설천면의 나제통문羅濟通門은 설천면의 소천리와 두길리가 경계를 이루는 석견산石絹山에 위치한 바위굴이다. 삼국시대 신라와 백제가 국경을 이루던 곳으로 높이 3m, 길이 10m에 이른다.

### 맛집·별미·특산물

**영동 포도** 민주지산 북쪽의 영동군은 포도로 유명하다. 전국 재배면적 12.8%의 포도를 재배하고 있다. 5월 시설재배 포도부터 10월 만생종까지 다양한 품종의 포도를 생산한다. 매년 포도축제와 함께 와인생산까지 연계해 포도를 이용한 다양한 소득효과를 창출하고 있다.

**무주 천마** 천마는 어지럼증이나 뇌질환에 효능이 탁월한 특산물로 알려져 있다. 무주군 안성면에서 전국 천마 생산량의 절반이 넘게 생산되고 있다. 뽕나무버섯과 공생하는 희귀식물로 알려진 천마는 100% 친환경농법으로 재배된다.

어죽 & 도리뱅뱅이

**어죽 & 도리뱅뱅이** 어죽은 민물고기에 인삼, 대추 등을 넣어서 특유의 향취가 좋아 입맛을 돋우는 음식이다. 이와 함께 맛볼 수 있는 도리뱅뱅이는 아삭하고 담백한 맛을 낸 민물고기 튀김이다. 영동군 가선리의 가선식당(043-743-8665), 선희식당(043-745-9450)이 유명하다.

### 교통 정보

동북부로는 경부고속도로(영동·황간 나들목)가 지나고, 서쪽으로는 금산으로 대전통영고속도로(금산 나들목)가 뚫려 있어 접근이 용이하다. 경부선 철도가 영동군을 관통해 교통이 편리한 편이다.

# 33 민주지산

월별 가볼 만한 명산 52

# 34 가리왕산

월별 가볼 만한 명산 52

이용하는 등산객들이 원점회귀형 코스를 선호하기 때문이다. 휴양림 코스는 산림휴양관에서 산행을 시작해 어은골을 따라 능선에 올라 정상을 거쳐 중봉에서 산막골로 내려서는 것이 일반적이다.

어은골 등산로는 많은 사람들이 다녀 길이 뚜렷하고 경사도 완만한 편으로 계곡 상단에서 야영을 위한 식수를 구할 수도 있다. 어은골 코스는 중간의 임도를 만나는 곳까지 계곡으로 이어지다가 이후에는 지능선을 따라 정상 서쪽 주능선으로 연결된다.

산림문화휴양관 왼쪽 등산로를 따라가면 어은골 하류 물가에 닿는다. 이곳에는 이무기바위라 부르는 길이 10m가량의 길쭉한 바위가 있는데 계곡의 물고기들이 이 바위를 두려워해 숨었다고 해서 어은魚隱골이란 이름이 붙었다고 전한다. 한편으로는 물이 너무 차가워 얼음골이 변한 게 아니냐는 얘기도 있다.

어은골은 오를수록 차고 아기자기하다. 가리왕산 산정을 가는 이들이 가장 많이 오르내리는 길이지만 풀과 숲이 울창해 두 사람이 나란히 걷기 어려울 정도로 좁다. 중간의 임도를 지나면 길은 급격히 가팔라진다. 가파른 길을 한 시간 넘게 오르면 주능선 삼거리다. 주릉에서 동쪽으로 가면 정상이다.

정상에서 중봉으로 이어진 능선은 완만한 숲길이다. 육산 능선답게 땅을 디딜 때의 촉감은 푹신푹신하고 편안하다. 오르내림이 적고 야생화가 많아 중봉까지는 부드러운 산길이다. 중봉은 신갈나무 숲 속이다. 지능선을 타고 휴양림으로 내려서는 길도 올라올 때와 마찬가지로 원시림이 빽빽하다. 조망이 전혀 없는 같은 풍경 속을 한 시간 넘게 내려서야 해서 지루한 편이다.

산행거리는 12.6km, 7시간 정도 걸린다. 어느 곳을 기점으로 하든 가파른 오르막을 2시간 이상 올라야 주능선에 닿으므로, 야영짐을 메고 오를 경우 지구력과 인내심을 가지고 임해야 한다. 야영할 경우 어은골은 임도에서 오른쪽으로 5분 정도만 가면 물길이 있다.

가리왕산자연휴양림

정선 곤드레

### 주변 관광지

**가리왕산자연휴양림** 가리왕산에서도 골짜기가 가장 깊은 남쪽, 회동계곡에 자리한 휴양림으로 총 9,449ha의 광대한 면적을 자랑한다. 휴양림 내에 여러 가지 시설도 잘 되어 있지만 가장 눈에 띄는 것은 계곡을 따라 숲속으로 호젓하게 난 산책로다. '숲나들e' 홈페이지(http://www.foresttrip.go.kr)에서 시설물 예약이 가능하다.

**정선아리랑센터** 아리랑센터는 정선아리랑의 전승·보존과 창조적 계승을 위해 건립됐다. 우리나라에서 유일한 아리랑 전문공연장과 아리랑박물관을 갖추고 있다. 아리랑박물관은 유네스코 인류무형문화유산이자 대한민국 무형문화재인 아리랑 자료를 전시, 수집, 조사, 연구, 교육 등의 활동을 하는 시설이다. 우리에게 아리랑이 갖는 의미와 정선아리랑의 역사 등 다양한 자료가 전시되어 있다.

### 맛집·별미·특산물

**정선 곤드레** 정선은 나물 천국이라고 해도 과언이 아닐 정도로 많은 생산량을 자랑한다. 그중에서 정선을 대표하는 나물이 바로 곤드레다. 다른 나물과 달리 향이 거의 없고 맛이 순해서 예전 보릿고개 때는 밥에 섞어 부족한 끼니를 때웠던 구황식물이다. 섬유질이 많아 다이어트에도 도움이 되는 건강식품이다.

**장칼국수와 콧등치기 국수** 정선경찰서 앞의 정선면옥(033-562-2233) 장칼국수가 유명하다. 된장으로 끓인 구수한 칼국수와 비빔막국수, 제육볶음이 주메뉴다. 정선군 제2청사 부근에 위치한 동광식당(033-563-3100)은 황기를 비롯해 여러 가지 약초로 우려낸 육수에 삶아낸 황기보쌈과 콧등치기 국수로 유명하다.

### 교통 정보

정선에서 가리왕산행 버스를 갈아탄다. 서울 동서울터미널에서 정선행 버스가 1일 5회 운행한다. 2시간 30분 정도 걸린다.

# 35 가야산 伽倻山

가야국 건국신화 간직한 조선 8경 중 한 곳

높이 1,432.6m
주봉 칠불봉
위치 경남 합천, 경북 성주

### 홍류동계곡 입구는 무릉도원 연상케 하는 무릉동… 삼재 피하는 산으로 유명

9월의 산은 애매하다. 여름 끝자락과 가을 첫자락이 중복된다. 여름 계곡 기준으로는 조금 늦은 감이 있고, 가을 단풍으로는 훨씬 이르다. 실제 국립공원 9월 방문객은 한겨울을 빼고 가장 적다. 그렇다면 계곡도 좋고, 단풍도 좋은 곳을 선택할 수밖에 없다. 바로 가야산이다.

합천 가야산伽倻山(1,432.6m)은 한국 최고의 계곡 홍류동이 있고, 〈정감록〉 십승지 중의 하나인 만수동(지금 마수리로 추정)이 있는 곳이다. 홍류동계곡 단풍은 전국 어디 내놔도 뒤지지 않는다. 홍류동의 정확한 유래에 대한 기록은 없지만 '봄에는 꽃으로, 가을에는 단풍으로 붉게 물든 계곡물이 흘러서 명명됐다'고 전한다. 홍류동 입구는 실제 무릉동이다. 도연명의 〈도화원기〉에 나오는 무릉도원을 연상하기에 충분하다. 가야산 월별 방문객도 10월이 16만1,037명으로 가장 많다. 전부 단풍행락객이다. 그만큼 환상적이라는 얘기다.

지금은 능선과 산자락이 잘리고 토막 나서 그 깊이를 가늠할 수 없지만 한때는 신라가 낳은 최고의 천재 최치원이 신선이 되기 위해 입산했을 정도의 심산유곡을 자랑했다. 가야산 학소대는 최치원이 남긴 마지막 자취로 전한다. 최치원뿐 아니라 율곡

# 35 가야산

월별 가볼 만한 명산 52

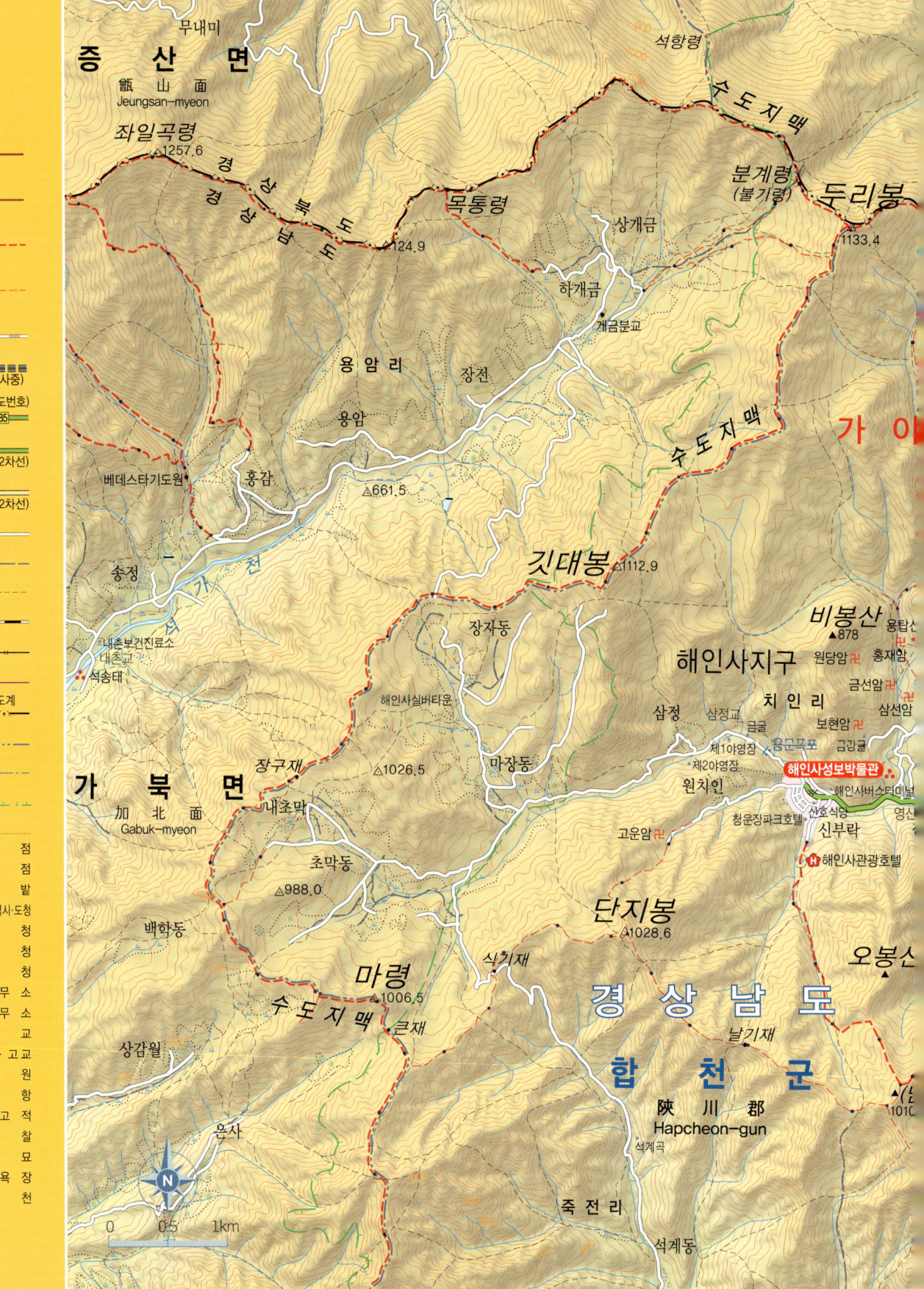

이이, 김종직, 한강 정구, 성해응 등 내로라는 선비들이 가야산을 유람했고, 그 기록을 남겼다.

정구는 1579년 9월 11일부터 24일까지 무려 14일 동안 가야산을 누비며 〈유가야산록〉을 남겼다. 율곡도 〈유가야산부〉에서 홍류동 경관을 극찬했다. '하늘을 찌를 듯 험한 길을 밟고서, 동굴 입구의 돌문을 두드렸네. 참으로 이미 기이한 경지에 마음이 맞았기에, 위험한 곳을 무릅쓰고서 판판한 평지와 같구나. 어두운 골짜기의 깊은 굽이를 찾아들고, 높은 언덕의 가파른 고개를 오르니, 천태산 폭포가 벼랑에 흘러내리고 형악衡嶽의 구름과 안개가 갑자기 개이네. 기이한 바위가 주위에 벌려 있고, 푸른 절벽이 사면으로 둘러싸여, 돌에는 붉은 전자篆字가 새겨 있고 물결에는 은은히 천둥소리가 일어나는데, 이곳이 이른바 홍류동紅流洞이다.'

가야산은 또 한국 불교 삼보사찰 중 법보사찰의 총본산인 해인사와 함께 세계문화유산인 팔만대장경이 있다. 해인海印은 성찰의 최고 경지를 나타내는 의미로, '경전을 열심히 갈고 닦아 그 경지에 도달하라'는 내용을 담고 있다. 우리의 귀중한 문화유산인 팔만대장경이 가야산에 있는 이유는 예로부터 오대산, 소백산과 함께 삼재三災(화재·수재·풍재)를 피할 수 있는 깊은 산이었기 때문이다.

〈여지승람〉 권30에 옛 기록을 빌어 '가야산의 모양새는 천하에 으뜸이요, 지덕이 또한 비길 데 없다 古記云伽倻山形絶於天下之德雙於海東'고 전한다. 이러한 유적과 발자취로 인해 가야산은 예로부터 한반도 12대 명산 또는 조선 8경에 속했다.

이러한 사실과 더불어 언급돼야 할 부분은 가락국(가야)의 건국신화와 건국의 시조모 정견모주의 신화와 관련한 내용이 그대로 전한다. 정견모주는 천신 이비하와 혼인해서 대가야와 금관가야의 시조가 된 왕들을 낳고 가야산의 산신이 됐다고 전한다. 김수로왕의 신화보다 더 오래됐고, 더욱 구체적이다. 이러한 사실을 밝혀낸다면 우리 고대 역사의 출발점을 조금 더 앞당길 수 있는 계기가 된다.

해인사 팔만대장경판고

우리밀

조선 말 중건한 것이며, 부속암자 14개와 말사 75개를 거느리고 있다.

**홍류동계곡** 가야산의 여러 골짜기 중 으뜸으로 꼽는 곳이 바로 홍류동계곡. 이 중 가야산국립공원 입구에서 해인사 입구에 이르는 약 4km 구간에 조성된 '가야산 소리길'에 홍류동계곡의 핵심경관이 밀집해 있다.

**가야산야생식물원** 성주군에서 조성한 야생화를 주제로 한 전문식물원이다. 580여 종의 나무와 야생화를 식재해 2006년 완공한 현대식 식물원이다. 크게 실내 전시관과 야외 전시관, 온실로 나뉘어 있다. 실내 전시관에서는 가야산의 주요 야생화와 사계를 사진과 영상물로 볼 수 있다.

### 맛집·별미·특산물

**딸기** 합천에서 생산되는 딸기는 청정1급수가 흐르는 황강변의 시설하우스 단지에서 재배되어 당도가 높고, 신선도가 오래 유지된다. 품종이 우수해 생산량의 일부는 대만이나 동남아시아로 수출되기도 한다.

**우리밀** 합천군은 우리밀 주산지로서 3,000톤의 산물처리시설과 제분 및 국수공장, 우리밀 홍보 체험관을 갖추고 있는 등 우리밀의 생산, 가공, 유통을 위해 다방면으로 노력하고 있다. 1991년 11월 28일 출범한 우리밀 살리기 운동의 시원지가 바로 합천이다.

**산채정식** 가야산 자락에 산채정식을 잘하는 집이 많다. 해인사 입구 상가단지의 뚝배기가든식당(055-932-7517), 가야산홍도식당(055-932-7368), 고바우식당(055-931-7311) 등.

### 주변 관광지

**해인사** 가야산 기슭에 위치한 해인사는 팔만대장경판을 봉안한 법보사찰로서 불보사찰 통도사, 승보사찰 송광사와 더불어 한국 3보 사찰로 꼽힌다. 현재 남아 있는 50여 동의 당우는 대부분

### 교통 정보

중부내륙고속도로 성주나들목, 88고속도로 해인사나들목을 통해 가야산으로 접근한다. 서울에서 4시간, 부산에서 2시간, 광주에서 2시간 30분가량 소요.

# 36 속리산 俗離山

중사·소사로 이중 지정된 '전략적 요충지'

| 높이 | 1,058.4m |
| 주봉 | 천왕봉 |
| 위치 | 충북 보은군, 경북 상주시 |

〈정감록〉 10승지 중 한 곳인 우복동 명당이 속리산 남서쪽 자락

신라가 삼국통일 후 전국의 방위를 굳건히 하기 위해 중국의 오악제도를 본떠 대사·중사·소사 제사지로 전국의 명산대천을 50곳 가까이 나눠 지정했다. 그런데 수도 경주를 제외하고 유일하게 중사와 소사에 이중으로 지정된 지역이 있다. 바로 속리산과 그 인근이다. 속리산俗離山(1,057.7m)은 당시 속리악으로 중사 기타로 지정되고, 현재 보은읍 인근이 소사의 가아악(삼년산성)으로 지정됐다. 속리산이 예로부터 군사전략적으로 매우 중요한 지역이라는 사실을 알 수 있게 해준다.

소사의 산신은 지역민의 안정과 단합 외에 국가 통합기능까지 맡았다. 소사의 신神으로서 지방 호족세력이 대거 좌정한 사실은 이를 뒷받침한다. 신라의 대사·중사·소사 제전祭典은 당나라 〈예악지禮樂志〉에 '악진해독岳鎭海瀆은 중사이고, 산림천택山林川澤은 소사'로 나눈 내용을 그대로 따랐다.

〈정감록〉 감결편에 '보은 속리산 중항 근처는 난리를 만나 몸을 숨기면 하나도 다치지 않을 것이다'라는 기록이 전한다. 그런데 속리산은 난리를 피해 오는 사람들보다 이름 그대로 조용히 세속을 벗어나고 싶은 사람이 찾은 곳인 듯하다. 최치원은 속리산에 대해 '도는 사람을 멀리하지 않는데 사람이

# 36 속리산

월별 가볼 만한 명산 52

도를 멀리하고, 산은 세상을 멀리하지 않는데 세상이 산을 멀리하는구나 道不遠人 人遠道 山非離俗 俗離山'라 읊었다고 한다.

사람들은 속리산俗離山을 속세로부터 등진 산이라고 한다. 속세와 등진 산은 한자 어순으로 하면 이속산離俗山이 돼야 한다. 속리산 지명의 유래 두 가지 설도 모두 세속을 등진 산이라고 소개한다. 뭔가 논리적으로 어색하다. 이보다는 〈정감록〉과 풍수지리설이 더 설득력 있어 보인다. 정감록 10승지에 해당하는 우복동이 바로 속리산 남서쪽 자락이다. 우복동은 소의 뱃속같이 따뜻하고 편안한 명당이란 의미다. 실제로 한국전쟁 당시 많은 사람들이 이곳에 피란을 와서 피해를 입지 않았다고 한다. 이 의미로 보면 속리산 원래의 의미와 통한다. 어쨌든 전략적 요충지이면서 속세와는 거리가 있는 듯한 곳이 바로 속리산이다.

〈신증동국여지승람〉권16 보은현 산천조에 속리산과 삼파수에 대한 기록이 있다.

'속리산은 고을 동쪽 44리에 있다. 봉우리 아홉이 뾰족하게 일어섰기 때문에 구봉산이라고도 한다. 신라 때는 속리악이라고 일컫고 중사에 올렸다. 산마루에 문장대가 있는데, 층이 쌓인 것이 천연으로 이뤄져 높게 공중에 솟았고, 그 높이가 몇 길인지 알지 못한다. 그 넓이는 사람 3,000명이 앉을 만하고, 대臺 위에 구덩이가 가마솥만 한 것이 있어, 그 속에서 물이 흘러나와 가물어도 줄지 않고 비가 와도 더 불어나지 않는다. 이것이 세 줄기로 나눠서 반공半空으로 쏟아져 내리는데, 한 줄기는 동쪽으로 흘러 낙동강이 되고, 한 줄기는 남쪽으로 흘러 금강이 되고, 또 한 줄기는 서쪽으로 흐르다가 북으로 가서 달천(남한강 지류)이 되어 금천으로 들어간다. (후략)'

매년 10월에 열리는 송이놀이축제는 인도 시바교의 성기신앙이 한반도에 불교가 전래할 때 들어와 국행제로 지낸 '대자재천왕제'에서 유래했다고 한다. 속리산 산신이 여신이기 때문에 여신에게 바치는 공물의 성격도 있다고 전한다.

정이품송

보은대추

### 주변 관광지

**법주사** 법주사는 속리산을 대표하는 큰 절로 눈요기할 만한 문화재가 수두룩하다. 그중에서도 눈길을 사로잡는 팔상전은 한국 유일의 5층 목탑이며, 국보 제55호로 지정되었다. 그 외에도 국보 제5호 쌍사자석등, 국보 제64호 석련지, 보물 제15호 사천왕석등, 보물 제216호 마애여래상 등 귀한 문화재들이 있다.

**정이품송** 조선 세조로부터 정이품 품계를 받은 우리나라에서 가장 지체 높은 소나무다. 수령 약 600년 된 것으로 추정되며 천연기념물 제103호로 지정되었다. 세조 10년(1464)에 왕이 병에 걸려 명산대찰에 기도하러 다니던 중 법주사로 향했다. 이 소나무 아래를 지날 때 세조가 보니 밑으로 처진 가지에 연(가마)이 걸릴 것 같아 "연 걸린다"고 했다. 그 말이 떨어지자 처졌던 가지가 저절로 들려 가마가 무사히 지나가도록 했다. 이를 기특하게 여긴 세조는 그 자리에서 소나무에 정이품을 제수했다고 한다.

### 맛집·별미·특산물

**보은 대추** 속리산 자락의 보은은 일조량이 많고 토양이 비옥해 대추재배 적지다. 밤과 낮의 기온 차가 큰 지역에서 생산되어 당도가 매우 높고 품질이 좋다. 팔도의 토산품을 기록한 허균의 〈도문대작〉에 '보은 대추가 제일 좋고 크며 뾰족하고 색깔은 붉고 맛은 달다'고 기록되어 있을 정도다. 〈세종실록지리지〉 〈동국여지승람〉 등에도 보은 대추를 으뜸으로 꼽고 있다.

**속리산 산채** 법주사 입구에 산채정식과 산채비빔밥을 잘하는 신토불이약초식당(043-543-0433), 찬우물식당(043-543-4702) 등이 있다. 문장대식당(043-543-3655)과 팔도식당(043-544-2531)의 버섯전골도 좋다.

### 교통 정보

속리산 법주사 입구에 속리산버스터미널이 있다. 서울에서는 센트럴시티터미널에서 속리산행 버스가 하루 4회(07:05, 10:30, 14:30, 17:30) 운행한다. 3시간 정도 걸린다.

# 37 명성산 鳴聲山

'궁예의 한' 서린 억새 명산

| | |
|---|---|
| 높이 | 922m |
| 주봉 | 명성산 |
| 위치 | 강원 철원군, 경기 포천시 |

## 원래는 울음산, 한자로 바꾸면서 명성산으로… 소가 누운 산세

포천 명성산鳴聲山(922.6m)은 가을 정취가 뛰어난 곳이다. 드넓은 산자락에 황금빛 억새의 물결이 출렁이는 모습은 신비로울 정도다. 매년 10월이면 '산정호수 명성산 억새꽃 축제'가 열려 많은 이들을 끌어들인다.

명성산의 이름은 후삼국시대 역사에서 유래한다. 왕건에 쫓겨 피신한 궁예가 이 산에서 피살됐다고 전하며, 궁예가 망국의 슬픔을 통곡하자 산도 따라 울었다고 해서 울음산이라 한다. 또 주인을 잃은 신하와 말이 산이 울릴 정도로 울었다고 해서 울음산이라고도 전한다. 울음산을 한자로 표기한 게 명성산이다.

이곳의 명물인 억새밭은 주능선 동쪽의 완만한 사면에 형성되어 있다. 이곳은 6·25전쟁 때 벌어진 치열한 전투 때문에 나무들이 모두 불타서 사라지고 억새밭이 형성되었다. 지금도 이 일대는 군부대의 훈련이 수시로 열려, 평일에는 입산이 통제되기도 한다.

명성산은 경기도 포천시 영북면과 강원도 철원군 갈말읍 경계를 이루며 솟아 있다. 소가 누워 있는 형태를 지닌 산으로, 풍수지리학적 측면에서 볼 때 이러한 와우형 산세는 풍후하고 유순함을 상징

강원도 철원군 / 경기도 포천시

편집 월간산  지도제공 동아지도  • 복제불허

# 37 명성산

월별 가볼 만한 명산 52

산정호수

한다. 두 개의 쇠뿔처럼 솟은 뾰족한 암봉을 이룬 정상부를 소의 머리로, 정수리에서 남쪽으로 길게 늘어진 주능선을 소의 등허리로 본다. 명성산은 남북으로 뻗은 이 주능선을 기점으로 동쪽 사면의 산세가 부드러운 반면 서쪽은 가파르고 험한 편이다.

명성산 산행코스는 비교적 단순한 편이다. 산정호수 방면에서 시작하는 등룡폭포 계곡 코스와 자인사~삼각봉 코스가 가장 대중적인 코스다. 자인사를 통해 오르는 코스는 경사가 급하고 가끔 낙석 사고가 발생해 주의가 필요하다. 하산길에 계단에서 구르는 사고도 종종 발생한다. 등룡폭포로 오르다가 비선폭포 밑에서 왼쪽 암릉으로 오르는 책바위 코스도 있다. 그래도 억새밭 감상이 목표라면 등룡폭포를 통해 오르는 것이 무난하다.

산행은 등룡폭포 탐방로 입구의 식당가를 지나며 시작된다. 이후 비선폭포와 등룡폭포를 거쳐 억새밭에 오른 뒤 삼각봉~정상~산안고개~산정호수로 돌아오는 6시간짜리 코스가 가장 일반적이다. 가볍게 다녀올 생각이라면, 삼각봉까지만 갔다가 돌아와 자인사로 하산하는 3시간 코스가 알맞다. 식수는 억새밭 가운데 샘터에서 보충할 수 있지만, 갈수기에는 물이 부족할 수 있으므로 사전에 충분히 준비한다.

명성산 억새밭은 삼각봉으로 오르는 주능선 동쪽 사면에 형성되어 있다. 삼각봉에서 정상까지는 약 1.5km 거리로 이 구간도 능선 오른쪽이 온통 억새 군락이다. 정상에서는 북서쪽 아래로 '궁예의 침전' 암릉이 발아래로 보이고, 멀리로는 동송과 갈말이 한탄강과 함께 시원하게 조망된다.

하산은 북서릉의 '궁예의 침전' 암릉을 타고 진행하다가 안부에서 남쪽 계곡을 경유해 산안고개로 내려서면 된다. 산안고개에서는 남쪽 도로를 따라 1시간가량 걸어 나오면 자인사 앞이다. 도로를 걷기 싫다면 삼각봉으로 다시 돌아와 자인사나 책바위 코스로 내려올 수도 있다.

### 주변 관광지

**산정호수** 포천의 대표적인 국민관광지로 명성산과 망봉산 등 주변을 둘러싼 산봉우리들과 어우러져 절경을 이룬다. 호수를 한 바퀴 감싸고 있는 산정호수둘레길이 조성되어 있어 걷기 마니아들에게 인기를 끈다. 수변데크와 송림이 울창한 숲길, 조각공원 등을 통과하는 3.2km의 평탄한 길이다.

**삼부연폭포** 철원8경 가운데 하나이며 경치가 빼어나 조선 후기의 화가 겸재 정선(鄭敾)이 이곳을 지나다 폭포에 반해 진경산수화를 그렸다고 한다. 높이 20m가량으로, 폭포수가 높은 절벽에서 세 번 꺾여 떨어지고, 세 군데의 가마솥같이 생긴 곳에 떨어진다 해서 삼부연이라는 이름이 붙었다. 3개의 웅덩이는 각각 노귀탕, 솥탕, 가마탕이라고 부른다.

### 맛집·별미·특산물

**포천 이동막걸리** 경기도의 전통주 '포천 막걸리'는 이 지역을 대표하는 먹을거리 가운데 하나다. 백운계곡의 맑은 물로 제조한 포천 이동막걸리는 많은 이들이 찾는 한국의 전통주다. 일반 막걸리가 금속제 탱크에서 숙성되는 것에 비해 이동막걸리는 예부터 전해 내려오는 질그릇인 항아리를 사용하는 전통기법을 유지하고 있다.

**이동갈비** 명성산과 가까운 포천시 일동면과 이동면 일대에 포천의 명물인 '이동갈비' 전문집이 많다. 포천 이동갈비는 갈비의 기름기를 제거한 후 화학조미료를 사용하지 않고 참나무 숯불에 구워 갈비의 맛을 내는 것이 특징이다. 가격은 저렴하면서 양이 많은 편이다. 원조이동갈비(031-532-4459), 송영선할머니갈비집(031-532-4562) 등.

### 교통 정보

동서울이나 센트럴터미널에서 운천행 버스를 탄다. 운천터미널에서 운천10번 또는 10-1번 버스를 타고 산정호수로 간다.

# 38 화악산 華岳山

경기 오악 중 조망 으뜸

높이 1,468.3m
주봉 중봉
위치 경기 가평

### 한반도 정중앙이자 태극 교차 지점… 백운산·백작산 등으로 불려

화악산華岳山(1,468.3m)은 경기도에서 가장 높은 산이다. 〈세종실록 지리지〉에 나와 있는 경기 5악(화악산, 운악산, 송악산, 관악산, 감악산) 중에서도 으뜸으로 치는 산이다.

〈신증동국여지승람〉화천편에 '부의 서쪽 90리에 있다. 영평 사람들은 백운산白雲山이라 일컫는다'고 기록하고 있다. 〈춘천읍지〉에는 '영평 사람이 백작산白作山이라 칭하였다'고 돼 있다. 〈대동지지〉에는 '백운산은 서북쪽으로 100리 영평현(지금의 가평) 경계에 있다. 백운산을 화악산이라 불렀다'고 설명하고 있다. 이같은 문헌으로 볼 때, 화악산은 백운산, 백작산 등과 이명동산異名同山인 사실을 알 수 있다.

추측컨대, 높은 암벽이 하늘을 찌를 듯 흰 구름과 어울려 백운산 내지는 백작산이라 불린 듯하고, 화악산은 우뚝 솟은 바위가 마치 꽃과 같이 화려한 형세를 띠어 지칭하게 된 것으로 보인다. 조선시대 곡운 김수증이 은둔하며 후학을 가르치며 살면서 화악산으로 정착한 것으로 짐작된다.

화악산은 지리적으로 한반도 정중앙에 해당된

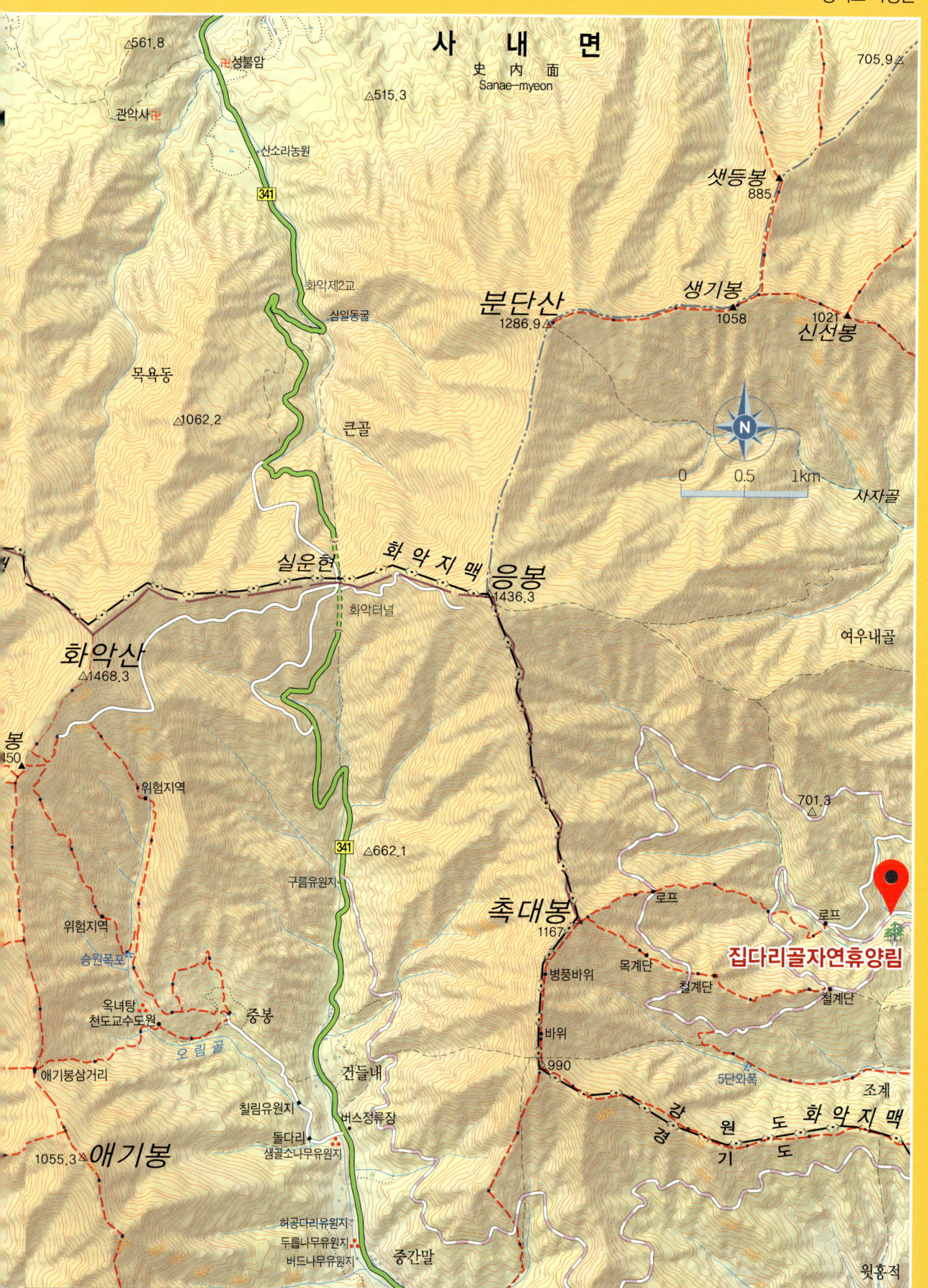

# 38 화악산

월별 가볼 만한 명산 52

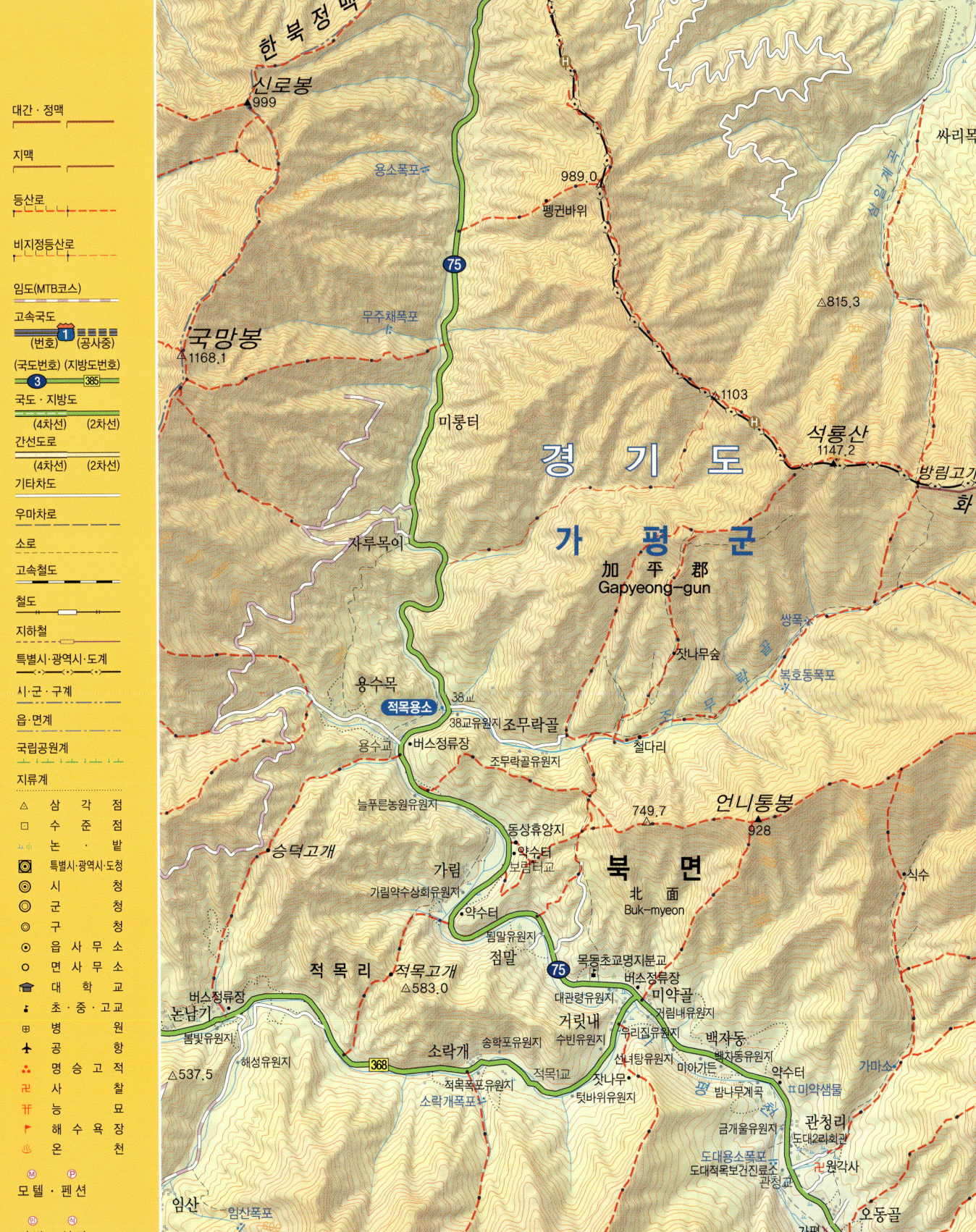

다. 경남 울산에서 북한 삭주, 전남 여수에서 북한 중강진을 잇는 국토자오선(동경 127도 30분), 제주도 한라산에서 백두산으로 선을 그은 다음, 위도 38도선을 교차시키면 4개 선이 만나는 교차지점이 바로 화악산이다. 그래서 옛 풍수 전문가들은 화악산을 태극의 가운데로 해석하기도 했다. 다만 화악산은 군사시설로 인해 산행코스가 제한적인데 그럼에도 불구하고, 산이 가진 압도적인 높이와 의미, 중봉 정상의 시원한 경치 등을 감안해 100대 명산에 이름을 올렸다.

화악산은 산세가 험준하지 않으면서 사방으로 뻗은 능선과 골짜기가 웅장하다. 백두대간의 소백산(1,439.5m)보다 28.8m 더 높다. 정상인 신선봉(1,468m)과 서쪽의 중봉(1,450m), 동쪽의 응봉(1,436m)을 삼형제봉이라 부르기도 한다.

하지만 화악산 정상은 군사시설로 오를 수 없다. 6·25 전쟁 이후 군사보호구역으로 묶여 민간인 출입이 금지되어 있다. 그래서 정상에서 남서쪽으로 약 0.7km 거리에 있는 중봉中峰이 화악산 정상을 대신하고 있다.

중봉 정상에 서면 사방으로 펼쳐지는 조망이 일품이며, 북쪽에서 시계방향으로 촛대봉, 수덕산, 명지산, 국망봉, 석룡산, 백운산 등이 바라보인다. 중봉 남서쪽 골짜기에는 태고의 큰골계곡이 있고, 남동쪽은 오림골계곡이 있다. 북쪽은 조무락골계곡이 있는데 이 모든 계곡 곳곳에는 크고 작은 폭포와 소가 수없이 이어져 수려한 계곡미를 자랑하고 있다.

화악산 중봉 산행은 동남쪽 화악2리 코스가 대표적이다. 건들내 칠림계곡으로 올라 화악산수도원과 오림계곡, 군부대길을 경유해 중봉 정상에 오르는 코스다. 이 경우 하산은 대부분 중봉 남릉~애기봉 사거리~동쪽 너덜계곡~칠림계곡~화악2리 건들내로 원점회귀한다.

### 주변 관광지

**용담계곡** 화악산 북사면 자락의 용담계곡은 용이 머물다 승천했다는 천년 전설을 간직한 곳이다. 넓은 암반 위로 흐르는 깨끗한 물이 인상적인 골짜기다. 도처에 기묘한 폭포나 소沼 그리고 암석들이 널려 있어 다양한 계곡 풍경을 연출한다. 계곡 가운데 '가메소'라 부르는 용소와 백운담 등이 산재해 있다.

집다리골 자연휴양림

**집다리골 자연휴양림** 화악산 동쪽 자락 집다리골에 위치한 자연휴양림으로 춘천에서 접근이 쉽다. 맑고 깨끗한 물과 웅장한 바위로 이루어진 계곡과 활엽수가 가득한 원시림이 특징이다. 한여름의 짙은 녹음과 가을의 오색단풍이 장관을 연출한다. 주변에는 고려 개국공신 장절공 신숭겸 묘지와 청평사, 구곡폭포, 등선폭포 등이 있다.
홈페이지 http://집다리골.kr

### 맛집·별미·특산물

**가평 잣** 가평군은 전체 산림 면적 중 잣나무 면적이 30% 정도에 이르며, 국내 잣 생산량의 60%를 차지한다. 잣은 탄수화물, 지방, 단백질 등 기본영양 성분은 물론 무기질과 비타민까지 골고루 갖춘 완전식품이다. 잣나무는 아주 곧게 자라며, 숲을 이루면 그 잎 색으로 인하여 검푸르게 보인다. 잣나무 숲은 서늘하고 피톤치드가 많아 삼림욕에 더없이 좋다.

**막국수** 가평군 북면의 평화식당(031-582-0031) 막국수와 수육, 명지쉼터가든(031-582-9462)의 잣국수가 산자락 맛집으로 유명하다. 가평읍내의 송원막국수(031-582-1408)의 막국수·수육도 별미다.

### 교통 정보

서울 전철 7호선과 중앙선 환승역인 상봉역에서 경춘선 전철을 이용하거나, 용산역·왕십리역·청량리역에서 춘천행 ITX 청춘열차를 이용해 가평까지 간다. 가평에서 군내버스를 이용해 산행기점인 화악리로 이동한다.

# 39 설악산 雪嶽山

통일 신라 小祀로 국행제 지낸 '눈 덮인 바위산'

| | |
|---|---|
| 높이 | 1,708.1m |
| 주봉 | 대청봉 |
| 위치 | 강원 속초·인제 양양·고성 |

## 금강산보다 오래된 '隱者의 산'… 유네스코 생물권보전지구로 지정

흔히 설악산雪嶽山(1,707.9m)을 금강산의 아류쯤으로 안다. 전국의 내로라는 바위들이 금강산에 모여 아름다움을 뽐내는 가운데, 뒤늦게 도착한 울산바위가 금강산에 자리를 못 잡아 금강산을 바라보며 설악산에 걸쳐 앉았다는 전설도 그 내용을 뒷받침하는 듯하다. 결론부터 얘기하면 천만의 말씀이다. 혹자는 금강산보다 설악산이 더 아름답다고까지 말한다.

〈삼국사기〉에는 설악산이란 지명이 금강산보다 먼저 보인다. '설악雪嶽'은 신라가 삼국통일 후 전국의 명산대천을 대사·중사·소사로 나눌 때 소사 24곳 중의 하나였다. 소사에 상악霜岳, 설악雪岳이 나란히 등장한다. 지정 시기는 680년쯤. 설악은 지금 설악산을 말하고, 상악은 금강산을 가리킨다. 그 뒤 많은 기록에 설악이란 지명은 계속 나타난다. 하지만 금강산이란 지명은 조선시대 들어서 급격히 늘어난다. 아마 성리학의 자연관과 함께 삼신산이란 개념이 전국적으로 확산될 때 '봉래산'으로서 금강산의 지명도가 높아졌기 때문으로 짐작된다. 그래서 설악산을 '은자隱者의 산'이라고 한다. 실제 김시습, 김창흡과 같은 은자들이 세속을 등지고 살았던 산이기도 하다.

# 39 설악산

월별 가볼 만한 명산 52

설악산의 정확한 유래에 대한 애초의 기록은 없다. 조선시대 〈신증동국여지승람〉 등에 '8월에 눈이 내리기 시작하며 이듬해 여름이 돼서 녹는 까닭으로 이렇게 이름 지었다'고 나온다. 글자 그대로 눈 덮인 바위산이란 말이다. 설악산은 옛날에도 설산雪山·설봉산雪峰山·설화산雪華山·설뫼雪嶽라고도 했다. 눈雪과는 떼려야 뗄 수 없는 산이다.

〈고려사〉 이어 〈조선왕조실록〉에도 명산으로 지정되어 하늘에 제사를 지냈다는 기록이 나온다. 고대부터 명산이었고, 근대 들어서도 그 명성이 이어졌다. 금강산의 아류가 절대 아니라는 얘기다.

설악산은 특히 자연자원이 많아 1965년 11월 먼저 천연기념물 제171호로 지정되었고, 그후 1970년 한국에서 다섯 번째 국립공원으로 지정되었다. 또한 세계적으로 희귀한 동식물 분포서식지로서 1982년 유네스코가 한국 유일의 생물권보존지구로 지정하기도 했다.

설악산의 일반 등산로가 시작되는 기점을 따지면 외설악 설악동, 내설악 용대리와 남교리, 남설악 오색, 그리고 장수대의 4개 지점을 꼽을 수 있다. 이들 4개 기점에서 뻗어 오른 길들이 능선과 봉우리들에서 서로 만나 하나의 등산 코스로 완성된다.

4개의 기점 중 가장 많은 등산로가 뻗어 있는 곳은 단연 외설악의 설악동이다. 이곳에서는 우선 나들이코스인 울산암 코스와 비룡폭포 코스가 나뉜다. 그리고 천불동계곡 코스 이외 천불동의 지류인 마등령 코스가 설악동에서 시작된다.

설악산 탐방객은 2016년 10월에 96만679명. 10월 탐방객으로는, 아니 전국 22개 국립공원 월별 탐방객과 비교하더라도 압도적으로 많다. 북한산이 56만 9,712명, 무등산이 36만 8,433명, 주왕산이 35만 6,926명, 지리산이 32만 4,991명, 오대산이 28만 899명, 내장산이 26만 991명 등이다. 10월과 11월에 탐방객이 많은 이유는 단풍이 절경이기 때문이다.

신흥사 청동대불

오징어순대

### 주변 관광지
**척산온천** 속초의 대표적인 온천이다. 정식 명칭은 척산온천휴양촌이며 설악산이 지척이라 설악온천이라 부르기도 한다. 속초시 노학동 미시령 입구 부근에 있으며, 예부터 척산온천 용출지 주변은 언제나 물이 따뜻해 겨울에도 초목이 무성하고 아낙네들이 빨래터로 찾았다고 한다.

**신흥사** 설악동에 있는 설악산의 대표적인 사찰로 신라시대에 창건된 역사를 지닌 고찰이다. 조선 중기 1644년(인조 22)에 소실되었다가 다시 지은 법당, 대웅전, 명부전, 보제루, 칠성각 등의 건물이 현존한다. 108톤의 청동으로 만들었다는 절 입구의 청동대불도 볼거리다.

### 맛집·별미·특산물
**오징어순대** 오징어를 통째로 다듬어 씻고 그 속에 찹쌀과 무청, 당근, 양파, 깻잎을 넣어 쪄먹는 오징어 순대는 속초의 별미다. 쫄깃하면서도 담백한 맛이 일품이며 영양가도 풍부하다. 아바이순대는 기존의 순대와 달리 야채가 많이 들어간 이북 실향민들의 음식이다. 청호동 아바이마을 및 갯배 건너 관광수산시장 인근에서 맛 볼 수 있다.

**학사평 순두부** 바닷물을 간수로 사용하는 속초의 순두부는 역사가 깊은 향토음식이다. 학사평 콩꽃마을과 신흥 순두부마을 등 순두부촌이 형성돼 있다. 속초 한화리조트 앞에 있는 초당할머니집(033-635-8700)은 잘 알려진 순두부 음식점이다. 강원도산 콩만을 사용해 담백한 순두부와 미시령 고지에서 겨우내 만든 청정황태를 사용한 요리가 일품이다. 여러 방송에서 속초 맛집으로 소개된 바 있다.

### 교통 정보
설악동 소공원으로 가려면 일단 속초까지 간다. 서울 강남고속터미널이나 동서울터미널 등지에서 속초행 노선버스가 다닌다. 속초시내에서 설악동행 시내버스는 수시로 운행한다.

# 40 오대산 五臺山

자장율사가 수도한 중국 오대산서 유래

| | |
|---|---|
| 높이 | 1,565.4m |
| 주봉 | 비로봉 |
| 위치 | 강원 강릉시·평창군·홍천군 |

### 오대마다 다른 보살 파악하는 산행도 재미… 전나무숲길은 '한국의 아름다운 길'

10월의 명산을 소개하면서 단풍을 언급하지 않을 수 없다. 남한 단풍의 첫 출발지이자 명불허전 단풍 명산 설악산 단풍은 오대산·치악산을 거쳐 남하하면서 선홍빛의 향연을 전국의 산에 수놓는다. 바로 이어지는 오대산五臺山(1,563.4m)도 단풍 짙은 가을에 호젓하게 가고 싶은 최고의 산으로 꼽힌다. 자장율사와 얽힌 수많은 전설과 육산陸山의 포근함, 고목의 아름다움과 설경을 자랑한다.

오대산은 신라가 삼국을 통일하기 직전 자장율사가 수도한 중국 오대산에서 유래했다고 〈삼국유사〉에 전한다. 같은 책 제3권 탑상 제4에 '〈산중고전〉을 살펴보면 이 산이 문수보살이 머무르던 곳이라고 기록한 것은 자장법사부터 시작됐다. 자장이 중국 오대산 문수보살의 진신을 현몽하고 643년 강원도 오대산에 문수보살의 진신을 보려고 했다. 그러나 3일 동안 날이 어둡고 흐려서 뜻을 이루지 못했다. 원녕사에 머물면서 문수보살을 뵈었다. 문수보살이 자장에게 "칡덩굴이 얽혀 있는 곳으로 가라"고 했으니 지금 정암사가 그곳이다. 오대산에서 자장이 쉬던 곳에 암자를 짓고 머물렀다. 신의가 죽자 암자도 역시 버려져 있었는데, 수다사의 장로 유연이 다시 암자를 짓고 살았다. 지금의 월정사가

# 40 오대산



대간 · 정맥
지맥
등산로
비지정등산로
임도(MTB코스)
고속국도
(번호) (공사중)
(국도번호) (지방도번호)
국도 · 지방도
(4차선) (2차선)
간선도로
(4차선) (2차선)
기타차도
우마차로
소로
고속철도
철도
지하철
특별시·광역시·도계
시·군·구계
읍·면계
국립공원계
지류계
삼각점
수준점
논 · 밭
특별시·광역시·도청
시청
군청
구청
읍사무소
면사무소
대학교
초·중·고교
병원
공항
명승고적
사찰
능묘
해수욕장
온천
모텔 · 펜션
민박 · 식당

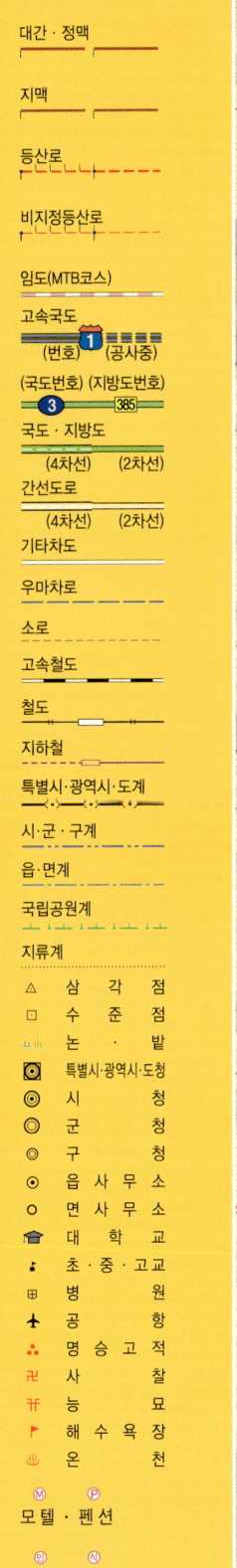

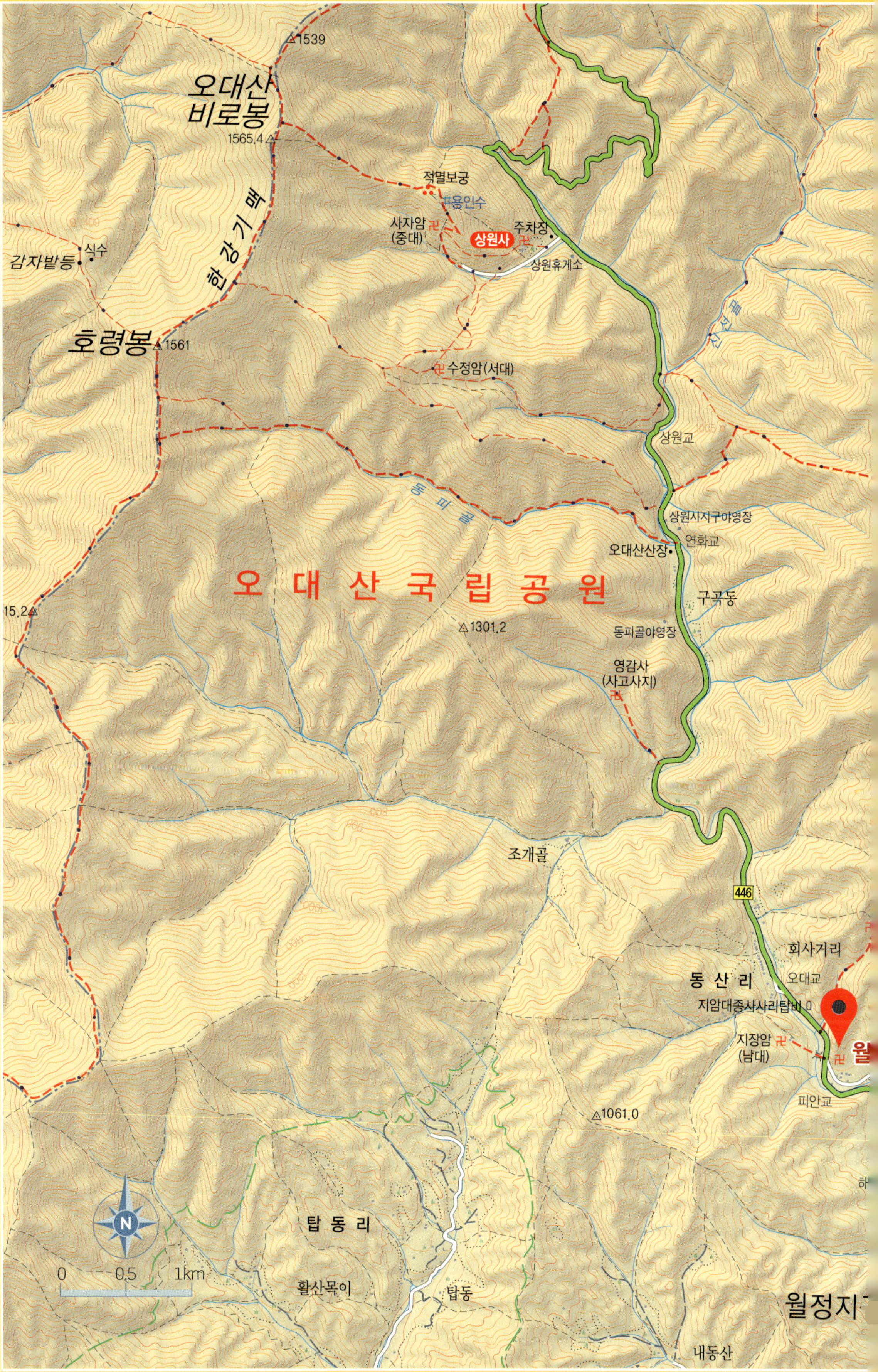

바로 그곳이다'고 나온다.

자장율사가 중국 오대산과 닮은 다섯 봉우리가 있는 오대산에 진신사리를 모시고 절을 지은 자리가 적멸보궁이라는 설도 있다. 어쨌든 오대산은 자장율사와 문수보살, 불가분 관계에 있는 산이다. 오대산의 오대에는 각각의 모셔진 보살이 있다. 중대 사자암엔 비로자나불, 서대 수정암(또는 염불암)엔 대세지보살, 동대 관음암엔 관세음보살, 북대 미륵암엔 미륵보살, 남대 지장암엔 지장보살 등이 모셔져 있다. 중대엔 원래 문수보살이 모셔져 있었으나 비로자나불로 바뀌었다. 비로자나불이 문수보살의 협시불이기 때문이다. 문수보살은 항상 사자를 타고 있기 때문에 주변에는 사자 형상이 많다. 지금 중대에 사자암이 있고, 사자 형상이 많은 이유이기도 하다. 또한 중대 위 봉우리가 정상 비로봉이 된 연유이기도 하다. 〈신증동국여지승람〉에선 오대 지명에 대해 '동쪽이 만월滿月, 남쪽이 기린麒麟, 서쪽이 장령長嶺, 북쪽이 상왕象王, 복판이 지로智爐인데, 다섯 봉우리가 고리처럼 벌려 서고, 크기와 작기가 고른 까닭에 오대라 이름했다'고 소개한다.

조선 최고 명문가 출신인 김창흡은 적멸보궁 터를 '산신이 지키고 있는 풍수 제일의 명당'이라 칭했다. 그러면서 오대산 네 가지 승경을 소개한다. 마치 유덕한 군자와 같이 가볍거나 뾰족한 태도가 전혀 없는 점이 제일 승경, 둘째는 빽빽한 잣나무숲과 아름드리나무가 우거져 속된 자들이 거의 오지 않는 점, 셋째, 암자가 빽빽한 산림 속에 있어 곳곳마다 하안거를 할 수 있는 점, 넷째, 샘물의 맛이 가히 절색이라 다른 산에서 찾아볼 수 없는 점을 지적했다. 그러면서 아금강亞金剛이라 했다.

오대산 2017년 방문객은 150만여 명. 그중 10월 방문객이 33만 1,702명이다. 5분의 1 이상이 10월에만 찾았다. 다른 월에 비해 압도적으로 많다. 올 가을 선홍빛 서린 전나무숲길을 사랑하는 사람과 함께 걷는 여유를 즐기면 어떨까.

전나무 숲 길

봉평 메밀밭

8개의 암자를 거느리고 있다. 신라 선덕여왕 12년(643년) 자장율사에 의해 창건되었다. 국보 48호인 팔각9층석탑 및 보물 139호 월정사 석조보살좌상 등 수 많은 문화재를 보유하고 있다. 1km에 달하는 500년 수령의 전나무 숲 또한 이곳의 자랑거리다.

**명승 1호 소금강** 1970년 명승지 제1호로 지정되었다. 예로부터 강릉소금강 또는 명주소금강으로 불릴 만큼 경관이 빼어났다. 현재는 오대산국립공원에 속해 있으며 국립공원 전체 면적의 4분의 1을 차지한다. 청학동소금강 또는 연곡소금강이라고도 하며 오대산국립공원에 편입된 뒤로는 오대산소금강이라고 한다.

### 맛집·별미·특산물

**봉평 메밀** 오대산으로 가는 길에 만나는 봉평은 우리나라의 대표적인 메밀 산지다. 이효석의 단편소설 '메밀꽃 필 무렵'의 배경이 된 곳이기도 하다. 건강식품으로 인기를 끌고 있는 메밀은 루틴성분이 다량 함유되어 혈압, 당뇨, 콜레스테롤 저하 등 성인건강에 유익하다. 메밀묵, 메밀차, 메밀국수 등을 만들어 먹는다.

**산채백반** 오대산 입구 식당가에서 산채백반의 상큼함을 맛볼 수 있다. 예로부터 오대산 일대는 갖가지 산나물로 유명해 월정사 입구에 산채백반 정식을 하는 집이 여럿 있다. 해발 1,500m 고지에서 채취한 산나물을 비롯해 곰취, 참나물, 개두릅 등이 주요 재료다. 오대산비로봉식당(033-332-6603), 오대산가마솥식당(033-333-5355) 등.

### 주변 관광지

**월정사** 오대산 동쪽 계곡의 울창한 수림 속에 자리 잡고 있는 월정사는 사철 푸른 침엽수림에 둘러싸여 고즈넉한 분위기가 일품이다. 월정사는 조계종 제4교구 본사로, 60여 개의 사찰과

### 교통 정보

서울 동서울종합터미널(www.ti21.co.kr)에서 1일 10회(06:40~20:20) 진부행 버스가 운행한다. 2시간 15분 소요. 진부에서 월정사행 평창운수가 다닌다.

# 41 청량산 清凉山

기암괴석·자연경관 뛰어난 퇴계의 산

| 높이 | 869.7m |
| 주봉 | 장인봉 |
| 위치 | 경북 봉화군 |

水山으로 불리다 조선시대 들어서 청량산으로… 어풍대는 최고의 경승

봉화 청량산清凉山(870.4m)은 수려한 기암괴석과 자연경관을 자랑하는 명산이다. 이름도 뛰어난 산수 절경과 맑은 물이 중국 화엄종의 성스러운 산, 청량산과 비슷하다고 해서 명명된 것으로 전한다. 옛날에는 계곡물이 워낙 맑아 수산水山으로 불리다가 조선시대 들어서 퇴계의 영향으로 청량산으로 정착됐다고 한다.

청량산은 6·6봉과 12대臺, 8굴이 있다. 산 중심에 자리 잡은 청량사에서 두루 보이는 9개의 봉우리와 바깥쪽 3개 봉우리를 합해 12개 봉우리를 사람들은 청량산 6·6봉이라 한다. 최고봉인 장인봉을 비롯, 외장인·축융·경일·선학·금탑·자소·자란·연화·연적·향로·탁필이다. 하나하나가 모두 절경이다. 12대는 금탑봉 오른쪽의 어풍대·밀성대·풍혈대·학소대·금강대·원효대·반야대·만월대·자비대·청풍대·송풍대·의상대를 일컫는다. 이 가운데 어풍대는 최고의 경승으로 평가받는다. 8개의 동굴은 원효굴·의상굴·반야굴·방장굴·고운굴·한생굴·김생굴·금강굴이다. 김생굴은 신라 명필 김생이 10년간 글씨 공부를 했다고 전해지며, 금강굴은 비와 바람을 피해 은거하기 좋은 곳으로 알려져 있다.

# 41 청량산

월별 가볼 만한 명산 52

퇴계 이황은 스스로 '청량산인'이라 호를 짓고 청량산을 자주 찾았다. 퇴계는 "이 산은 실제로 내 집안의 산이다. 나는 어릴 때부터 부형을 따라 괴나리봇짐을 메고 이 산을 왕래하며 독서했는데 그 수를 헤아릴 수 없을 정도였다"고 주세붕의 〈유청량산록〉 발문에 썼다.

기암절벽으로 이뤄진 청량산은 피신처로도 적격이었다. 고려 공민왕이 홍건적의 난을 피해 이 청량산으로 들어온 적이 있다. 공민왕은 청량사 법당 유리보전의 현판 글씨를 자신이 청량산을 찾았던 흔적으로 남겼다.

청량산에서 발견되는 식생은 618종으로 매우 다양하며, 크게 양치식물류와 관속식물로 나뉜다. 양치식물류에는 신살나무군락, 서어나무, 느티나무군락, 갈대 군락, 달뿌리풀 군락 등이 있으며, 관속식물로는 세뿔투구꽃, 굼꿩의다리, 매화말발도리, 금강제비꽃 등이 있다. 동물은 89종이 살고 있으며, 어류는 16종이 발견되었다. 1982년 경상북도 도립공원으로 지정되었으며, 2007년에는 국가지정문화재 명승 23호로 지정되어 학술적·경관적·역사적 가치를 입증하기도 했다.

청량산의 또다른 명물은 90m 길이의 산악현수교량인 하늘다리다. 해발 800m 지점에 선학봉과 자란봉을 연결하는 다리로 폭은 1.2m, 지상에서 높이 70m에 이른다. 하늘다리는 2008년 완공되던 해부터 화제가 되며 등산객을 비롯해 많은 관광객을 청량산으로 끌어들여, 지금은 봉화의 명물로 자리 잡았다. 다리 중간에는 1m 크기의 강화 유리가 바닥에 깔려 있어 허공 위를 걷는 듯한 스릴을 맛볼 수 있다.

청량산에서 가장 인기 있는 산행 코스는 입석대~응진전~청량사~김생굴~자소봉~탁필봉~뒤실고개~하늘다리 코스다. 이후 최고봉인 장인봉을 지나 두들마을~청량폭포 길로 하산하거나 청량사로 되돌아갈 수 있다. 장인봉에서 두들마을로 내려서는 코스는 산속에서만 걷는 거리가 약 7km, 산 입구 주차장에서 입석대를 잇는 임도 거리가 4km, 청량폭포에서 주차장으로 이어진 임도 2km를 포함하면 총 13km에 5~6시간 걸린다.

도산서원

### 주변 관광지

**청량사** 청량산도립공원 내에 자리한 청량사는 신라 문무왕 3년(663년)에 원효대사가 세운 절이다. 청량사의 자리는 풍수지리학적으로 볼 때 길지 중의 길지로 꼽는다. 육육봉(12봉우리)이 연꽃잎처럼 청량사를 둘러싸고 있고 연꽃의 수술 자리에 절이 위치했다.
청량사에는 보물 두 개가 남아 있다. 공민왕의 친필로 쓴 현판 유리보전琉璃寶殿과 지불이다.

**도산서원** 우리나라의 대표적인 유학자 퇴계 이황의 학문과 덕행을 기리고 추모하기 위해 1574년(선조 7)에 지어진 서원이다. 봄과 가을에 향사를 지낸다. 서원의 건축물들은 전체적으로 간결, 검소하게 꾸며졌으며 퇴계의 품격과 학문을 공부하는 선비의 자세를 잘 반영하고 있다. 도산서원은 건축물 구성면으로 볼 때 크게 도산서당과 이를 아우르는 도산서원으로 구분된다.

### 맛집·별미·특산물

**봉화 송이** 송이버섯은 다른 버섯과 달리 인공재배가 불가능하다. 소나무 뿌리에 균근을 형성해 알맞은 환경조건에서만 생산되는 순수 자연산 버섯이다. 봉화 송이는 험준한 산자락의 마사토 토양에서 자라, 다른 지역 송이보다 수분함량이 적어 장기간 보관이 가능하고 향이 뛰어나다. 매년 9월 말~10월 초 봉화송이축제가 열린다.

**안동찜닭** 청량산에서 가까운 안동의 먹거리 가운데 유명한 것이 '안동찜닭'이다. 1980년대부터 안동의 재래시장에서 즐겨먹기 시작한 음식으로, 토막 친 닭고기에 각종 채소와 당면과 간장 양념을 넣고 끓여 담백하다. 저렴하고 푸짐해 산행 후 영양보충에 그만이다. 안동 구시장 내에 찜닭집이 모여 있는 거리가 있다.

### 교통 정보

서울 동서울터미널에서 봉화행 버스를 탄다.
봉화공용버스정류장과 청량산도립공원 사이를 농어촌버스 15, 16번이 1일 3회 운행한다.

# 42 강천산 剛泉山

천봉만학 산수미 자랑하는 호남 소금강

| 높이 | 585.8m |
|---|---|
| 주봉 | 왕자봉 |
| 위치 | 전북 순창군, 전남 담양군 |

## 원래 지명은 용천산… 기암괴석에 계곡·단풍이 절경

강천산剛泉山(585.8m)은 천봉만학千峰萬壑의 산수미를 자아내는 전북 순창의 명산이다. 호남정맥의 명봉이기도 한 강천산은 산성산~시루봉(515m)~광덕산(578m)~옥호봉(415m)으로 이어지며 'ㄷ' 형태를 이룬다. 동쪽으로 터진 강천사계곡(비룡계곡~삼인대계곡)은 거대한 기암절벽이 양옆에 솟구친 골짜기를 비롯해 산릉 전체가 울창한데다가 1980년 군립공원 지정 이후 골짜기 안에 심은 단풍나무와 메타세쿼이어가 하늘을 찌를 듯 높이 자라 숲 분위기가 뛰어나다.

또한 산성산과 형제봉으로 이어지는 호남정맥 동쪽에 조성된 제1강천호의 담수가 사철 마르지 않고 흘러내리는 골짜기는 구장군바위, 병풍바위, 어미바위, 아랫용소, 물통골 약수폭포, 부처바위, 북바위 등 기암과 명소가 많은 데다 탐방로가 널찍하고 완만해 유산객들의 발길이 끊이지 않는다.

강천산의 깊은 계곡과 맑은 물, 기암괴석과 절벽이 어우러져 '호남의 소금강'으로 평가받아 1981년 1월 7일자로 우리나라 첫 도립공원으로 지정됐다. 강천산 현수교는 또 다른 명물이다. 1980년 8월 완공된 현수교는 높이 50m, 길이 78m, 폭 1m 규모다. 철계단을 따라 현수교 위에 올라서면 50m 아

전라북도 순창군, 전라남도 담양군

# 42 강천산

월별 가볼 만한 명산 52

대간 · 정맥

지맥

등산로

비지정등산로

임도(MTB코스)

고속국도 (번호) (공사중)

(국도번호) (지방도번호)

국도 · 지방도 (4차선) (2차선)

간선도로 (4차선) (2차선)

기타차도

우마차로

소로

고속철도

철도

지하철

특별시 · 광역시 · 도계

시 · 군 · 구계

읍 · 면계

국립공원계

지류계

삼각점

수준점

논 · 밭

특별시 · 광역시 · 도청

시청

군청

구청

읍사무소

면사무소

대학교

초 · 중 · 고교

병원

공항

명승고적

사찰

능묘

해수욕장

온천

모텔 · 펜션

민박 · 식당

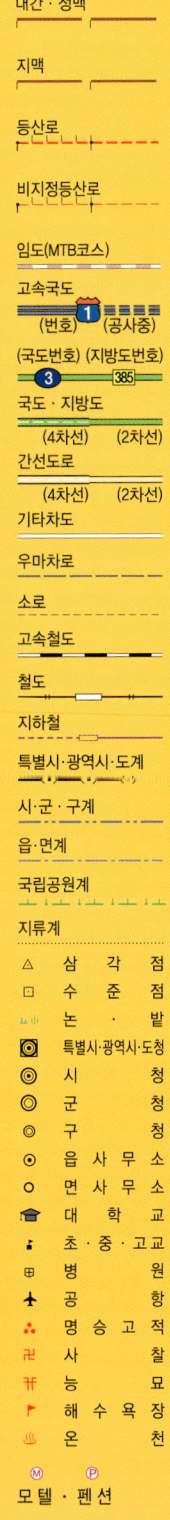

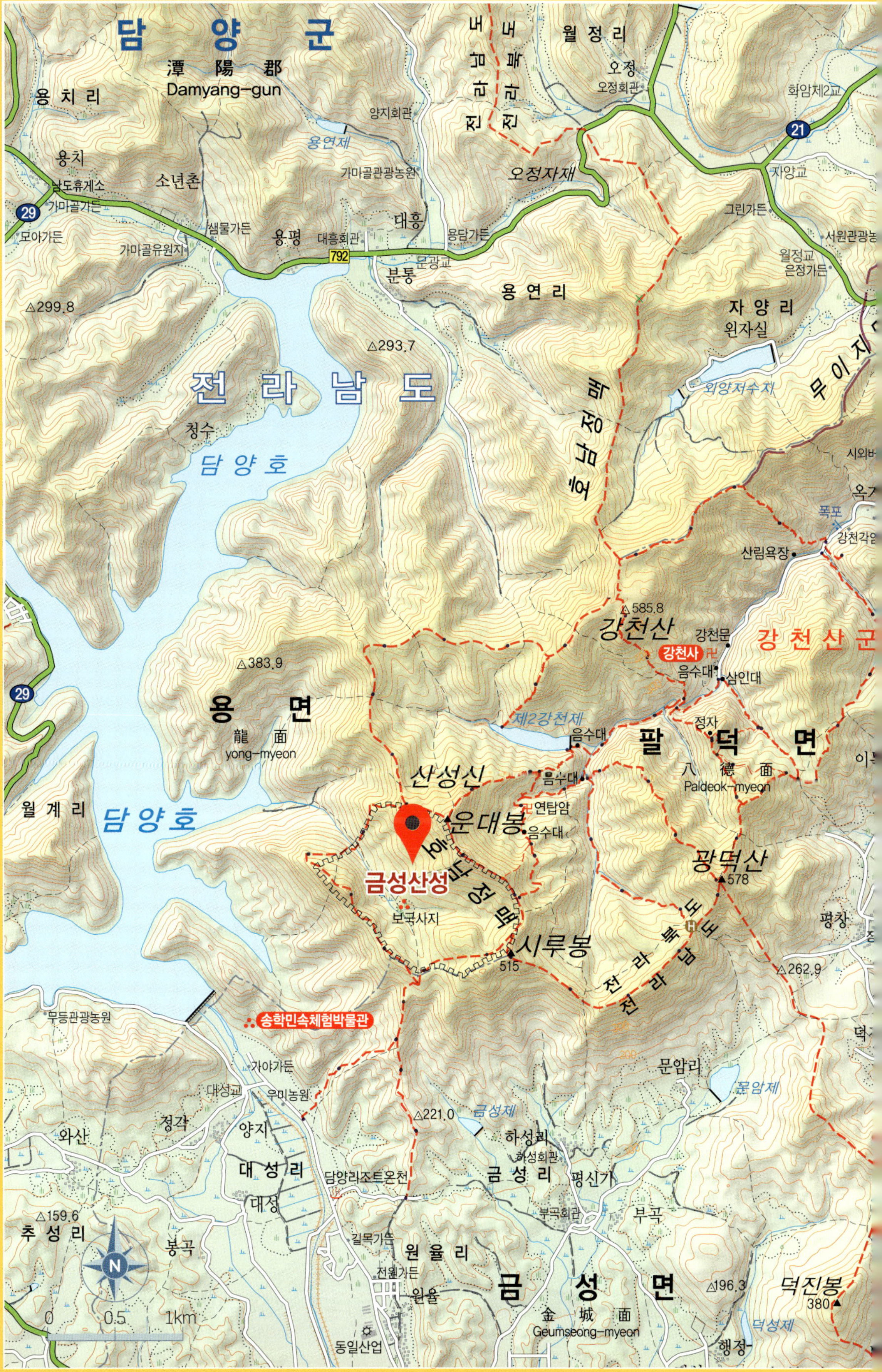

래 골 바닥이 까마득하게 느껴져 담력 약한 사람은 다리가 후들거릴 정도다.

강천산의 원래 지명은 용이 꼬리를 치며 승천하는 모습과 닮았다 해서 용천산龍天山이라 불렸다. 하지만 소금강의 '剛강'과 '泉천'을 가져와 강천산으로 바뀌었다.

강천산은 유적지 답사 및 산중 호수 산행지로도 이름 높다. 강천산 남서쪽의 연대봉~운대봉~북바위 능선은 시루봉(515m)~노적봉~철마봉(484m) 능선과 함께 이어지면서 금성산성(사적 제353호, 1990년 8월 20일)과 연결된다. 장성 입암산성, 무주 적상산성과 함께 호남 3대 산성으로 꼽히는 금성산성은 고려 때 첫 축성 이후 조선 광해군 2년(1610) 개보수되고 12년 뒤 조성된 내성에는 민가와 사찰뿐만 아니라, 곡식 1만6,000섬을 쌓아 둘 수 있는 커다란 창고가 있었다고 전해진다. 여기에 산 입구의 제1강천호수와 산 안의 제2저수지는 물론 산릉 서쪽으로 호남 최고의 산중호수로 꼽히는 담양호가 또다른 볼거리를 제공한다.

강천산은 주봉 왕자봉의 높이가 해발 585.8m, 산성산 최고봉 연대봉의 높이가 603m로 야트막하지만 호남정맥을 이루고 있는 만큼 산세가 만만찮다. 가벼운 현수교 산행이 목적이라면 매표소를 출발해 병풍바위를 거쳐 강천사까지 접근한 다음 현수교로 올라서도록 한다. 조망대가 설치된 신선봉을 다녀온다면 매표소 기점 약 5km 거리로, 3시간 30분 정도 걸린다. 신선봉에서 동쪽 황우재골로 내려선 다음 삼인당으로 하산할 수도 있다.

현수교를 왕복하는 산행 후 강천사계곡을 따라 구장군폭포~선녀계곡~산성산~운대봉~북바위~동문~선녀계곡~강천사~매표소 코스는 강천산을 찾는 등산인들에게 가장 인기 있다. 약 4시간.

강천사계곡

담양 관방제림

### 주변 관광지

**금성산성** 전남 담양군 금성면과 전북 순창군의 경계를 이루는 금성산(603m)에 위치한 금성산성은 호남의 3대 산성 가운데 하나로 꼽힌다. 담양읍에서는 동북쪽으로 약 6㎞ 떨어져 있다. 외성은 6,486m, 내성은 859m에 이르며 돌로 쌓았다. 산성에 올라서면 멀리 담양호와 추월산 능선의 아름다운 풍경이 펼쳐진다. 금성산성은 주차장에서 40분 정도 오르면 닿는 충용문 옆에서 바라보는 전망이 일품이다.

**담양 관방제림** 관방제는 담양 관방천에 있는 제방으로 길이 6km에 이른다. 이곳에 약 2km에 걸쳐 거대한 풍치림이 조성되어 있다. 이 숲을 관방제림이라고 부르는데, 면적 4만 9,228㎡에 추정 수령 300~400년에 달하는 나무들이 빽곡하게 자리를 잡고 있다. 그 모습이 아름다워 1991년 11월 27일 천연기념물 제366호로 지정되었으며, 2004년에는 산림청이 주최한 '제5회 아름다운 숲 전국대회'에서 대상을 수상하기도 했다.

### 맛집·별미·특산물

**죽순** 대나무의 고장 담양에서 생산된 최고 품질의 죽순을 구입할 수 있다. 죽순은 피를 맑게 해줄 뿐만 아니라 식이섬유와 칼륨 함량이 풍부해 변비와 혈중 콜레스테롤을 저하시키는 것으로 알려지면서 인기를 끌고 있다. 담양 죽순영농조합법인에서 수매해 엄선한 고품질의 죽순은 고유의 아삭거리는 맛이 그대로 살아 있도록 가공해 판매한다.

**한정식** 강천산 자락의 순창은 한정식으로 이름난 곳이다. 옥천골한정식(063-653-1008), 남원집(063-653-2376), 민속집(063-653-8880), 새집(063-653-2271), 청사초롱(063-653-0808) 등이 유명하다.

### 교통 정보

일단 순창까지 간다. 순창 시외버스터미널에서 약 30분 간격(06:50~18:40)으로 운행하는 군내버스나 1일 9회 운행하는 광주 발 순창 경유 강천사행 직행버스를 이용한다.

# 43 내장산 內藏山

**단풍 시즌 가장 많이 찾는 산**

| | |
|---|---|
| 높이 | 763.5m |
| 주봉 | 신선봉 |
| 위치 | 전북 정읍시·순창군 |

## 내장산 지명 내력 오래 안 돼… 조선 들어 영은산에서 내장산으로 바뀐 듯

한국에서 단풍이라 하면 내장산內藏山(763.5m)을 가장 먼저 떠올린다. 설악산은 남한에서 단풍이 가장 먼저 드는 산으로 알려져 있지만 아름답기로는 내장산을 더 꼽는다. 단풍은 중부의 설악산, 남부의 내장산으로 대별할 수 있겠다.

이 시기 내장산 탐방객은 다른 산에 비해 압도적이다. 내장산은 연간 탐방객이 2016년 기준 164만여 명으로 전체 국립공원의 중간 정도에 불과하지만 11월 탐방객만큼은 58만3,000여 명으로 단연 1위다. 10월에 96만여 명을 기록했던 설악산도 11월에는 53만6,000여 명으로 내장산에 뒤진다. 북한산이 47만1,000여 명으로 그 뒤를 잇는다. 한국의 5대 단풍명소로 꼽히는 피아골 지리산도 11월에는 24만여 명에 불과하다. 그만큼 내장산 단풍은 한국에서 둘째가라면 서러워할 정도다.

그런데 내장산이란 지명의 역사는 그리 오래돼 보이지 않는다. 〈삼국사기〉나 〈삼국유사〉에는 내장산이란 지명이 등장하지 않는다. 〈고려사〉에도 없다. 조선시대 발행된 지리지 〈신증동국여지승람〉에 처음 등장한다. 조선 성종 때 문인인 성임成任(1421~1484)이 내장산을 방문하고 내장사 앞 정자에 남긴 '정혜루기'가 첫 기록이다.

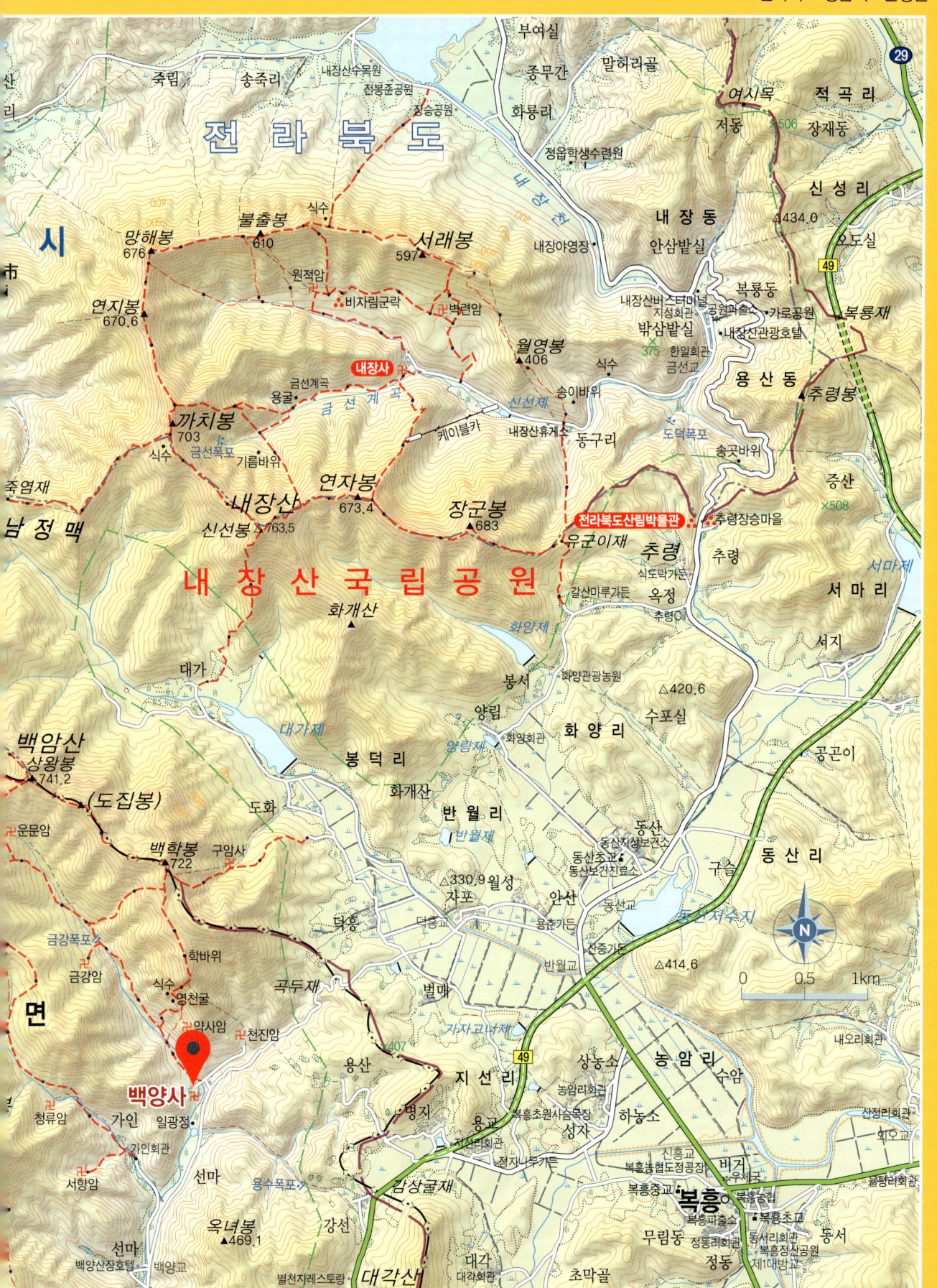

# 내장산

월별 가볼 만한 명산 52

대간 · 정맥

지맥

등산로

비지정등산로

임도(MTB코스)

고속국도 (번호) (공사중)

(국도번호) (지방도번호)

국도 · 지방도 (4차선) (2차선)

간선도로 (4차선) (2차선)

기타차도

우마차로

소로

고속철도

철도

지하철

특별시·광역시·도계

시·군·구계

읍·면계

국립공원계

지류계

삼각점

수준점

논 · 밭

특별시·광역시·도청

시청

군청

구청

읍사무소

면사무소

대학교

초·중·고교

병원

공항

명승고적

사찰

능묘

해수욕장

온천

모텔 · 펜션

민박 · 식당

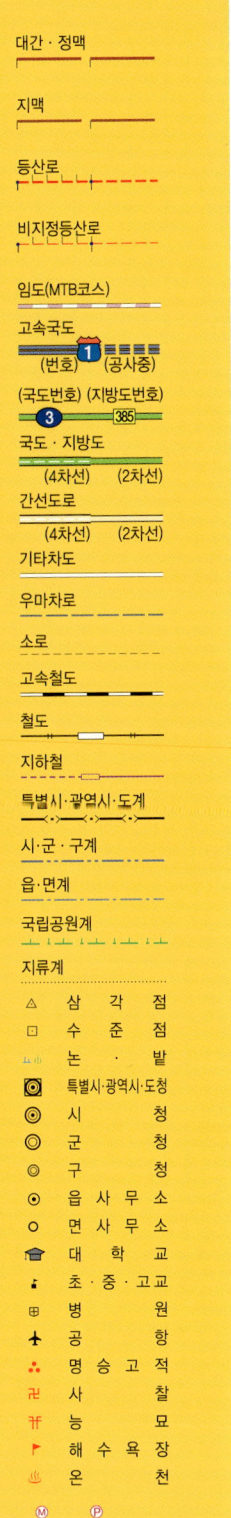

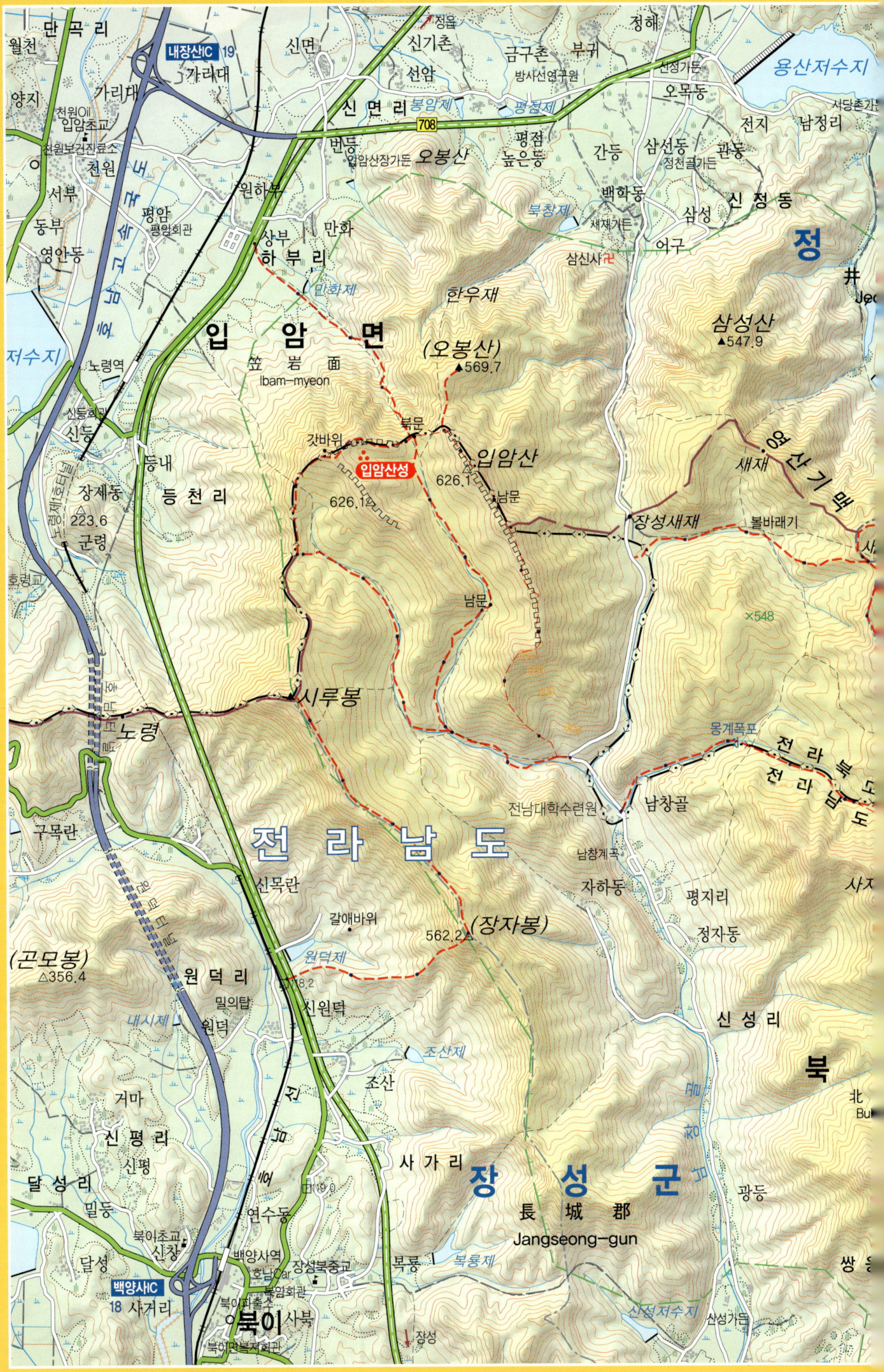

'성임의 정혜루기에 호남에 이름난 산이 많은데, 남원 지리산, 영암 월출산, 장흥 천관산, 부안 능가산(변산)이 있다. 정읍 내장산도 그중의 하나다.'

여기에서 호남 5대 명산이 유래했다. 그런데 한국 8경 또는 조선 8경 중의 하나라고 흔히들 말한다. 출처는 불분명하다. 아니 어디에도 없다. 1936년 발표된 〈조선팔경가〉에 한국의 여덟 명승지가 나온다. 금강산, 백두산, 한라산, 석굴암(경주), 달맞이고개(해운대), 압록강, 부전고원, 지리산이 이에 해당한다. 내장산은 없다.

성암은 15세기에 생존했던 인물이니 그 즈음에는 내장산으로 불렸던 사실을 알 수 있다. 하지만 그 이전의 기록은 알 수 없다.

내장사 연혁에 '636년 영은 조사가 대웅전 등 50여 동의 대가람을 영은사란 이름으로 창건했고, 1098년 행안 선사께서 전각당우를 중창했다는 기록만 있을 뿐 자세한 연혁은 밝혀지지 않고 있다'고 소개한다.

영은 조사가 창건한 영은사의 이름을 따서 영은산靈銀山이라 부르다 후세에 많은 사람들이 계곡 속으로 들어가도 양의 구절양장 속에 들어간 것처럼 잘 보이지 않는다고 하여 내장산으로 부르게 됐다고 한다. 산속에 무궁무진한 보물이 숨겨져 있어 내장산이라 했다는 설도 있다.

산 속에 숨겨진 보물은 다름 아닌 사고본史庫本이다. 조선 왕조는 왕실족보를 기록한 선첩璇牒과 조선실록을 담은 금궤金櫃, 즉 사고본을 한양의 춘추관, 충주, 성주, 전주 등에 분산 보관했다. 임진왜란이 터지자 전주 사고본을 제외한 나머지는 전부 소실됐다. 전주 사고본도 소실될 위기에 처하자, 태인 선비 손홍록과 안의라는 두 사람이 왜군의 발길이 닿기 전에 이태조의 초상화와 사고본을 거두어 내장산 용굴암이란 암자가 있던 바위굴에 숨겨 놓았다. 다행히 이 사고본은 무사할 수 있었다. 임진란이 끝나자 유일한 사고본이 된 내장산은 다시 묘향산으로 옮겨지고, 다시 5부로 늘려 한양 춘추관과 오대산, 태백산, 강화 마니산, 무주 적상산 등지로 분산 보존토록 했다. 우리 역사 기록보관에 결정적으로 기여한 내장산인 것이다. 그래서 구절양장같이 깊숙이 숨기는 내장산은 굳어졌고, 영은산이란 지명은 아예 흔적조차 없이 사라졌다.

### 주변 관광지

**백양사 고불총림古佛叢林** 백양사는 백제 무왕(632년) 때 창건됐다. 이곳의 대웅전, 극락보전, 사천왕문은 지방문화재로 소요대사부도는 보물로 지정되어 있다. 가을 단풍은 물론 사계절 내내 아름다운 풍광이 자랑거리다. 백양사 주변에는 5,000여 그루의 비자나무가 빼곡하게 들어차 삼림욕을 즐기기도 좋다. 이곳은 비자나무 서식지의 북방한계선이기도 하다.

**장성호 관광지** 장성호는 영산강 유역 개발사업의 일환으로 1976년 장성댐이 완공되면서 만들어졌다. 백암산 계곡을 따라 흘러내리는 황룡강을 막아 모인 물을 광주광역시 광산구와 나주시, 장성군, 함평군 등에 공급하고 있다. 아름다운 경관으로 1977년 국민관광지로 지정되었다. 관광지 북쪽 언덕에 조성된 장성호 문화예술공원에는 '임권택 시네마테크'가 자리하고 있다.

### 맛집·별미·특산물

**정읍 한우** 정읍 한우는 육질이 단단하고 빛깔이 뚜렷해 그 신선함을 눈으로 직접 확인할 수 있을 정도로 품질이 좋다. 깨끗한 환경과 자연친화적인 사육 여건 속에서 통보리, 녹사료, 한약재를 먹여 키운다.

**씨 없는 수박** 정읍은 전국 제일의 씨 없는 수박 주산지로 당도가 높고 식감이 우수한 것이 특징이다. 풍요로운 옥토와 깨끗한 물이 있는 청정지역 정읍에서 나는 모든 농산품은 환경오염 방지, 화학비료 사용 감소 등을 실천하며 친환경 재배로 생산된다.

**산채정식** 내장산 입구에 식당이 많다. 명인관(063-538-8981)은 24년을 이어온 식당이며 산채한정식이 유명하다. 내장사 입구에서 좌회전해서 골목으로 들어가야 있다.

### 교통 정보

정읍으로 간 다음 내장산행 버스를 탄다. 정읍에서는 버스터미널 밖 버스정류소에서 20분 간격으로 운행하는 시내버스가 있다. 내장터미널이 종점이며 30분 소요.

# 44 주왕산 周王山

周王 전설… 세계지질공원 등재

| | |
|---|---|
| 높이 | 722.1m |
| 주봉 | 주왕산 |
| 위치 | 경북 청송군 |

### 기암괴석과 어울린 선홍빛 단풍은 압권… 11월 방문객 전체 국립공원 중 세 번째

국립공원 연간 방문객을 곰곰이 살펴보면 어느 산이 단풍 명산인 줄 금방 파악된다. 10월은 설악산이 압도적이다. 매년 100만 명가량 방문한다. 2017년 전체 국립공원 기준 11월 방문객은 주왕산周王山(722.1m)이 눈에 확 띈다. 주왕산은 내장산 64만8,897명, 북한산 45만 여명에 이어 39만8,391명으로 세 번째로 많다. 내장산과 함께 남부의 대표 단풍명산이다.

주왕산은 국립공원일 뿐만 아니라 세계지질공원으로 등재될 만큼 기암괴석과 뛰어난 경관으로 유명하다. 그 기이한 바위와 어울린 단풍은 또한 절경이다. 주왕산 연간 방문객 131만2,445명 중에 30% 이상이 11월에만 방문하는 이유이기도 하다.

주왕산도 다른 명산과 마찬가지로 몇 가지 이름이 전한다. 다른 이름들도 그 특이한 지형에 의해 유래했다. 석병산石屛山·대둔산大屯山 등이 그렇고, 소금강산은 뛰어난 경관 때문에 이름 붙여진 점을 알 수 있다. 그외 주방산周房山으로도 불렸다. 석병산은 병풍 같은 바위가 있어서이고, 대둔산은 산마루가 큰 진지 같다고 해서 유래했다. 주방산은 주왕의 공간이 있던 곳이라 해서 명명됐다.

주왕산은 몇 가지 이름과 함께 두 가지 지명유래

# 44 주왕산

월별 가볼 만한 명산 52

대간 · 정맥
지맥
등산로
비지정등산로
임도(MTB코스)
고속국도 (번호) (공사중)
(국도번호) (지방도번호)
국도 · 지방도 (4차선) (2차선)
간선도로 (4차선) (2차선)
기타차도
우마차로
소로
고속철도
철도
지하철
특별시 · 광역시 · 도계
시 · 군 · 구계
읍 · 면계
국립공원계
지류계
삼각점
수준점
논 · 밭
특별시·광역시·도청
시청
군청
구청
읍사무소
면사무소
대학교
초 · 중 · 고교
병원
공항
명승고적
사찰
능묘
해수욕장
온천
모텔 · 펜션
민박 · 식당

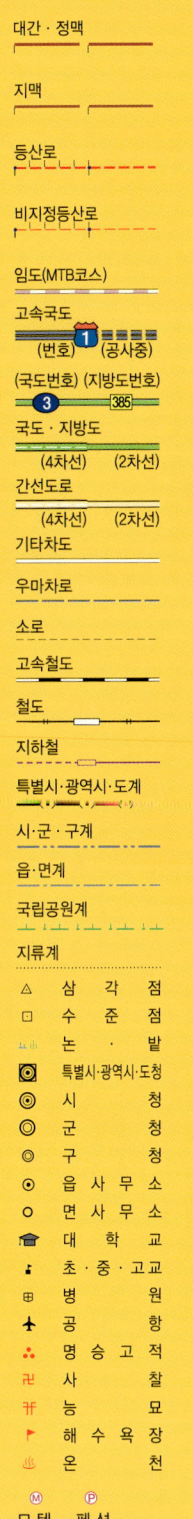

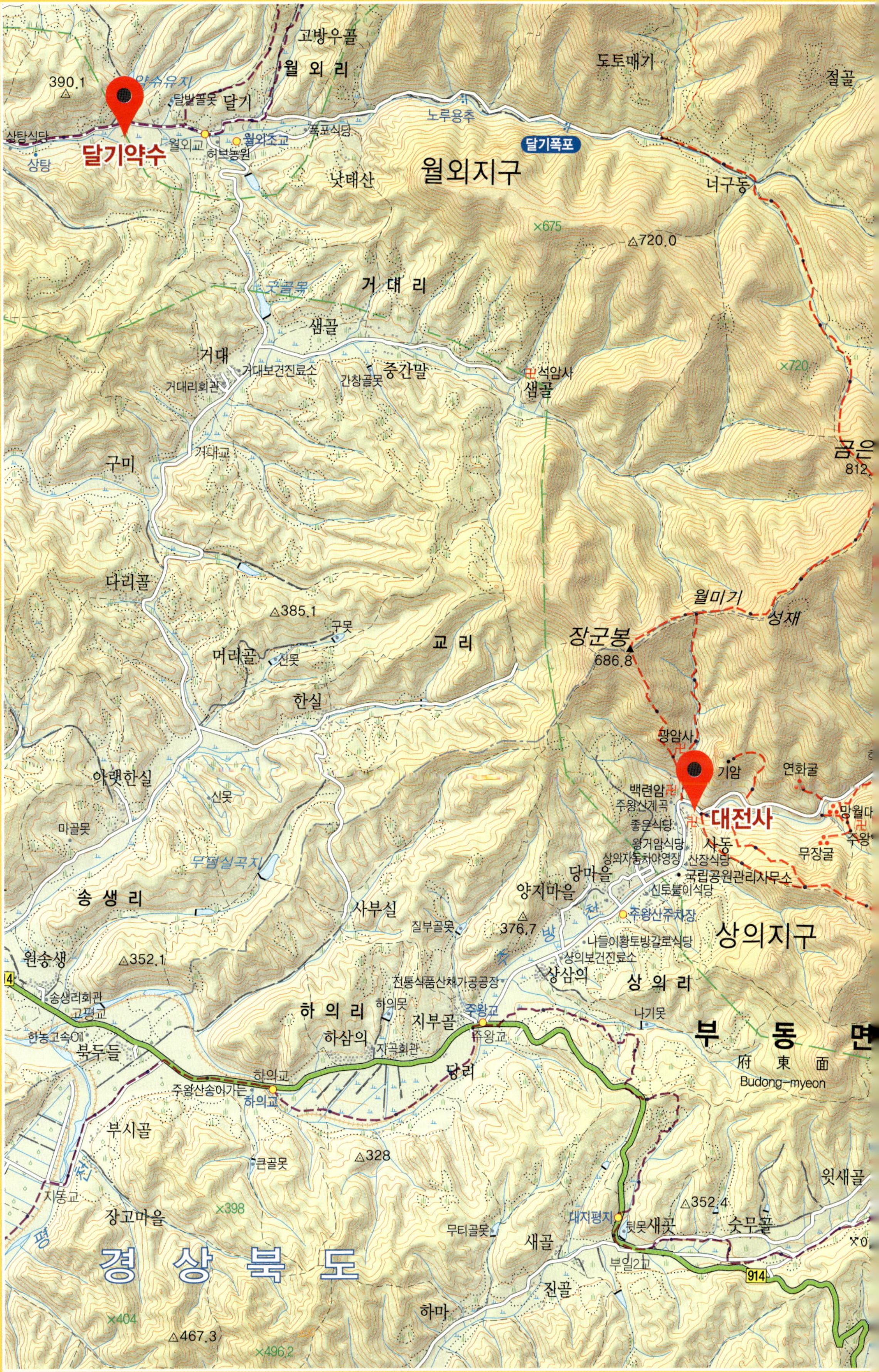

가 전한다. 널리 알려지기로 중국의 주왕周王이 당나라 군사에 쫓겨 이 산에 숨어들었다고 해서 유래한 설과 신라 태종무열왕의 6대손인 김주원이 왕위에 오르지 못하자 이 산에 숨었다가 사후에 주원왕으로 불려 유래했다는 설이다. 두 유래 모두 주왕이란 이름에 의해 주왕산으로 됐다는 것이다.

유래가 전하는 시기는 삼국시대와 통일신라 즈음. 그렇다면 최소한 〈삼국사기〉나 〈삼국유사〉, 늦어도 〈고려사〉에는 주왕산이란 지명이 등장해야 한다. 하지만 〈고려사〉까지 전혀 나오지 않는다. 그 지명유래의 신뢰성에 심각한 의문이 든다.

흔히 주왕산 지명유래의 근거로 〈주왕내기周王內記〉를 내세운다. 〈주왕내기〉는 조선 초 1463년 전후 눌옹이 유불선 사상과 신선(산신)신앙을 함께 담아 쓴 소설 같은 내용이다. 등장인물은 주로 8세기 전후 활동했으며, 당나라와 발해·신라를 넘나들며 상상의 나래를 펼친 내용들로 가득차 있다. 눌옹은 성삼문의 호이기도 하지만 고려 말 활동했던 눌옹 선사로도 해석한다. 시대적 배경도 세조가 조카 단종을 폐위하고 왕위에 오른 상황이다. 이로 볼 때 〈주왕내기〉는 저자 눌옹이 가상인물인 주왕을 내세워 은둔을 강조하려는, 즉 세조의 패륜과 같은 비윤리적 현실에 대한 도피적 성격을 강조했다고 할 수 있다. 현실을 도피하고 싶은 심경을 소설로 쓴 것을 현대에 와서 그것을 실제 유래인 양 받아들이는 형국이 돼버린 셈이다. 주왕산이란 지명은 실제로 조선 초 〈신증동국여지승람〉에 처음 등장한다.

이로 볼 때 주왕산은 역사에 있어 패자의 기록에 대한 아쉬움이 묻어나는 산이다. 주왕도 그렇고, 김주원도 그렇고…. '승자의 기록은 햇빛을 받아 역사가 되고, 패자의 기록은 달빛을 받아 신화와 전설이 된다'는 격언이 주왕산을 보며 더욱 떠오른다. 달빛을 받아 바랜 주왕산의 신화와 전설이 나뭇잎을 더욱 바래게 해서 단풍이 여느 산보다 더욱 선홍빛으로 발할까.

### 주변 관광지

**솔샘온천** '대명리조트 청송'의 천연온천 '솔샘온천'은 지하 780~1,000m 암반에서 끌어올린 약알칼리성 온천수로 황산염·칼슘·염소이온 등 몸에 좋은 미네랄이 다량 함유돼

달기약수

있다. 2015년 청송군청이 청송군 부동면에서 온천공을 발견했고, 대명호텔앤리조트가 온천공 주변 대지를 매입해 리조트를 세웠다. 솔샘온천은 노천온천에서 야외정원을 보며 온천욕을 할 수 있고, 각 객실에서도 온천수를 사용할 수 있다. 문의 1588-4888. www.daemyungresort.com

**달기약수** 청송 달기약수의 특징은 아무리 가물어도 사계절 나오는 양이 일정하고, 겨울에도 얼지 않으며 색깔과 냄새가 없다. 주민들은 이 약수가 위장병에 특효가 있고, 빈혈·관절염·신경질환·심장병·부인병 같은 데 좋다고 말한다. 약수로 푹 고아낸 백숙이 별미다. 한겨울에 먹으면 손발이 따뜻해진다는 옻닭이 유명하다.

### 맛집·별미·특산물

**청송 사과** 청송은 공기와 물이 맑은 무공해 지역이다. 특히 전역이 해발 250m 이상의 산간지로서 연평균 기온 12.6℃를 유지하기 때문에 사과 재배에 적당하다. 생육기간 중의 큰 일교차와 적은 강우, 풍부한 일조량도 청송 사과의 품질에 한 몫을 한다. 당도가 매우 높고 과즙이 많을 뿐만 아니라, 신선하고 육질이 단단하며 저장성이 높다. 청송 사과의 품질은 전국 최고로 꼽는다.

**약수백숙** 달기약수탕 주변에 약수백숙을 내는 식당이 많다. 토종닭백숙 3만5,000원부터, 토종옻닭백숙 5만 원 이상. 다진 닭고기를 숯불에 구워 내는 '닭떡갈비'도 별미다. 동대구식당(054-873-2563), 서울여관식당(054-873-5177) 등.

### 교통 정보

서울 동서울터미널에서 주왕산행 버스가 1일 4회 운행한다. 4시간 30분 소요. 청송 시외버스터미널(054-873-2036)에서 대전사 행 버스가 수시로 다닌다. 문의 주왕산 버스터미널 873-2907.

# 45 금정산 金井山

금빛 물고기 하늘에서 내려와 '금정'

| 높이 | 800.8m |
| 주봉 | 고당봉 |
| 위치 | 부산 금정구, 경남 양산시 |

### 국내 최대 산성 금정산성 17㎞ 달해… 가을 억새 즐기는 산행도 묘미

부산을 대표하는 금정산金井山(800.8m)에서 즐길 거리는 세 가지다. 첫째는 범어사요, 둘째는 금샘, 그리고 셋째는 산성길이다. 산성길을 걸으며 억새를 즐기는 것은 덤이다. 기왕 산행에 나섰다면 이 세 가지를 절대 빼놓지 않는 게 좋다. 또 산행 후에는 산성마을에 들르든지 동래온천에서 온천욕을 하는 것도 괜찮다.

금정산에 대한 기록은 〈세종실록지리지〉에 자세히 나온다. '금정산 바위샘金井은 동래현 서북쪽에 있다. 산마루에 세 길 정도 높이의 돌이 있는데, 그 위에 우물이 있다. 둘레가 10여 척이며, 높이는 7척쯤 된다. 물이 항상 가득 차 있어서 가뭄에도 마르지 않고 빛은 황금색이며, 그 아래에 범어사가 있다. 세상에 전해 오기를 한 마리 금빛 물고기가 오색구름을 타고 하늘(범천梵天)에서 내려와 그 속에서 놀았다 하여 금정이라는 산 이름을 지었다.'

〈신증동국여지승람〉에서 범천을 그냥 '천天'으로만 바꾼 것 외에는 똑 같다. 이로 볼 때 일찌감치 금정산이란 지명을 가진 사실을 알 수 있게 해준다. 하지만 언제부터인지는 정확히 알 수 없다. 범어사의 범어梵魚라는 이름도 여기서 유래한 사실을 짐작할 수 있다.

부산광역시 금정구, 경상남도 양산시

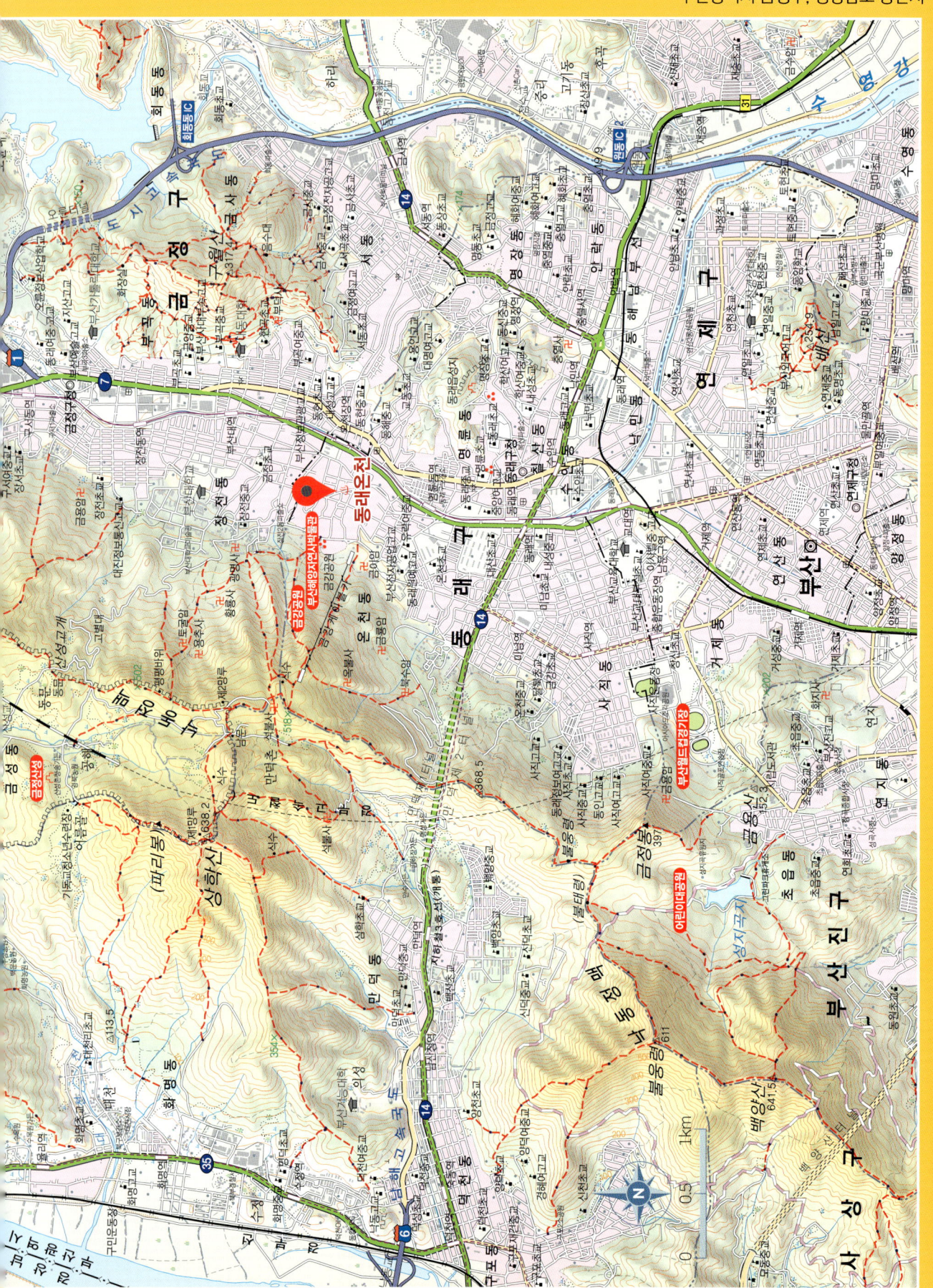

편집 월간산 지도제공 동아지도 * 복제불허 *

# 45 금정산

월별
가볼 만한
명산 52

대간 · 정맥
지맥
등산로
비지정등산로
임도(MTB코스)
고속국도 (번호) (공사중)
(국도번호) (지방도번호)
국도 · 지방도 (4차선) (2차선)
간선도로 (4차선) (2차선)
기타차도
우마차로
소로
고속철도
철도
지하철
특별시·광역시·도계
시·군·구계
읍·면계
국립공원계
지류계
삼각점
수준점
논 · 밭
특별시·광역시·도청
시청
군청
구청
읍사무소
면사무소
대학교
초·중·고교
병원
공항
명승고적
사찰
능묘
해수욕장
온천
모텔 · 펜션
민박 · 식당

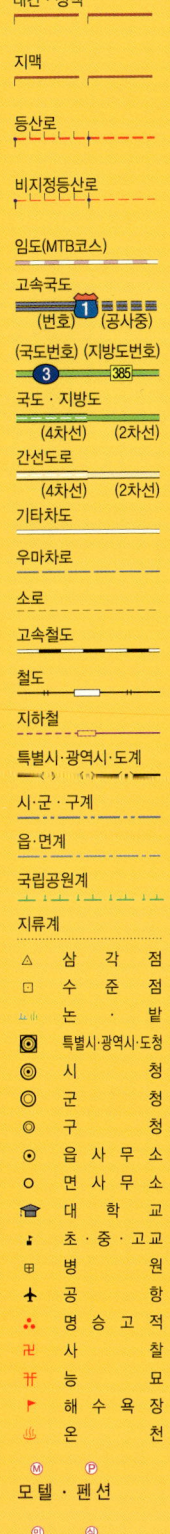

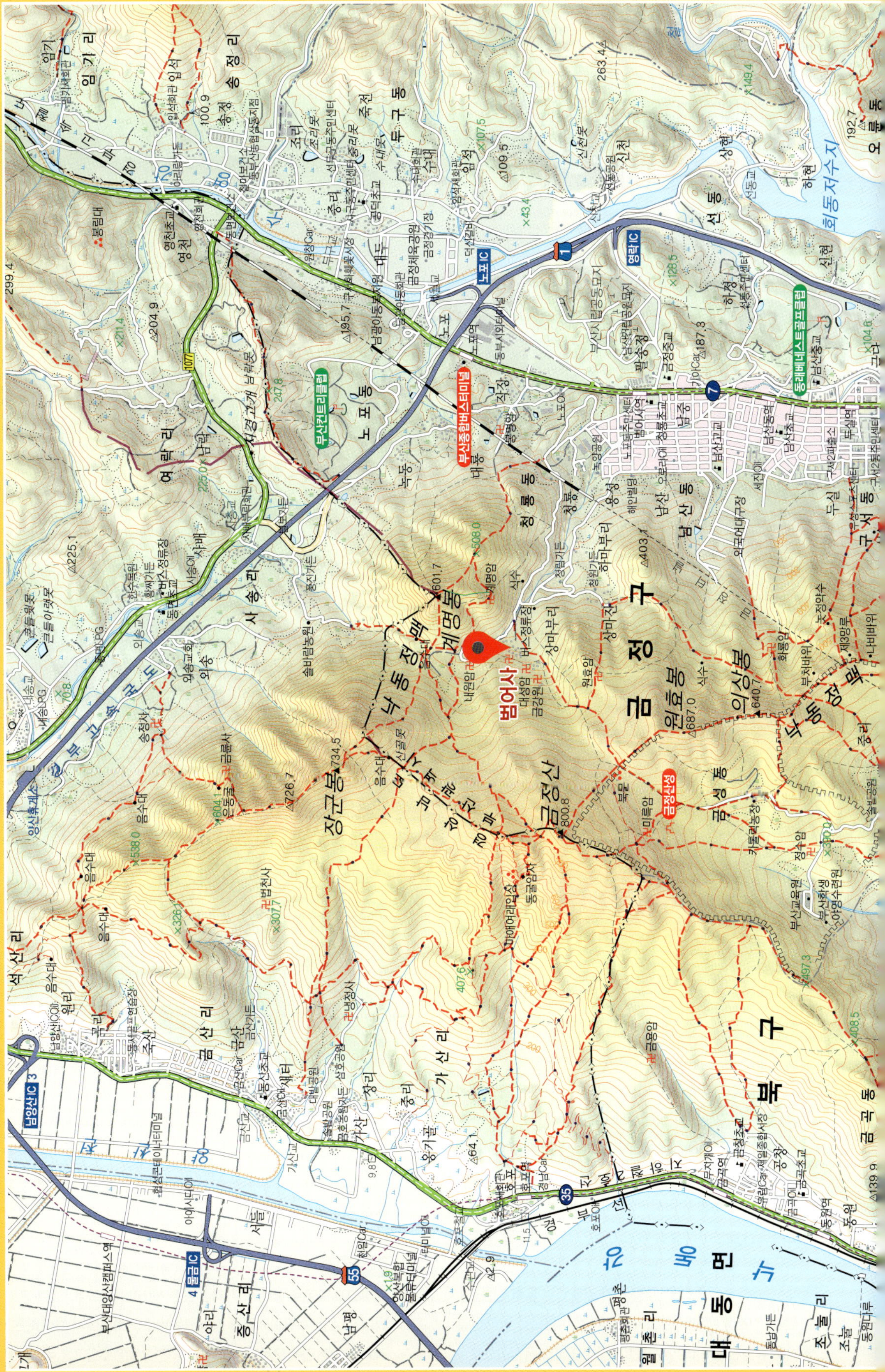

금정산 산행은 동쪽 기슭의 범어사梵魚寺에서 시작하는 게 일반적이다. 부산 지역 등산마니아들은 다른 여러 코스를 즐기지만, 외지 등산인들이라면 입장료를 지불하더라도 의상대사가 창건한 화엄십찰 중 하나인 범어사를 둘러보는 것을 권한다.

현재 범어사에는 대웅전(보물 제434호), 3층석탑(보물 제250호), 일주문인 조계문(보물 제1461)을 비롯해 여러 개의 당간지주와 석등, 동·서 3층석탑 등의 수많은 문화재가 있다. 절을 둘러본 다음에 등산로를 찾으려면 경내 왼쪽 끝으로 가면 된다. 범어사를 빠져나와 대성암과 금강암을 지나는 산길은 조금 가파르긴 하지만 위험한 구간은 없다. 오른쪽으로는 큼직한 바윗덩어리들로 이루어진 너덜지대가 눈길을 끈다.

산세를 구경을 하며 능선의 북문으로 올라선 다음 오른쪽 길로 방향을 잡는다. 정상인 고당봉, 그리고 금정산이란 이름의 유래가 된 금샘에 들르기 위해서다.

고당봉 정상 직전의 갈림길에서 이정표를 따라 5~10분쯤 들어가면 큼직한 바윗돌이 서로 뒤엉켜 있는 바위지대에 금샘이 있다.

금샘 옆의 평평한 바위에서 한숨을 돌린 뒤 동문을 향해 산성길을 걷는다. 삼국시대 왜적을 막기 위해 처음 쌓았다는 금정산성. 길이가 약 17km에 이르는 이 금정산성은 우리나라 최대의 산성이었다. 지금은 약 4km의 성벽만 남아 있으나 동서남북 4대문과 4개 망루를 복원해 놓아 산행 중 훌륭한 전망대 역할을 하고 있다. 능선을 따라 나있는 산성길은 산책길처럼 부드럽다.

금정산성

범어사 조계문

개발되기 시작해, 일제강점기를 거쳐 발전해 오늘날에 이르고 있다. 숙박지가 많아 한때 신혼 여행지로 각광받았던 곳이기도 하다. 옛날 상처 입은 학이 몸을 담갔다가 몸이 나아 날아가는 모습을 본 노인이 자신의 아픈 다리를 온천물에 씻어 두 발로 걷게 되었다는 '백학의 전설'이 전해진다.

### 주변 관광지

**범어사** 금정산 고당봉으로 오르는 길목에 들를 수 있는 범어사는 해인사, 통도사와 함께 영남 3대 사찰로 꼽힌다. 신라 문무왕 18년(678년) 의상대사가 창건한 절이다. 금빛 나는 오색물고기가 오색구름을 타고 하늘에서 내려와 놀았다는 금샘의 전설이 깃든 금정산 기슭에 위치해 있어 '하늘의 물고기'라는 뜻으로 범어사梵魚寺라 이름 붙었다. 보물 제434호인 대웅전과 보물 제250호인 삼층석탑 등 많은 문화유적을 보유하고 있다.

**동래온천장** 부산 동래구 금정산 기슭에 있는 유서 깊은 온천이다. 신라 때부터 신정神井이라는 이름으로 알려진 물 좋기로 유명한 곳이다. 1691년(숙종 17) 이후 온천장으로

### 맛집·별미·특산물

**기장 미역** 금정산에서 가까운 기장은 쫄깃한 맛과 특유의 향이 좋은 '기장 미역'으로 유명하다. 수온·조류 등 최적의 어장에서 자라 미역 중 최상품으로 꼽는다. '기장'이라는 지명을 전국에 널리 알리는 데 가장 큰 공헌을 한 것이 바로 이 미역이다.

**산성막걸리** 금정산성에 가면 산성막걸리를 먹어봐야 한다. 금성동에 흑염소 요리와 산성막걸리를 취급하는 집이 여럿 있다. 다인(051-517-5933)은 직접 키운 흑염소 불갈비와 오리구이 등을 제공한다.

### 교통 정보

경부고속도로로 끝까지 가서 노포톨게이트를 빠져나오면 곧장 범어사로 갈 수 있다. 서울 강남고속버스터미널에서 고속버스가 20~30분 간격으로 운행한다. 4시간 30분 소요.

# 46 대둔산 大芚山

바위와 어우러진 단풍은 한 폭의 동양화

| 높이 | 879.1m |
|---|---|
| 주봉 | 마천대 |
| 위치 | 충남 금산군·논산시, 전북 완주군 |

## 원래 이름은 큰 바윗덩이라는 한듬산… 케이블카 전망대서 본격 산행

대둔산大芚山(879.1m)은 '작은 설악산' 또는 '호남의 금강산'이라는 별명을 가진 산이다. 특히 가을 대둔산 단풍은 바위와 어우러져 더욱 아름답다. 수석과 같은 침봉들 사이를 화려하게 물들인 울긋불긋한 나뭇잎이 환상적인 풍광을 만들어 낸다.

대둔산은 전북 완주와 충남 논산 그리고 금산이 경계를 이루며 솟아 있다. 그래서 전북과 충남에서 각각 도립공원으로 지정했다. 어느 지역으로든 산행이 가능하다. 하지만 대둔산은 정상인 마천대를 비롯해 임금바위와 마왕문, 입석대, 신선바위, 돼지바위, 장군봉, 동심바위, 형제봉, 금강문, 칠성대, 낙조대 등 대부분의 명소가 주능선 남쪽인 완주군 방면에 산재해 있다. 등산객 수도 이곳이 많은 편이다.

대둔산의 원래 이름은 한듬산이었다. '듬'은 두메, 더미, 덩이 뜸의 뜻으로, 한듬산은 '큰 두메의 산' 또는 '큰 바윗덩이의 산'이란 뜻이다. 실제로 완전 암벽으로 이뤄져 있다. 또 다른 한편으로 계룡산과 비슷하지만 산태극 수태극의 큰 명당자리를 계룡산에 빼앗겨 한이 들었다 해서 한듬산이라는 유래도 있다. 일제 때 이름을 한자화하면서 '한'은 대大로, '듬'을 이두식으로 둔芚 또는 둔屯으로 고쳐

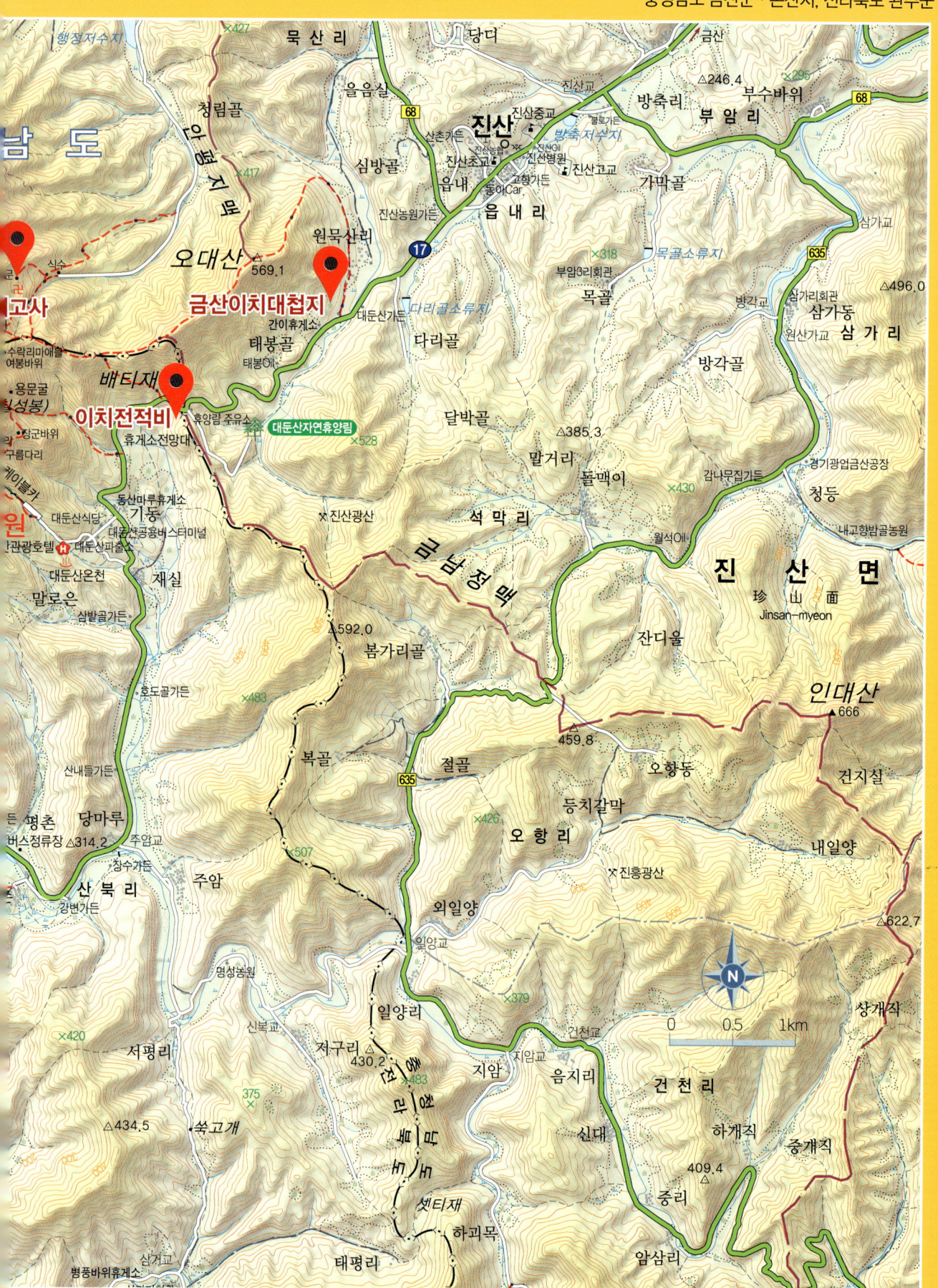

# 46 대둔산

월별 가볼 만한 명산 52

대둔산이 된 것이다.

봄 진달래와 철쭉, 가을철 바위 사이의 단풍도 좋지만 겨울 눈 덮인 바위산은 한 폭의 동양화에 비유된다. 그만큼 산세가 수려하다.

케이블카 정류소 옥상의 전망대에서 경치를 보는 것으로 산행은 시작된다. 정상까지는 700m로 짧지만 가파른 계단이 빽빽한 오르막이라 쉽지 않다. 등산 초보자라면 헉헉 거리며 땀 깨나 흘려야 하는 깔딱고개인 셈이다. 5~10분 오르면 대둔산 명소인 금강구름다리다. 고풍스러운 청자처럼 깊은 맛이 나는 바위를 배경으로, 예쁘장한 붉은색 구름다리가 있어 누구라도 카메라를 꺼내 들게 만든다.

구름다리를 지나면 작은 바위 전망대가 있고 이후로는 가파른 계단이 이어진다. 관광을 목적으로 가볍게 찾은 이들은 구름다리에서 케이블카 정류소로 내려가는 것이 좋다. 산행은 정상인 마천대에 올라 경치를 즐기고 능선을 따라 북쪽으로 이어가 낙조대에 선 후 하산하는 것이 일반적이다. 낙조대에서 논산이나 금산 쪽으로 하산할 수도 있다. 보통은 교통이 편리한 산북리 케이블카 정류소로 원점회귀한다. 걸어서 하산할 경우 용문골로 내려가서 찻길을 따라 산북리 집단시설지구로 돌아갈 수 있다. 케이블카를 타고 하산할 경우 용문굴에서 장군봉으로 이어진 사면길을 따라 케이블카 정류소로 돌아가면 된다.

대둔산 정상은 마천대라고 하는데 '하늘을 어루만질 만큼 높다'는 뜻이 담겨 있다. 정상에는 거창한 생김새의 개척탑이 있어 멀리서도 눈에 띈다. 대부분 사람들은 여기서 올라왔던 길을 되밟아 케이블카 정류소로 내려간다.

북쪽으로 능선을 밟아 낙조대로 간다. 케이블카 갈림길을 지나면 비교적 호젓한 산행이 가능하다. 바위산답게 능선 곳곳에는 전망대 역할을 하는 바위가 있다. 낙조산장을 지나면 대둔산의 뒷모습이 보이는 낙조대다. 용문굴을 지나 갈림길에서 오른쪽 사면길을 이어가면 산행을 시작했던 케이블카 정류소다. 상부 케이블카 정류소에서 마천대에 올라 낙조대와 용문굴을 거쳐 케이블카 정류소로 돌아오는 코스는 4.2km에 3~4시간 걸린다.

태고사

### 주변 관광지

**이치전적지** 이치전적지梨峙戰蹟地는 전북 완주군 운주면 산북리에 있는 조선시대의 옛 싸움터로 전북기념물 26호로 지정되어 있다. 이치梨峙는 대둔산 기슭인 운주와 진산 사이의 고개로 완주와 금산의 군계이다. 1592년(선조 25) 임진왜란 때 왜군이 전주성을 공략하기 위해 침입했고, 이에 광주목사 권율은 이치의 험한 지세를 이용해 물리쳤다. 이치전적지에는 권율權慄(1537~1599) 장군의 승전을 찬양하는 이치 대첩비가 세워져 있다.

**태고사** 대둔산의 해발고도 877.7m 마천대 능선에 있는 사찰로, 신라 신문왕 때 원효대사가 창건했다. 원효가 12승지의 하나로 꼽은 명당으로, 한때는 대웅전만 72칸에 이르는 웅장한 규모를 자랑했다. 인도산印度産 향근목으로 만든 불상이 봉안되어 있었으나, 6·25전쟁으로 소실되었다. 태고사를 끼고 낙조대에 오르면 대둔산을 한눈에 볼 수 있다.

### 맛집·별미·특산물

**논산 딸기** 논산의 특산물 딸기는 50여 년의 재배역사를 가지고 있다. 비옥한 토양과 맑은 물, 풍부한 일조량 등 천혜의 조건 속에 천적과 미생물을 이용한 친환경농법으로 재배되어 맛과 향이 우수한 것이 특징이다. 2015년 논산딸기의 우수성을 인정받아 논산청정딸기산업특구가 '우수특구'상을 수상하기도 했다.

**대둔산의 맛집** 대둔산 입구 집단시설지구에 산채비빔밥, 파전, 인삼튀김, 동동주 등을 파는 식당이 즐비하다. 전주고향식당(063-263-9151), 민속전주식당(063-263-8967) 등이 있다. 대둔산호텔(063-263-1260)에서 숙식이 가능하다.

### 교통 정보

대전 서부터미널에서 대둔산행 34번 버스가 수시로(배차간격 45분) 운행한다. 강남고속버스터미널에서 금산행 버스는 하루 4회(06:30~17:05) 운행.

# 47 민둥산

**억새 명산, 조망도 일품**

| | |
|---|---|
| 높이 | 1,117.8m |
| 주봉 | 민둥산 |
| 위치 | 강원도 정선군 |

## 말 그대로 나무 없어… 가을 되면 억새 방문객들로 북새통

민둥산(1,117.8m)은 대한민국의 대표적인 억새 명산으로 조망이 뛰어나다. 푸른 초원의 여름도 광활한 눈밭의 겨울에도 민둥산은 이름 그대로 두루 뭉실 예쁘지만, 역시 민둥산 하면 가을철 산록을 뒤덮은 억새의 물결이 백미로 꼽는다. 사람 키만큼 자란 억새가 하얀 이삭을 피워 내고 바람을 타고 흔들리는 모습은 실로 경이로운 광경이 아닐 수 없다.

강원도 정선군 남면에 위치한 이 산의 정상 일대는 넓은 억새밭이 형성되어 있다. 이곳은 봄이면 나물이 지천이고, 여름이면 저 푸른 초원이 하늘 아래 펼쳐진다. 예전에 나물이 잘 되라고 매년 한 번씩 불을 놓은 탓에 나무가 자라지 못하고 초지가 형성됐다. 그래서 말 그대로 민둥산으로 명명됐다.

가을이면 억새를 보려는 탐방객들로 북새통을 이룬다. 10월 중에는 정선군에서 주최하는 억새축제도 열리고 있다. 억새가 절정인 시기는 10월 중순에서 11월 초지만 이삭이 떨어진 이후에도 가을 분위기를 즐기기 좋은 산이다. 억새에 얽힌 일화도 있다. 옛날에 하늘에서 내려온 말 한 마리가 산을 돌면서 주인을 찾아 보름 동안 헤맸는데, 이후 나무가 자라지 않고 참억새만 났다고 전한다.

증산역 북쪽 증산초등학교 앞에서 시작하는 등

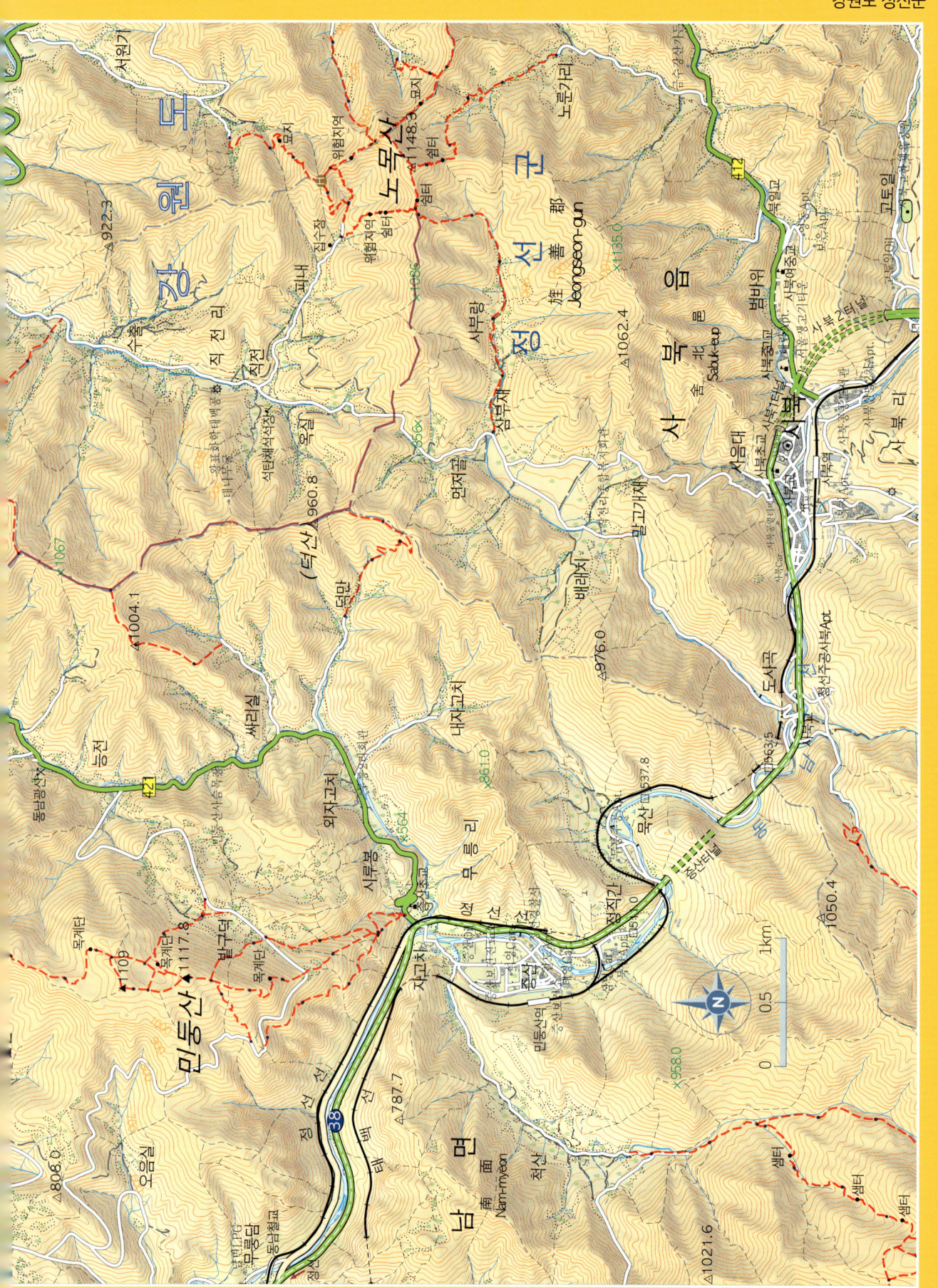

# 47 민둥산

월별
가볼 만한
명산 52

대간 · 정맥
지맥
등산로
비지정등산로
임도(MTB코스)
고속국도
(번호) (공사중)
(국도번호) (지방도번호)
국도 · 지방도
(4차선) (2차선)
간선도로
(4차선) (2차선)
기타차도
우마차로
소로
고속철도
철도
지하철
특별시 · 광역시 · 도계
시 · 군 · 구계
읍 · 면계
국립공원계
지류계
삼 각 점
수 준 점
논 · 밭
특별시 · 광역시 · 도청
시 청
군 청
구 청
읍 사 무 소
면 사 무 소
대 학 교
초 · 중 · 고교
병 원
공 항
명 승 고 적
사 찰
능 묘
해 수 욕 장
온 천
모텔 · 펜션
민박 · 식당

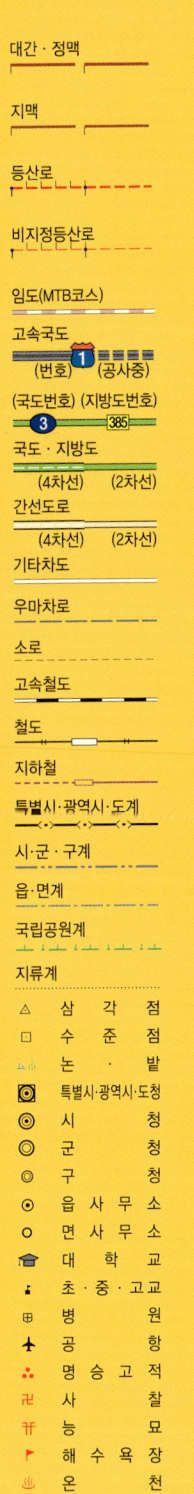

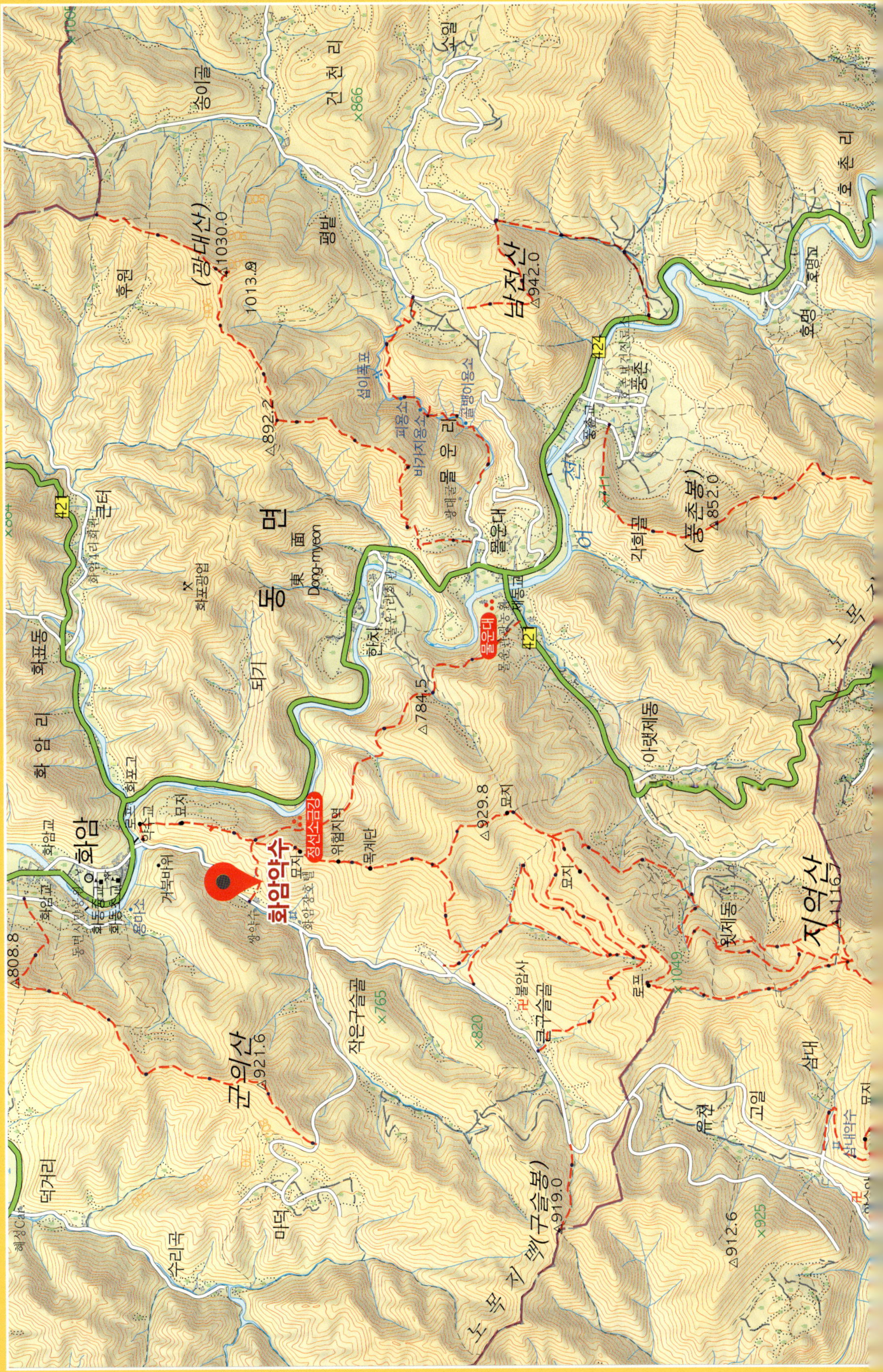

산로는 가장 일반적인 민둥산 산행 코스다. 기차역과 국도에서 가까워 접근이 쉽고 정상으로 오르는 거리도 짧은 편이다. 이곳에서 출발해 민둥산 정상을 거쳐 지억산으로 능선을 타고 정선군 동면의 화암약수까지 이어진 15km의 주능선 산행이 가능하다. 이 코스는 일단 능선에만 들어서면 크게 가파른 곳이 없고 길도 뚜렷해 하루 산행으로도 여유 있게 즐길 수 있다. 억새밭은 주로 민둥산 정상부에만 형성되어 있다.

증산에서 철길 아래의 굴다리를 지나면 오른쪽에 증산초등학교 정문이 보이고 그 건너편에 짤막한 콘크리트 다리가 보인다. 이 다리 바로 앞에 커다란 민둥산 등산로 안내판이 서 있다. 다리를 건너 20분 정도 오르면 왼쪽에 정상으로 직접 이어지는 가파른 소로가 나타난다. 길은 뚜렷하게 잡목숲과 억새밭을 뚫고 나 있다. 힘은 들지만 정상까지 이어진 가장 빠른 길이다.

갈림길로 빠지지 않고 계속해 오던 길을 따르면 낙엽송이 우거진 작은 계곡을 끼고 이어져 발구덕 마을 안쪽의 쉼터에 닿는다. 이곳에서 왼쪽으로 보이는 임도를 따라 10분쯤 가다 오른쪽 능선으로 붙으면 민둥산 정상으로 이어진다.

발구덕은 마을 전체가 하나의 커다란 분지 속에 형성되어 있는데, 석회암의 침식으로 함몰된 구덩이(돌리네)가 산재한 특이한 곳이다. 가을까지 고랭지채소 재배지로 분주하게 사람들이 드나들지만 수확이 끝나면 공동화되는 곳이다. 발구덕마을까지는 찻길이 나 있다.

발구덕마을을 경유해 가려면 시멘트 포장도로를 따라 민가들이 보이는 곳으로 향한다. 마을 중간에 있는 언덕 위 공터를 지나 산으로 난 임도를 따라간다. 비교적 가파른 산길을 따라 40분이면 민둥산 북쪽 능선의 안부에 도착한다. 안부에서 남쪽으로 15분만 가면 민둥산 정상이다. 증산에서 민둥산 정상을 경유해 발구덕을 돌아보고 하산하는 데 3시간이면 충분하다.

병방치 스카이워크

성분이 함유되어 있어 위장병, 눈병, 피부병 등에 효험이 있다고 전한다. 1910년경 문명무라는 사람이 꿈에 청룡과 황룡이 엉키어 승천하는 것을 본 후 이 약수를 발견했다고 한다.

**사북석탄역사체험관** 이곳은 1989년 취해진 정부의 '석탄산업합리화정책'에 따라 2004년 폐업한 동원탄좌 사북광업소의 광업시설물을 활용한 우리나라의 대표적 석탄산업유산체험장이다. 석탄유물보존관의 유물 관람과 탄광갱도 입갱 체험 등 두 가지 테마로 진행된다. 입장료는 없다.

**병방치 스카이워크** 정선읍 북실리와 귤암리 사이의 병방치 스카이워크는 한반도 모양의 밤섬 둘레를 동강 물줄기가 감싸 안고 흐르는 비경을 만날 수 있는 전망대다. 해발 583m의 절벽 끝에 길이 11m의 U자형으로 돌출된 구조물 바닥에 강화유리를 깔아 마치 하늘 위를 걷는 듯한 기분을 느낄 수 있다.

**정선5일장** 정선5일장은 1966년 2월 17일 개장된 시골장터로, 옛 장터의 향수와 소박한 먹거리들을 만날 수 있는 곳이다. 정선아리랑시장에서 정선5일장(매월 2, 7, 12, 17, 22, 27일)과 주말장(매주 토요일)이 열린다. 1999년부터 정선5일장 열차가 운행되며 많은 관광객들이 찾고 있다.

### 맛집 · 별미 · 특산물

**올챙이국수** 먹을 것이 부족한 시절에 해먹던 강원도 특유의 음식이다. 옥수수 가루를 주원료 만든 국수로 부드러운 식감이 특징이다. 국물도 별맛 없이 싱거워 깨소금이며 김가루, 김치 등을 올려 먹는다. 옥수수를 끓여 죽을 만든 뒤 구멍이 숭숭 난 체에 내리면 올챙이 모양의 국수가 완성된다. 보통 면은 젓가락으로 먹지만 올챙이국수는 길이도 짧고 미끈한 면이라 젓가락으로는 먹기 힘들다. 정선장의 먹을거리 장터에서 맛볼 수 있다.

### 주변 관광지

**화암약수** 화암약수는 정선군 화암8경 중 제1경으로 1977년 국민관광지로 지정된 화암관광지 내에 위치했다. 탄산 성분이 많아서 톡 쏘는 맛이 난다. 그 밖에 철분, 칼슘 등 건강에 좋은

### 교통 정보

청량리역에서 민둥산역(구 증산역)으로 가는 무궁화호 열차가 1일 7회 운행한다. 약 3시간 30분 소요.

## 48 무등산 無等山

눈꽃 핀 서석대·입석대는 절경

| 높이 | 1,186.8m |
| 주봉 | 천왕봉 |
| 위치 | 광주 북구, 전남 담양·화순군 |

### 사계절 산행지 꼽혀… 고려까지 국가에서 제사

무돌, 무당산, 무정산, 무진악, 무악, 무덤산, 서석산 등이 전부 현재 무등산을 가리키는 과거의 지명들이다. 이름이 많으면 그만큼 사연도 많다.

무등산無等山(1,186.8m)이 역사에 처음으로 등장한 건 통일신라가 소사小祀로 지정되면서부터. 〈삼국사기〉권32 잡지 제사조에 무진악武珍岳으로 소개된 소사가 지금의 무등산이다. 무등산이란 지명은 〈고려사〉에 처음 나온다. 권71 백제조에 '무등산은 광주의 진산이다. 광주는 전라도의 큰 읍인데, 이 산에 성을 쌓으니… (후략)'이라는 내용이 무등산 지명에 대한 첫 기록이다. 〈고려사〉지리지 권11 해양현조에는 '무등산이 있다. 일명 무진악이라고 하고 서석산이라고도 한다. 신라 때 소사를 지내고 고려 때 국제를 올렸다'고 돼 있다. 무등산과 함께 서석산이란 지명도 동시에 사용했음을 알 수 있다.

조선시대 〈신증동국여지승람〉의 광산현 산천조에는 '무등산은 (광산)현의 동쪽 10리에 있는데 진산이며, 일명 무진악 또는 서석산瑞石山이라고도 한다. (중략) 이 산 서쪽 양지 바른 언덕에 돌기둥 수십 개가 즐비하게 서 있는데 높이가 백 자나 된다. 산 이름 서석은 이로 말미암은 것이다. (후략)'라고 기록돼 있다.

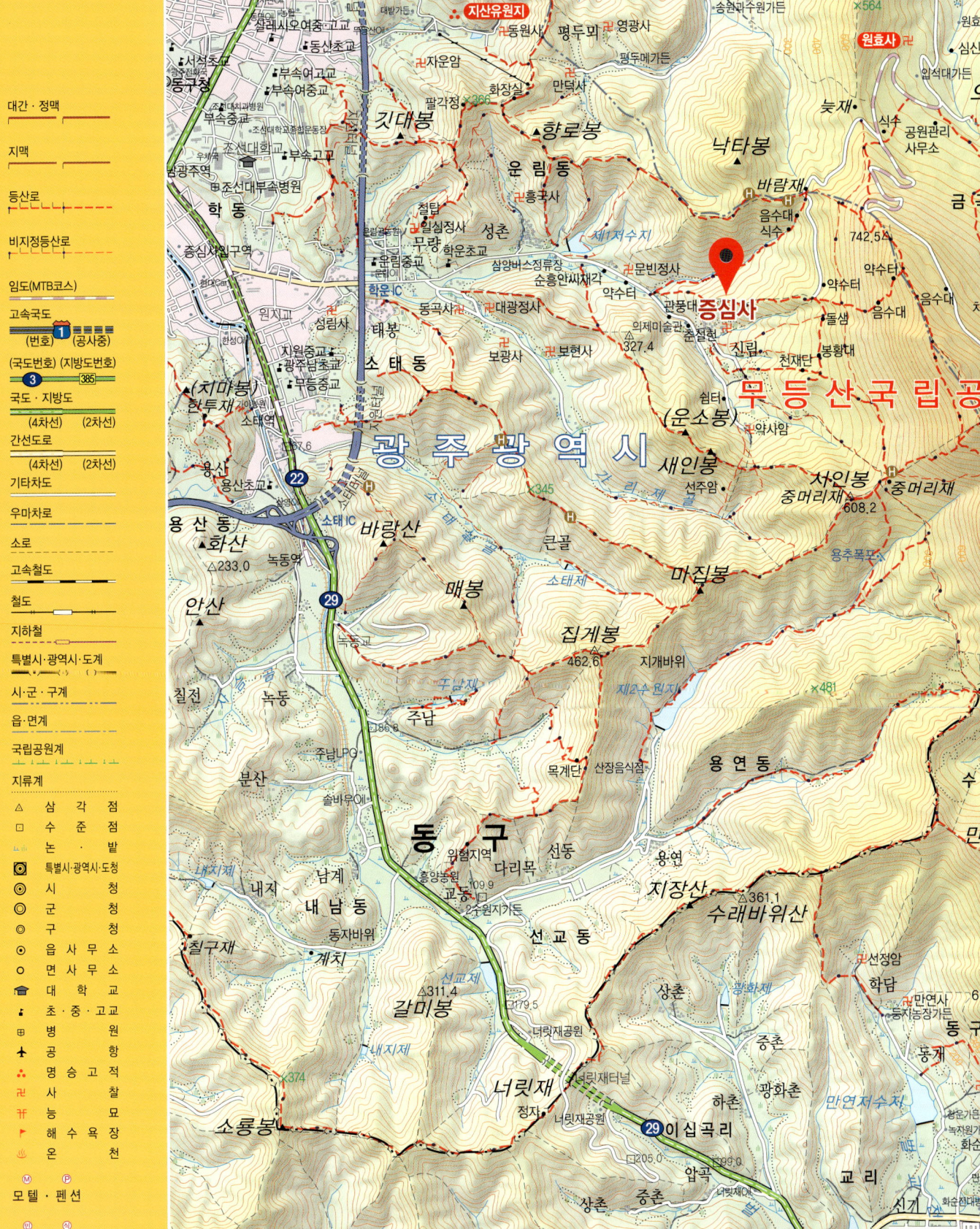

전라도의 산은 3곳이 고대 문헌에 전한다. 지리산(중사 남악)과 월출산(소사), 그리고 무등산이다. 지리산이 전라도의 산으로 기록된 이유는 바로 산신을 지낸 제단이 노고단에 있었기 때문이다.

조선 왕조 이성계가 조선을 개국하기 전에 지리산, 금산 등 전국의 명산을 다니며 두루 산신기도를 올린 사실은 널리 알려져 있다. 무등산에도 들른 것으로 전한다. 무등산 산신이 이성계의 기도를 거부하자 이성계는 무등산 산신을 귀양 보내고 이 산을 무정한 산이라 하여 무정산이라 불렀다고 한다.

무정산은 왕명에 불복한 산이라는 의미다. 무등산의 '불복' 이미지는 후삼국부터 고려 중기까지 계속 이어진다. 무정산에 이어 무당산이란 지명도 있다. 증심사 뒤쪽 '무당골' 골짜기에서 무당의 움막이 1980년대까지 군데군데 있었다. 곳곳에서 내림굿이 펼쳐졌다. 무당들의 활동으로 인해 무등산은 무당산으로 불렸으며, 또한 무등산의 신령스러운 기운과 영험함을 믿는 민중들의 믿음에 따라 무당산이라 명명했던 것으로 추정할 수 있다.

지명의 변천과정을 정확히 파악하려면 역사적 사건과 지리적조건·구조를 동시에 봐야 한다. 무등산의 경우, 주상절리가 있는 정상 서석대와 입석대가 지명에 영향을 미쳤을 것으로 짐작한다. '빛고을'이란 수식어도 서석대에서 유래했다. 주상절리 서석대가 햇빛을 받으면 반짝인다고 한다. 반짝이는 상서로운 돌이 있는 동네란 뜻으로 '빛고을'이란 명칭이 붙은 것이다.

무등산은 지난 2013년 3월 21번째 국립공원으로 지정됐다. 지정되자마자 탐방객 순위 상위권으로 올랐다. 2016년 총 탐방객은 357만1,712명. 산악형 국립공원으로는 북한산(609만여 명), 설악산(365만여 명)에 이어 세 번째다. 지리산(288만여 명)보다 많다. 봄 철쭉, 여름 계곡, 가을 억새와 단풍, 겨울 눈꽃 등 모두 볼 만하다. 특히 서석대와 입석대, 규봉암에 있는 눈꽃은 가히 절경이다.

### 주변 관광지

**증심사** 광주광역시 동구 운림동 무등산에 있는 절로 대한불교조계종 제21교구 본사인 송광사의 말사다. 통일신라 때 고승 철감선사澈鑒禪師가 9세기 중엽에 창건했다. 증심사의

증심사

유물로는 오백전五百殿과 비로전(사성전)에 봉안된 철조비로자나불 좌상(보물 제131호), 신라 말기의 석탑인 증심사 삼층석탑(지방유형문화재 제1호), 범종각, 각층의 4면에 범자가 새겨진 범자칠층석탑 등 많은 문화재가 있다.

**무진고성** 광주시 북구 두암동 일대에 있는 산성으로 광주광역시 기념물 제14호로 지정되어 있다. 무진고성은 무등산 장원봉 일대에 조성된 석성으로 백제시대 축성법으로 쌓아 올린 것이다. 현재까지 무진고성의 정확한 성격은 규명되지 않았으며 지역 대학에서 연구를 진행 중이다. 산수오거리에서 원효사 가는 도로 옆에 무진고성이 복원되어 있다.

### 맛집·별미·특산물

**무등산 수박** 무등산 수박을 재배하려면 강한 광선과 높은 온도, 긴 일조시간 등의 조건이 맞아 떨어져야 한다. 이런 천혜의 조건 속에서 자란 무등산 수박은 특이한 향기와 맛으로 귀한 대접을 받는다. 옛날 임금에게 진상되던 지역의 대표적인 특산물이다.

**보리밥** 광주를 대표하는 음식 가운데 하나가 '무등산보리밥'이다. 무등산 자락의 증심사로 향하는 길목에 보리밥집들이 모여 있다. 무등산을 등산하고 내려오는 사람들이 주로 찾는다. 보리밥에 각종 채소와 제철 나물들을 넣고 고추장과 참기름을 넣어 비벼먹는다. 무등산보리밥뷔페(062-232-9116), 온천보리밥집(062-225-0776) 등.

### 교통 정보

광주 시내에서 증심사 집단지구로 운행하는 운림35, 첨단09, 수완12, 운림50, 운림51, 운림54, 지원152번 버스를 이용해 증심사 주차장에서 하차한다.

# 49 변산 邊山

유불선에 해수관음신앙 흔적까지…

높이 508.6m
주봉 의상봉
위치 전북 부안군

## 삼국시대부터 봉래·영주라 부르기도… 낙조대·월명암 노을이 일품

12월, 연말이면 산이 가까운 바다에서 가족과 함께 한 해를 정리하며 시간을 보낸다. 동해, 남해, 서해 주변을 많이 찾는다. 동해보다는 주로 남해와 서해에 사람들이 더 몰린다. 일몰, 즉 황금빛 노을이 있기 때문이다. 국립공원 탐방객 통계를 보면 금방 알 수 있다. 동해와 가까운 설악산과 오대산, 태백산, 경주의 12월 탐방객은 연중 탐방객 최저치에 가깝다. 반면 다도해, 한려해상, 변산반도, 태안해안 등은 중간 정도 기록한다. 특히 변산은 2017년 기준 10만3,098명이 찾아 상대적으로 더 높은 탐방객을 기록했다. 지리산 9만7,065명보다 많다.

채석강과 하섬, 그리고 변산 낙조대·월명암 등 노을 명소로 널리 알려져 있기 때문으로 추정된다.

변산, 삼국시대부터 있었던 족보 있는 산이다. 고려시대까지 이 지명이 존속된다. 〈삼국사기〉권제7 신라본기편에 '(신라) 급찬, 원천과 나마가 변산邊山에 붙잡아 머물게 했던 당나라 병선 낭장 겸 이대후 등에 군사 170명을 보냈다'고 나온다.

〈삼국유사〉권제1 변한백제편에 '백제땅에 원래 변산卞山이 있어 변한卞韓이라고 한 것이다百濟地自有卞山故云卞韓'라는 기록도 있다. 이같은 기록을 볼 때 삼국시대부터 '卞山'과 '邊山'을 혼용했던 것으로

# 49 변산

월별
가볼 만한
명산52

대간 · 정맥
지맥
등산로
비지정등산로
임도(MTB코스)
고속국도
(번호) (공사중)
(국도번호) (지방도번호)
국도 · 지방도
(4차선) (2차선)
간선도로
(4차선) (2차선)
기타차도
우마차로
소로
고속철도
철도
지하철
특별시 · 광역시 · 도계
시 · 군 · 구계
읍 · 면계
국립공원계
지류계
삼각점
수준점
논 · 밭
특별시 · 광역시 · 도청
시청
군청
구청
읍사무소
면사무소
대학교
초 · 중 · 고교
병원
공항
명승고적
사찰
능묘
해수욕장
온천
모텔 · 펜션
민박 · 식당

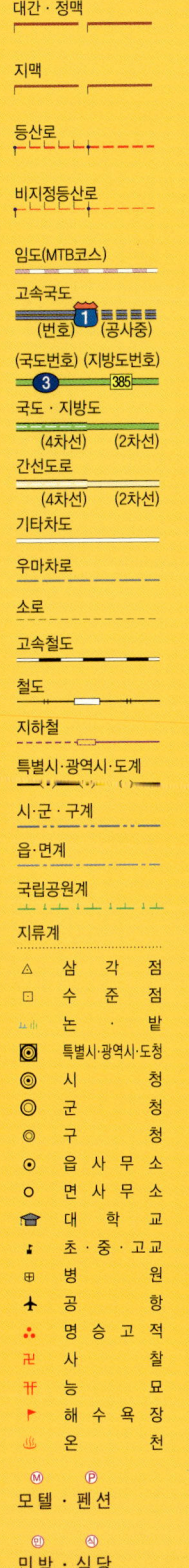

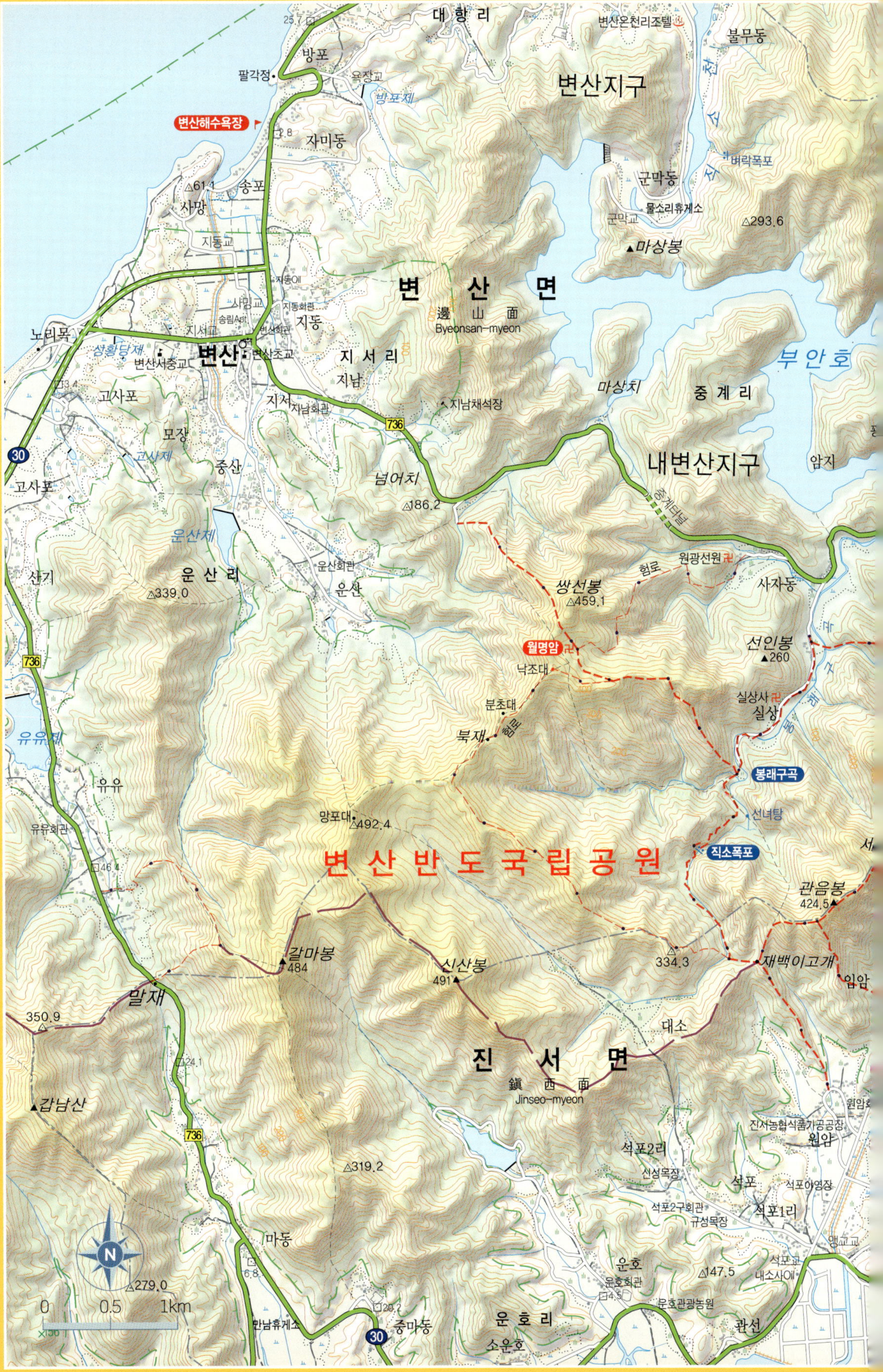

보인다.

〈동국이상국전집〉제9권에 '변산은 예로부터 천부天府로 불리며 좋은 재목이 많아 동량으로 쓴다'는 내용이 나온다. 천부는 산천과 물산이 좋은 곳을 말한다. 이 기록은 조선시대 〈신증동국여지승람〉에 그대로 인용돼 있다. 같은 책에서 '(변산은) 산이 겹겹이 쌓여 높고 깎아지른 듯하며 바위와 골이 그윽하다고 묘사하고 있다.

〈동국여지승람〉에는 변산을 영주산이라 하고, 다른 기록에는 변산을 봉래산蓬萊山이라 했다. 고창의 방장산, 고부의 두승산과 함께 호남의 삼신산으로 꼽았다. 변산, 즉 봉래산 계곡의 빼어난 경관을 봉래구곡이라 했다. 1곡 대소大沼, 2곡 직소폭포直沼瀑布, 3곡 분옥담墳玉潭, 4곡 선녀탕仙女湯, 5곡 봉래곡蓬萊曲, 6곡 금광소金光沼, 7곡 영지影池, 8곡 백천百川, 9곡 암지暗池이다.

이중환의 〈택리지〉에는 '많은 봉우리와 골짜기가 있는데, 이것이 변산이다'고 기록하고 있다. 높지는 않으나 골짜기가 깊어 안쪽으로 들어가면 의외로 넓은 평지가 나온다. 지금은 국립공원지역으로 출입금지다. 조선시대 십승지 중의 한 곳으로 꼽았다.

변산의 별칭으로 능가산도 있다. 능가산楞枷山은 석가모니가 대해보살에게 설법을 베풀었다는 산이다. 내변산에만 팔만 구 암자가 있었다고 전한다.

그런데 어떻게 하나의 산을 두고 삼신산 중 영주산·봉래산 두 가지로 부르고 있을까. 정확한 이유를 아는 사람은 없다. 추정해 본다. 영주산瀛洲山은 한자 그대로 바다 위에 떠 있는 섬이다. 서해 먼 바다에서 약간 솟은 지형이 얼핏 섬으로 보일 수 있다. 그래서 영주산으로 했을 가능성이 있다. 그렇다면 봉래산은? 샤머니즘의 산악숭배사상과 신선사상이 융화되면서 나타나는 핵심의 산이다. 변산 주변 봉우리들은 온통 선계산·관음봉·행안산·석불산·계화산 등 불교·도교와 관련된 지명들이다. 조선시대 들어서 도교의 영향을 받은 성리학의 자연관, 즉 인간과 자연이 둘이 아닌 신선사상이 확산되면서 영주나 봉래 지명이 전국적으로 유행했다. 영주산이란 지명은 국가 지리지인 〈동국여지승람〉에 등장하지만, 봉래산은 조선 중기 개인 문집인 이정귀의 〈월사집〉에 처음 등장한다. 이는 신선사상의 확산 결과로 해석할 수밖에 없다.

채석강

### 주변 관광지

**채석강** 변산반도의 대표적 명승지다. 채석강 해안절벽을 품고 있는 닭이봉전망대에 오르면 격포 일대가 한눈에 든다. 국립공원공단이 10대 일출일몰 명소 중 하나로 꼽은 곳이다. 격포 주차장에서 약 800m 떨어진 닭이봉은 걸어서 15분이면 누구나 오를 수 있다. 산에 오르기 힘들면 격포 방파제나 해변도 좋은 노을 감상 포인트다.

**고사포자동차야영장** 고사포해변은 변산반도에서 가장 뛰어난 해변 야영지로 꼽는 곳이다. 이곳의 고사포자동차야영장은 동쪽으로는 격포 해안도로, 서쪽으로는 고사포해변과 각각 접해 있다. 바람을 막아 주는 소나무 숲이 자연스럽게 야영지에 늘어서 있고, 야영을 즐기면서 해변 자연경관을 감상할 수 있도록 해변산책로와 낙조 전망대가 설치됐다. 국립공원공단 예약통합시스템(reservation.knps.or.kr)에서 예약이 가능하다.

### 맛집·별미·특산물

**오디** 부안에서 생산되는 참뽕은 그 품질과 맛이 우수하다고 정평이 나 있다. 전국 오디 재배면적의 23%가 부안에 집중되어 있다. 뽕나무 열매는 혈당 강하, 노화 억제, 고혈압 억제, 불포화지방산 및 라스베라톨이 다량 함유돼 있어 항암 효과와 다이어트, 변비개선 등에 효과가 있다.

**바지락죽** 부안의 대표적인 먹을거리. 변산온천 인근의 김인경바지락죽(063-583-9763), 원조바지락죽명가(063-584-4874)가 있다.

### 교통 정보

서울에서 승용차로 출발하면 서해안고속도로를 타고 가다 부안IC나 줄포IC로 나와 부안을 거쳐 변산으로 진입한다.

# 50 선운산 禪雲山

단풍에 눈멀고, 낙조에 눈멀고…

높이 334.7m
주봉 수리봉
위치 전북 고창군

## 봄 동백과 가을 단풍도 뛰어나… 야트막하지만 장엄한 산세

선운산禪雲山은 대개 선운사의 뒷산인 도솔산(334.7m)을 일컫지만 실제로는 1979년 전라북도에서 지정한 도립공원 내의 경수산(444m), 청룡산(314m), 구황봉(285m), 개이빨산(345m) 등을 두루 지칭한다. 원래 도솔산이 일반적이었으나 백제 때 창건한 선운사가 있어 선운산이라 널리 불리게 됐다. 선운이란 구름 속에서 참선한다는 뜻이고, 도솔은 미륵불이 있는 도솔천궁을 가리킨다.

명성에 비해 낮은 산이지만 단지 높이만 보고 선운산을 논하기에는 이 산이 가진 매력이 너무나 많다. 대개 산은 걷는 길이가 길수록 많은 풍광을 얻게 마련이지만, 선운산은 굳이 길게 종주를 하지 않더라도 기암과 어우러진 단풍과 계곡, 산등성이의 절경을 감상할 수 있다.

보통 이른 봄에 화려하게 피어나는 동백이나 벚꽃으로 유명하지만 선운산 단풍 또한 탁월하다. 선운산 단풍은 화사함이 지나친 내장산과 달리 그윽하고 은은한 아름다움이 배어 있다.

대체로 10월 말에서 11월 초에 찾으면 절정의 애기단풍(당단풍)을 만날 수 있다. 이맘때의 선운산은 조심해야 한다. 도솔계곡으로 올라 절정의 단풍을 감상하고 낙조대에서 절정으로 치닫는 일몰

# 50 선운산

월별 가볼 만한 명산 52

까지 보게 된다면 눈멀고, 마음까지 멀어 돌아오지 못할지도 모른다.

300m 내외의 고만고만한 산봉들이 올망졸망 둘러서서 한 무리를 이룬다. 대개 이 정도 높이면 시골 야산 이상 대접받기 어렵지만, 선운산은 도립공원이란 대접을 받는 명산이다. 수려한 산세와 자연환경을 갖추었기 때문이다. 특히 일몰이 아름다운 낙조대 오르는 길의 천마봉 자락에서 본 도솔암 풍광은 장관이다.

청자빛을 띤 예스런 바위들이 스스로 기둥이 되어 계곡을 메우고, 미국의 그랜드캐니언을 우리나라의 수묵화로 그려 놓은 듯한 독특한 비경이 펼쳐진다. 사람의 솜씨인 도솔암은 산을 해치지 않는 어우러짐의 경지에 닿아 있다. 융기한 예술품 사이를 색칠하는 건 단풍으로 빨강, 노랑, 초록, 주황이 감미롭게 뒤섞인 걸 볼 수 있다.

천마봉의 높이 자체는 별반 대단치 않다. 고작 100m도 안 되는 높이로 섰다. 그러나 하늘을 향해 입을 벌리고 포효하는 듯한 절묘한 생김과 검은 바위그늘이 항상 하늘을 가리는 앉음새가 일품이다.

산행은 단풍감상이 주목적이니만큼 도솔계곡을 지나도록 잡아야 한다. 선계곡을 통과해 능선 일부를 종주해 하산하는 코스를 잡아야 하는 것이다. 공원주차장에서 최고봉인 경수산으로 올라 도솔산을 지나 낙조대까지 종주해 도솔암을 거쳐 도솔계곡으로 내려설 수 있다. 천마봉 정상에서 도솔암으로 내려선 뒤 도솔계곡 변의 진흥굴, 선운사 등 명소를 보며 하산하는 코스가 선운산 당일산행으로는 가장 권할 만하다.

산길에 더 욕심을 내서 도솔산을 답사하려면 낙조대에서 청룡산, 비학산, 구황봉으로 한 바퀴 시계방향으로 빙 도는 일주산행을 해야 할 것이다. 이 일주산행은 해가 비교적 길고 산행하기에 좋은 봄가을이 무난하다. 하지만 이렇게 당일 일주산행을 할 경우 도솔계곡 변의 명소들은 먼발치에서 보는 것으로 끝내야 하는 점이 아쉽다. 그러므로 이렇게 빙 도는 산행을 할 작정이면 아예 선운산에서 1박2일 보낼 생각을 하고 도솔계곡만 둘러보고 다음날 종주산행을 해야 선운산을 제대로 다 본 것이라 할 수 있다.

선운사

### 주변 관광지

**선운사** 백제 위덕왕 24년(577년)에 검단선사에 의해 창건된 천년 고찰로 아름다운 동백 숲으로 유명하다. 경내로 들어서면 대웅전을 병풍처럼 감싸며 군락을 이룬 동백나무 숲을 볼 수 있는데 500년 수령에 높이 6m인 동백나무들은 천연기념물 제184호로 지정되어 있다.

**고창읍성** 고창의 랜드마크 같은 장소다. 조선 단종 원년에 축성한 자연석 성곽으로 왜적의 침입을 막기 위한 건축물이다. 일명 '모양성'이라고 불리며 현재 사적 제 145호로 지정되어 있다. 경관 조명이 설치되어 있어 야간에도 관람이 가능하다.

**고인돌 유적지** 세계에서 가장 크고 넓게 고인돌이 군집을 이룬 지역이다. 매산리 산기슭에서부터 1.5km가량 이어지는 유적지에 총 447기의 고인돌이 모여 있다. 인근 고창 고인돌박물관의 전시관에서 선사시대 사람들의 생활상을 엿볼 수 있다.

### 맛집 · 별미 · 특산물

**복분자** 고창 복분자는 전국 최고의 품질을 자랑한다. 고창은 복분자 재배에 좋은 점토질 토양이 많고 기후도 알맞아 타 지역보다 당도가 높고 수확시기가 빠른 편이다. 복분자주를 비롯해 한과, 제과, 요구르트, 아이스크림 등 30여 가지의 제품을 개발 · 판매 중이다.

**장어구이** 장어는 비타민 A가 풍부한 보양식품이다. 고창은 풍천장어로 유명한 지역으로, 선운사 앞을 흐르는 '인천강'에서 잡히는 장어를 최상으로 손꼽았다. 선운사 입구를 비롯해 곳곳에 장어요리를 하는 곳이 많다. 아산가든(063-564-3200), 산장회관(063-563-3434), 강촌식당(063-563-3471), 동백관(063-563-4141) 등.

### 교통 정보

고창시외버스터미널에서는 선운사행 직행버스가 1일 4회 운행하며 30분 걸린다. 고창 시내를 경유하는 농어촌버스도 30분 간격으로 운행한다.

# 51 서산 가야산
## 내포문화의 정신적 기둥 같은 산
### 伽倻山

| | |
|---|---|
| 높이 | 678.2m |
| 주봉 | 가야봉 |
| 위치 | 충남 예산군·서산군·당진군 |

## 예로부터 곡창지대이자 해상로 길목… 물산 풍부해 부자·사대부 많아

서산 가야산伽倻山(678.2m)은 비산비야 가운데 우뚝한 산이다. 금북정맥의 산 가운데 오서산(790m) 다음으로 높다. 충남 지역을 북동쪽에서 남서쪽으로 대각선으로 양분하는 금북정맥은 청양 어름에서 북진해 홍성, 예산, 서산, 당진을 지나 태안반도에서 서해로 스며드는데, 서산시와 예산군의 경계에 가야산이 솟았다.

이 산이 예부터 호서 제일의 산으로 기림을 받은 건 단순히 대부분 200~300m에 불과한 산 가운데서 상대적으로 높기 때문일 뿐만 아니라 그 품의 그윽함에서 비롯된다. 남북으로 길게 뻗은 산자락의 동, 서쪽으로 너른 땅 이른바 '내포'를 품에 벌게 안고 있다. 가야산은 내포의 중심이다.

내포內浦란 물 깊숙이 들어온 '개'를 이르는 바, 과거에는 안면도와 홍성 사이의 바닷물이 가야산의 발치까지 드나들었다는 것을 말한다. 쉽게 말하자면 천수만에서 가야산 서쪽 앞자락까지 배가 드나들었다는 얘기다. 내포는 해안의 강이나 호수에 있는 '개'를 이르는 보통명사이지만 충청도 사람들에게는 가야산 일대를 통칭하는 고유명사다.

〈조선왕조실록〉에도 여러 지역의 '내포'가 언급되는데, 가야산 일대의 내포를 가리킬 때는 '충청도

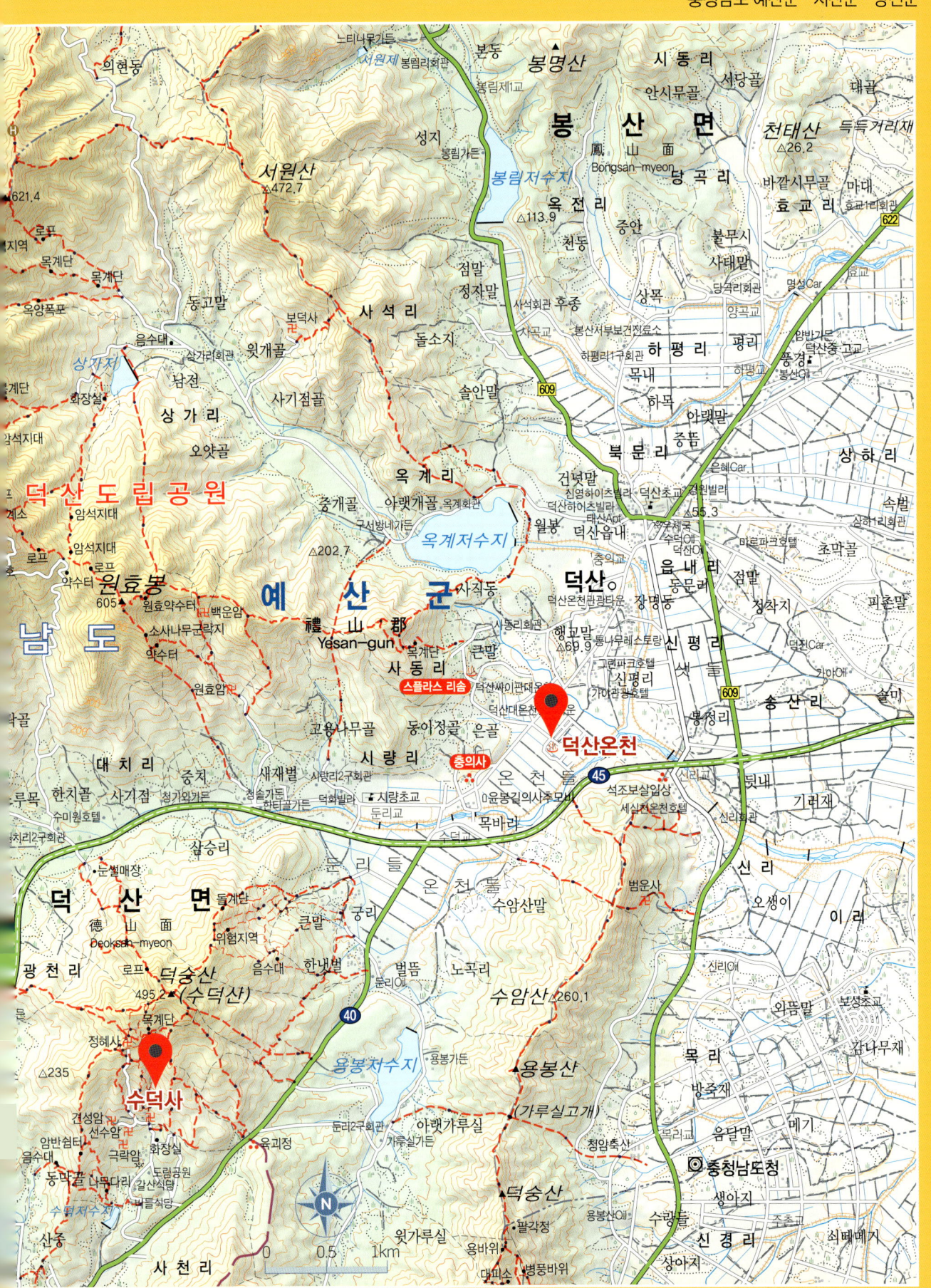

# 51 서산 가야산

월별 가볼 만한 명산 52

내포' 또는 '호서 내포'라고 칭했다. 실록 기사의 주된 내용이 쌀의 생산과 조운漕運, 왜구의 침입에 관한 것으로 미루어 볼 때 현대에 이루어진 대규모 간척 사업 이전에도 이곳은 곡창지대였고 해상로의 주요 길목이었다는 것을 알게 한다.

두루뭉술하게 일컬어지던 내포를 〈택리지〉에서 구체적인 고을 이름까지 적시해 놓고 있다.

'충청도에서는 내포가 제일 좋은 곳이다. 공주에서 서북쪽으로 이백 리쯤 되는 곳에 가야산이 있다. 서쪽은 큰 바다이고, 북쪽은 경기도 바닷가 고을과 큰 못 하나를 사이에 두고 마주했는데, 서해가 쑥 들어온 곳이다. 동쪽은 큰 들판이고 들 가운데 또 한 개浦가 있다. (…) 가야산의 앞뒤에 있는 열 고을을 아울러 내포라 한다. 지세가 한 모퉁이에 멀리 떨어져 있고 큰 길목이 아니어서 임진년과 병자년 두 차례 난리에도 여기에는 적군이 쳐들어오지 않았다. 땅이 기름지고 평평하다. 또 생선과 소금이 매우 흔하므로 부자가 많고 여러 대를 이어 사는 사대부가 많다.'

가야산은 백제시대부터 내포 문화의 정신적 기둥이었다. 서해로 연결되는 곳곳의 포구로 물산이 드나들었고, 바닷길을 통해서는 중국의 문물이 들어왔다. 흔히 '백제의 미소'로 불리는 서산 마애삼존불상(국보 제84호)은 백제의 수도였던 공주나 부여에서도 찾아볼 수 없는 걸작이다. 통일신라 때도 해양 교류가 활발했다. 당진이 이때 생긴 지명인데, 당나라와 교류하는 곳이라는 의미다.

가야산 등산은 북쪽으로 서산시 운산면의 개심사, 보원사지, 용현자연휴양림을 들머리 삼아 일락산을 경유해 석문봉에 올랐다가 원점회귀하거나, 능선 종주를 한 다음 예산군 덕산면 방면으로 하산할 수 있다. 동쪽 덕산면의 상가리를 기점으로는 원효봉, 가야봉, 석문봉, 옥양봉과 연결되는 길이 열려 있다. 옥계저수지에서 서원산을 경유해 옥양봉, 석문봉, 가야봉, 원효봉을 올랐다가 덕산온천으로 내려오는 긴 코스(약 15km, 8시간 안팎)도 있다.

덕산온천

### 주변 관광지

**덕산온천** 예산의 대표적인 관광지로서 온천이용업소 9개소 외에 호텔 등 많은 숙박시설이 있어 연중 많은 이들이 찾는다. 수온 47.7℃의 약알칼리성 중탄산나트륨천으로 게르마늄이 함유되어 있다. 효능은 만성 류머티즘을 비롯하여 피부 미용에 이르기까지 다양하다.
〈동국여지승람〉과 〈세종실록지리지〉 등에 덕산온천에 대한 기록이 남아 있을 정도로 역사가 깊은 곳이다.

**수덕사** 백제시대의 고찰로 '한국 선仙불교의 중흥지'로 꼽힌다. 국보 제49호인 수덕사 대웅전은 영주 부석사 무량수전과 함께 고려시대에 지은 가장 오래된 목조건물이다. 단청을 칠하지 않아 수수하고 고풍스런 목조건물의 아름다움을 그대로 드러내고 있다. 수덕사에서 예산읍을 오가는 버스가 많아 접근이 쉽다.

### 맛집·별미·특산물

**예산 쪽파** 예산군 예산읍 창소리에서 생산되는 쪽파는 예산을 대표하는 농산물의 하나다. 1963년 재배를 시작해, 1970년대 들어 비닐하우스가 보급되면서 재배농가가 크게 늘었다. 창소리는 토질이 쪽파 재배에 알맞고, 일조량이 풍부하고 습기가 적어 우수한 품질의 쪽파가 재배되고 있다. 이곳에서 나는 겨울 쪽파는 가락동 농수산물시장의 50%를 점유하고 있다.

**덕산의 맛집** 고덕갈비(041-337-8700)는 25년이 넘는 전통을 가진 한우 갈비 전문점이다.
이밖에 뜨끈이집(041-338-3993),
용궁옛날손짜장(041-337-9877) 등 식당이 많다.

### 교통 정보

서울 센트럴시티터미널이나 남부터미널, 동서울터미널에서 한서대 또는 수덕사행 버스가 운행한다. 2시간~2시간 10분 소요.

# 52 두륜산 頭輪山

암릉과 조망, 낙조가 일품

| | |
|---|---|
| 높이 | 700m |
| 주봉 | 가련봉 |
| 위치 | 전남 해남군 |

### 연말 일몰 산행객들 찾아… 대흥사 숲길도 아름다워

1979년 도립공원으로 지정된 해남 두륜산頭輪山(700m)은 조망이 좋은 호남의 명산이다. 밖에서 보면 두루뭉술하지만 산 곳곳에 기암절벽이 있는 전형적인 외유내강형 산이다. 주봉인 가련봉(700m)을 비롯해, 노승봉(685m), 두륜봉(630m), 고계봉(638m), 도솔봉(672m), 혈망봉(379m), 향로봉(469m), 연화봉(613m) 총 8개의 봉우리가 U자형으로 서 있다. 이 능선 가운데 명찰인 대흥사가 자리잡고 있다. 대흥사大興寺는 그 자체만으로도 볼거리가 많고 주변 풍광이 아름답다. 게다가 국보 1점, 보물 3점 등 문화재도 많아 문화유적답사를 위해 이곳을 찾는 이들도 많다.

8개 봉우리 중 등산인들이 가장 많이 찾는 봉우리가 가련봉, 노승봉, 두륜봉이다. 이 세 암봉을 잇는 산행이 가장 일반적이고 인기 있다. 세 봉우리를 모두 밟으려면 대흥사~북미륵암~오심재~노승봉~가련봉~두륜봉~일지암~대흥사 코스를 이용한다. 두륜산의 여러 암자를 순회하는 코스가 인기 있다.

대흥사로 드는 길은 숲이 아름답다. 장춘동 주차장에서 산행을 시작, 대흥사 일주문을 지나면 부도전에 이른다. 부도전에는 서산대사와 초의선사 부

전라남도 해남군

# 52 두륜산

월별
가볼 만한
명산 52

대간 · 정맥

지맥

등산로

비지정등산로

임도(MTB코스)

고속국도
(번호) (공사중)

(국도번호) (지방도번호)

국도 · 지방도
(4차선) (2차선)

간선도로
(4차선) (2차선)

기타차도

우마차로

소로

고속철도

철도

지하철

특별시·광역시·도계

시·군·구계

읍·면계

국립공원계

지류계

삼각점

수준점

논 · 밭

특별시·광역시·도청

시청

군청

구청

읍사무소

면사무소

대학교

초·중·고교

병원

공항

명승고적

사찰

능묘

해수욕장

온천

모텔 · 펜션

민박 · 식당

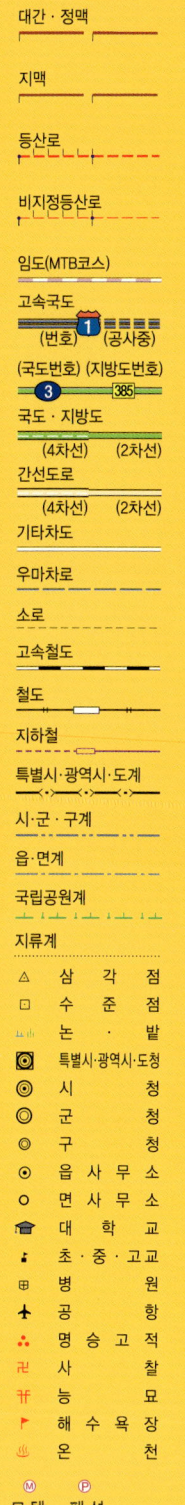

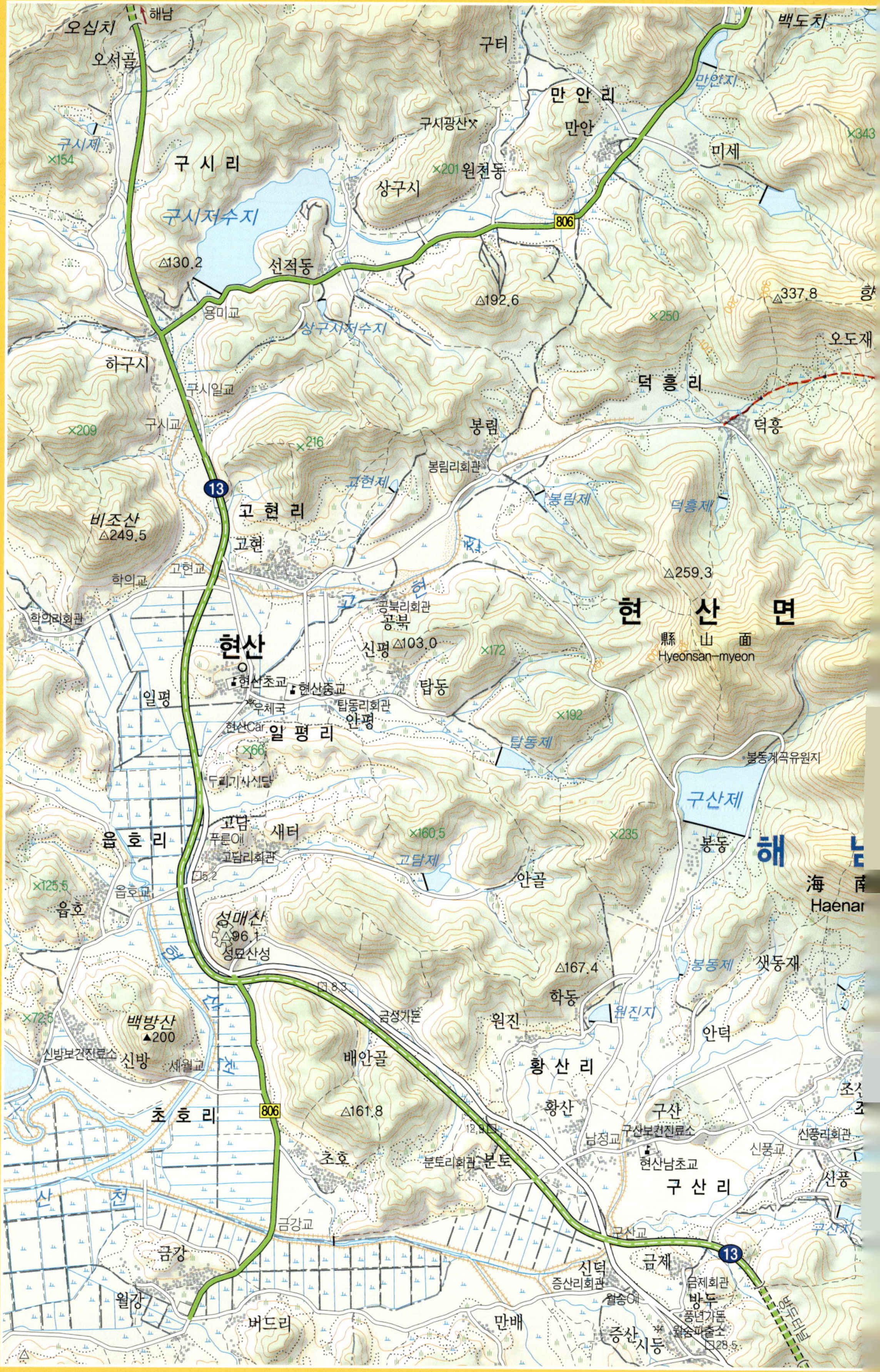

도 등 모두 56기의 부도와 탑비 등이 서 있다. 해탈문을 지나 대흥사 앞뜰로 들어서서 경내의 야생화를 둘러보고 산행을 시작한다. 대흥사를 출발, 첫 번째 갈림목에서 왼쪽 길(이정표 '북암' 방향)을 따라 30분쯤 오르면 북미륵암이 나온다. 북미륵암을 지나 허릿길을 가로지르면 오심재다.

여기서부터 능선을 따라 남쪽으로 종주한다. 노승봉 절벽을 오른쪽에 끼고 돌다 구멍바위를 빠져나가, 쇠사슬과 쇠발판이 박혀 있는 바윗길을 오르면 능허대다. 가련봉과 남해바다가 드러나는 경치가 뛰어난 곳이다. 아찔한 고정로프와 쇠사슬 구간이 곳곳에 있지만 오르내리기 어려울 정도로 위험하진 않다.

이어 암봉 두 개를 허릿길로 가로지른 다음 가련봉 정상에 올라선 다음 바윗길을 내려서면 만일재에 닿는다. 만일재는 주변을 가리는 나무가 적어 바다가 곧바로 내려다보이는 장소다. 이곳에서 오른쪽(서쪽) 길은 만일암 터를 거쳐 대흥사로, 왼쪽 길은 북일면 흥촌리 삼성마을로 이어진다. 일찍 하산할 팀이라면 만일암 터를 거쳐 일지암으로 빠지도록 한다.

두륜산 명물인 구름다리를 보려면 계속 능선길을 따른다. 두륜봉을 마주보고 왼쪽 사면을 가로지르다 철계단을 오르면 구름다리가 나타난다. 두륜봉 정상에서 거친 바윗길과 너덜지대를 지나 하산한다. 잠시 뒤 숲이 우거지고 호젓한 내리막길이 이어지다 능선 사거리에서 직진해 일지암으로 내려선다.

일지암은 한국의 다성茶聖으로 일컬어지는 초의(1786~1866) 스님이 살다 간 곳이다. '풀로 옷을 삼는다'는 뜻의 '초의草衣'로 이름 짓고 일지암一枝庵이라는 초옥을 지었다. 가지 하나로 자신의 둥지를 삼은 것이다. 일지암에서 대흥사까지는 약 20분 거리다. 두륜산 매표소 주차장을 기점으로 다시 돌아오는 원점회귀 산행에는 6시간 정도 걸린다.

### 주변 관광지

**대흥사** 대흥사의 이름은 본래 대둔사大芚寺로, 두륜산 역시 대둔사의 이름을 따 대둔산이라 칭했었다. 대둔산이란 명칭은 산이란 뜻의 '듬'에 크다는 뜻의 관형어 '한'이 붙어 한듬→대듬→대둔으로 변한 것으로 풀이된다. 때문에 과거 대둔사는 한듬절로 불리기도 했다. 현재는 남서쪽의 자매봉인

대흥사

땅끝전망대

대둔산(672m)이 이름을 이어받았다. 이후 두륜산은 대둔사가 대흥사로 이름을 바꾸자 대흥산으로도 불렸다.

**땅끝마을** 해남읍 남쪽 43.5km 지점인 이곳은 토말 또는 갈두마을이라 한다. 1986년 국민관광지로 지정되어 토말탑이 세워졌다. 지금 있는 전망대는 2002년 새롭게 지은 것이다. 사자봉 정상에 건립된 전망대에서는 흑일도·백일도·노화도 등 수려한 다도해가 한눈에 보인다. 정상에는 1981년 건립한 토말비가 세워져 있다. 유료로 운행하는 모노레일을 이용하면 전망대까지 손쉽게 오르내릴 수 있다.

### 맛집·별미·특산물

**해남 고구마** 한반도의 남쪽 끝자락에 자리한 땅끝마을 해남은 공해가 없는 청정지역이다. 이곳의 깨끗한 황토밭에서 자라 더욱 건강한 고구마는 밤처럼 포근포근하고 당도가 높아 유명하다. 고구마는 저공해 식품으로 섬유질이 많아 변비에 좋은 건강식품으로 혈압을 낮추며, 스트레스 감소, 노화방지, 골다공증 예방 등에도 효과가 있다.

**대흥사 입구의 맛집** 대흥사 입구 상가에 보리향기(061-534-3376)의 보리밥, 전주식당(061-532-7696)의 표고전골이 별미로 유명하다.

### 교통 정보

해남버스터미널에서 대흥사 입구로 가는 군내버스는 1일 19회 운행한다. 소요시간 약 15~20분. 대흥사에서 해남으로 돌아가는 편도 1일 19회 운행한다.